빅뱅에서 아브라함까지

— 창세기 1-11장 본문 해석과 계시 이해 —

정순혁 지음

대한기독교서회

빅뱅에서 아브라함까지

— 창세기 1-11장 본문 해석과 계시 이해 —

2011년 4월 30일 초판 1쇄

지은이 / 정순혁
펴낸이 / 정지강
펴낸곳 / 대한기독교서회
편집책임/하미자

등록 / 1967년 8월 26일 제1-77호
주소 / 135-090 서울시 강남구 삼성동 169-1
전화 / 출판국 553-0873~4, 영업국 553-3343
팩스 / 출판국 3453-1639, 영업국 555-7721
e-mail / cls1890@chol.com
edit1890@chol.com
http : // www.clsk.org

직영서점 / 기독교서회
종로 5가 기독교회관 1층, 전화 744-6732~4, 팩스 745-8064

값 13,500원 책번호 1750
ISBN 978-89-511-1407-6 93230

The Christian Literature Society of Korea, Seoul
Printed in Korea

빅뱅에서 아브라함까지

— 창세기 1-11장 본문 해석과 계시 이해 —

머리말

오래 전 어느 시사주간지에서, 창조론과 진화론의 충돌에 대한 교회의 무관심을 지적하는 글을 읽었습니다. 창조론은 신앙이고 진화론은 과학이므로, 교회가 적극적으로 나서면 그런 문제를 해소할 수 있을 것이라는 논조였습니다. 그 글이 교회의 분발을 촉구한 점은 수긍할 수 있지만, 한 쪽은 신앙이고 한 쪽은 과학이므로 서로 충돌할 이유가 없다는 말에는 이의를 제기하고 싶습니다. 왜냐하면 오늘날 진화론은 마치 종교처럼 되어 버렸기 때문입니다.

많은 현대인은 진화론에 기초해서 창조론을 거부하거나, 창조 이야기를 신화 정도로 취급합니다. 주일학교 아이들은 교회에서 배우는 창조론과 학교에서 배우는 진화론 사이에서 혼란을 겪습니다. 좀 더 성장하면 진화론 때문에 신앙을 버리기도 합니다. 진화론을 인정하는 입장에 서면, 성서를 첫 장부터 믿을 수 없기 때문입니다. 진화론은 분명히 신학의 위기를 초래했고, 그래서 신학의 적은 이제 철학이 아니라 과학이라는 말까지 생겨났습니다.

그러나 창세기 1-11장을 바로 이해하면, 진화론 때문에 신앙이 흔들리지 않습니다. 창조론과 진화론 사이에서 갈등하는 일도 일어나지 않습니다. '노아의 방주 안에 공룡이 들어갔느냐 아니냐' 하는 문제로 고민하지도 않습니다. 성서의 창조 이야기가 우주와 인류의 기원에 대한 모든 이론과 발견을 초월한 것임을 알 수 있기 때문입니다. 인간의 지혜를 뛰어넘는 창조주 하나님의 지혜를 깨닫게 되면, 창조 신앙뿐만 아니라 하나님을 향한 믿음 전체가 강해집니다. 이것이 창세기 1-11장을 바르게 이해해야 하는 이유입니다.

창세기 1-11장은 고래가 개구리에게, 독수리가 개미에게 세상을 설명하는 것과 같습니다. 듣는 이는 전혀 이해할 수 없는 일을 설명한다는 뜻입니다. 고대인의 지식에는 뚜렷한 한계가 있었습니다. 그들은 눈에 보이는 것이 전부인 줄 알고 살았습니다. 하늘 너머 존재하는 우주를 상상할 수 없었고, 우주의 광대함은 짐작조차 할 수 없었습니다. 우주와 인류의 기원도 마찬가지입니다. 창세기 1-11장은 하나님께서 그런 고대인에게 우주와 인류의 기원에 대해 알려주신 것입니다. 그들이 최대한도로 이해할 수 있도록 말입니다. 이 사실을 염두에 두고 창세기 1-11장을 살펴보면, 그 안에서 인류 전체를 위한 하나님의 지혜를 발견할 수 있습니다.

이 책은 신학을 전공하지 않은 사람들을 염두에 두고 학문적 내용을 소개했습니다. 적당한 수준에서 균형을 잡으려고 노력했다는 뜻입니다. 내용 중에는 오래 전에 정리해 두었던 이유로 출처를 밝히지 못한 경우도 있습니다. 그런 내용은 필자에게 책임이 있습니다.

이 책을 출판해 주신 대한기독교서회의 정지강 사장님, 서진한 상무님, 김인자 차장님, 하미자 과장님께 감사합니다. 책의 완성에 도움 주신 윤광식, 장성환 목사님에게 감사합니다. 그리고 함께 창세기 1-11장을 공부하며 귀한 통찰을 주신 주훈교회 성도님들과 교정으로 수고한 아내에게 감사합니다. 이 책이 '그리스도의 신부'된 교회에 미력하나마 도움이 되기를 바라면서, 지금까지 인도해 주신 하나님께 감사합니다.

2011년 3월

밴쿠버에서 정순혁

차 례

8장_ 창조에서 심판까지

1장_ 하나님의 지혜와 인간의 해석

1. 창세기 1-11장과 계시

■ 고대 근동의 발견

1847년 레이야드(Austin H. Layard)가 이라크의 쿠윤직(Kouyunjik, 성서의 니느웨)에서 수천 개의 쐐기문자 점토판과 조각들을 발굴했다.[1)] 이 점토판들은 대부분 히스기야 때 유다를 공격한 산헤립의 손자인 아수르바니팔(ca. BC 669-627)의 서고에 보관되었던 것이다. 그로부터 25년 후인 1872년에 스미스(George Smith)가 이 점토판들을 연구하여 "갈대아 홍수 이야기"라는 논문을 런던에서 발표했다. 이로 인해 아카드어로 기록된 홍수 신화가 세상에 처음 알려지게 되었다. 이 홍수 신화는 후에 '길가메쉬 서사시'(The Epic of Gilgamesh)로 명명되었는데, 길가메쉬(BC 2700-2500년경)는 수메르의 도성국가 우루크(Uruk)의 왕이다. 길가

1) 고대 근동 문헌의 발견과 해석의 역사에 대해서 Richard Hess, "One Hundred Fifty Years of Comparative Studies of Genesis 1-11: An Overview," *I studied Inscription from Before the Flood*, ed. Richard Hess and David Tsumura (Wiona Lake: Eisenbrauns, 1994), 3-26 참고.

메쉬 서사시는 길가메쉬의 영웅적 행위를 찬양하는 내용으로 역사상 가장 오래 된 서사시라 할 수 있다. 길가메쉬 서사시는 모두 열두 개의 점토판으로 되어 있는데, 스미스가 발표한 것은 열한 번째 점토판으로 300행이 넘는 많은 양이다.[2] 이 점토판들은 아카드어로 기록되어 있지만 그 기원은 수메르어일 것으로 추정한다. 그 말은 곧 길가메쉬 서사시의 기원이 수메르 시대(BC 3500-2000년경)까지 거슬러 올라간다는 말이다.[3]

스미스는 3년 후인 1875년에 "바빌로니아 창조 이야기"라는 두 번째 논문을 발표했다. 바빌로니아 창조 이야기는 후에 새로운 내용이 보충되어 '에누마 엘리쉬'(Enuma Elish)라고 명명되었다. 에누마 엘리쉬는 바빌로니아 창조 이야기의 처음 두 단어로서, '그때 위로는'(When on high)이라는 뜻의 아카드어다. 에누마 엘리쉬는 바빌론의 사제들이 예부터 전해져 오던 신화를 소재로 만든 창조 서사시로, 일곱 개의 점토판으로 이루어져 있으며 모두 1,100행이 넘는다.[4] 에누마 엘리쉬는 바빌론의 신

---

2) E. A. Speiser, "The Epic of Gilgamesh," *Ancient Near Eastern Texts*, ed. by J. B. Pritchard(Princeton: Princeton University Press, 1969), 72. 길가메쉬 서사시의 내용은 대략 다음과 같다. 우루크의 왕 길가메쉬는 시종 엔키두와 함께 영웅적인 모험 여행을 잘 마쳤으나, 저승에 내려간 엔키두가 돌아오지 못하게 되었다. 엔키두의 죽음에 충격을 받은 길가메쉬는 영원한 삶을 얻기 위해 노력한다. 그래서 홍수에서 살아남은 우트나피쉬팀을 만나 그 방법을 알게 되지만, 영원한 삶을 얻는 일은 실패한다. 영원한 생명을 주는 식물을 구했으나, 잠깐 목욕을 하는 사이에 뱀이 그것을 가져가 버렸기 때문이다.

3) 길가메쉬 서사시도 성서의 오경처럼 아주 오랜 기간에 걸쳐 기록, 형성, 전수된 것이다. 길가메쉬 서사시를 연구한 티게이(J. H. Tigay)는 오경과 길가메쉬 서사시의 형성 과정은 여러 점에서 유사하다고 말한다. J. H. Tigay, "The Evolution of the Pentateuchal narratives in the Light of the Evolution of the Gilgamesh Epic," *Empirical Models for Biblical Criticism*, ed. by J. H. Tigay(Univ. of Pennsylvania Press: Philadelphia, 1985), 26-27.

4) 바빌로니아의 창조 신화 에누마 엘리쉬는 바빌론의 신 마르둑이 바다 괴물(용) 티아마트와 싸움을 벌여 이긴 후, 티아마트를 반으로 갈라서 창공을 세우고 태양, 달, 별을 두고, 나머지 반으로는 땅의 모든 것을 만드는 내용이다. 마르둑은 티아마트의 남편을 잡아 처형한 후 그 피를 점토와 섞어 인간을 만들었다. 티아마트를

'마르둑'을 찬양하고 바빌론이 세상의 중심임을 강조하는 내용으로, 신년 축제 때 대사제가 마르둑 신전에 모인 순례자들 앞에서 에누마 엘리쉬를 낭독했다.[5)]

■ 고대 근동 문헌과 창세기

스미스에 의해 수메르의 홍수 이야기인 길가메쉬 서사시와 바빌로니아의 창조 이야기인 에누마 엘리쉬가 세상에 소개된 후, 성서학자들 사이에 고대 근동 문헌에 대한 관심이 크게 고조되었다. 그 결과 창세기와 고대 근동 문헌에 대한 비교 연구가 활발해졌는데, 헤르만 궁켈(Hermann Gunkel, 1862-1932)은 1895년에 『태초와 종말의 창조와 혼돈』(*Schöpfung und Chaos in Urzeit und Endzeit*)이라는 책을 출판했다. 궁켈은 이 책에서 창세기 1-11장을 길가메쉬 서사시, 에누마 엘리쉬와 체계적으로 비교하면서, 창세기 1-11장은 바빌로니아 신화의 영향을 많이 받았다고 주장했다. 그리고 이런 영향은 이스라엘 역사 초기에 일어났다고 했다.[6)] 이후 성서학자들은 대부분 궁켈의 주장에 동의하면서 창세기 해석에 고대 근동 문헌들을 이용했다. 예를 들면 창세기 1-11장의 족보를 연구하면서, 아시리아와 바빌로니아 왕들의 연대기와 비교하는 것이다. 오늘날 성서학자들은 구약성서, 특히 창세기 연구에 아시리아학의 도움을 많이 받기 때문에, 아시리아와 바빌로니아의 언어인 아카드어를 모르고는 구약성서를 해석할 수 없다고 말할 정도가 되었다.

이긴 마르둑은 신들의 왕이 되어 바빌로니아의 최고신이 되었다.

5) 조철수, 『메소포타미아와 히브리 신화』(서울: 길, 2000), 116. 신화는 제의(cult)와 깊은 관계가 있다. 비덴그렌(Widengren)은 신화가 제의와 분리되는 순간 신화는 무용담이나 전설이 된다고 한다. Benedikt Otzen, Hans Gottlieb, Knud Jeppesen, *Myths in the Old Testament*, tr. by F. Cryer(London: SCM Press, 1980), 11.

6) Richard Hess, "One Hundred Fifty Years of Comparative Studies of Genesis 1-11: An Overview," *I studied Inscription from Before the Flood*, ed. Richard Hess and David Tsumura(Wiona Lake: Eisenbrauns, 1994), 7.

아카드어를 '쐐기문자'(the cuneiform, 또는 설형문자)라고도 하는데 가장 오래된 성문법으로 알려진 함무라비 법전이 바로 아카드어로 기록되었다. 쐐기문자는 원래 수메르인들이 발명했지만, 아카드인들이 이를 빌려 자신들의 언어를 기록했다. 수메르어와 아카드어는 서로 다른 언어다. 아카드어는 지금까지 알려진 셈족 언어 중에서 가장 오래된 언어로서 고대 근동 연구에 아주 중요하다. 고대 근동의 역사, 정치, 종교, 문화, 경제 분야의 중요한 자료들이 아카드어로 기록되어 있기 때문이다. 아카드어로 기록된 약 2000여 년간의 사료들은 고대 근동 이해를 위한 필수 자료들로서, 앞에서 언급한 길가메쉬 서사시나 에누마 엘리쉬 같은 신화적인 문서 외에도 많은 역사적 자료들이 있다. 예를 들면, 주전 9세기와 6세기 사이에 아시리아가 서쪽으로 세력을 넓혀가면서 아람과 가나안 지역을 자주 침공했고, 바빌로니아가 그 뒤를 따랐다. 그러므로 이 시기의 아람과 가나안 지역의 정치 상황은 아시리아나 바빌로니아와 깊이 얽혀 있다. 그런데 이 두 나라의 침략 기록이 아카드어로 기록되어 있어서, 이 기록들을 통해 고대 근동 전체 역사와 더불어 이스라엘, 유다의 역사를 상세히 재건할 수 있다.

한편, 아카드어와 더불어 수메르어에 대한 연구 또한 활발하다. 수메르인들은 고대 근동 문명의 창시자로 인류 최초의 문자인 쐐기문자를 발명한 사람들이다. 수메르 민족의 기원과 국가의 시작(BC 3500–3000년?)은 확실하지 않지만, 수메르는 대략 주전 2000년경에 멸망했고 수메르어는 주전 1700년경에 소멸된 것으로 본다. 그러나 수메르의 문화, 종교, 언어, 학문 등은 수메르가 멸망한 후에도 면면히 이어져서 고대 메소포타미아에 큰 영향을 미쳤다. 후대 아시리아, 바빌로니아 문명의 뿌리가 대부분 수메르와 관계 있기 때문에, 아시리아와 바빌로니아 문명은 수메르 문명과 근본적으로 같다고 말하는 학자들이 있을 정도다. 수메르는 특히 종교 분야에서 고대 근동에 큰 영향을 끼쳤다. 아시리아, 바빌로니아 종교의 뿌리가 수메르에 기원을 두고 있기 때문에, 아카드어로 기록된 창조신화, 홍수신화의 기원을 수메르로 생각한다. 수메르어 연구는 창세기의 창조 이야기, 홍수 이야기 등을 포함해 주로 창세기 1-11장 연구에 도움을 준다.

수메르 문화가 고대 이스라엘에 직접적인 영향을 끼친 것은 아니다. 히브리 민족이 역사에 등장하기 오래 전에 수메르는 이미 사라졌기 때문이다. 그러나 수메르 문화가 가나안 사람들에게 깊은 영향을 끼친 것은 확실하며, 히브리 민족은 가나안에 정착한 후 가나안 사람들로부터 수메르 문화의 영향을 받았다.[7] 그 외에도 히브리 민족은 바빌로니아, 아시리아, 히타이트, 아람 등으로부터 간접적으로 수메르 문화의 영향을 받았다.

지난 150년간 진행된 고대 근동에 대한 연구는 이스라엘 역사와 구약성서를 이해하는 데 큰 도움이 되었다. 이스라엘이 주변 국가들과 무관한 고립된 존재가 아니었으며, 구약성서 역시 주변 민족들의 종교나 문화와 연관된 부분이 있음이 확실해졌다. 특히 창세기 1-11장에 메소포타미아 문화의 흔적이 있음을 확실히 알게 되었다. 고대 근동 문화와의 비교 연구를 통해 창세기 1-11장 해석의 지평이 넓어졌고, 고대 근동의 언어 연구를 통해 성서본문을 더 정확하게 이해하게 되었다. 그것은 중국, 일본 문화와의 비교를 통해 한국 문화를 더 깊이 이해할 수 있는 것과 같다. 그래서 창세기 주석을 보면 반드시 고대 근동 문헌에 대한 언급이 있다. 앞에서 말한 길가메쉬 서사시나 에누마 엘리쉬는 물론이고, '지우쑤드라(Ziusudra)의 홍수 이야기',[8] '아트라하시스(Atrahasis) 이야기',[9] '수메르

7) S. N. Kramer, *History Begins at Sumer*(London: Thames & Hudson, 1961), 208.

8) 지우쑤드라의 홍수 이야기는 이야기 속에 세상 창조에 대한 내용이 있어서 '수메르의 창세기'라고 할 수 있다. 수메르의 태초 역사는, 천지개벽을 시작으로 신들이 인간을 만들고 도시를 세워 왕권을 정해주는 것으로 시작한다. 그러나 사람들이 많아지면서 이들이 타락하자 큰 신들이 분노한다. 신들이 홍수를 일으켜 인간을 몰살시키려고 작정하자, 지혜의 신 엔키(Enki)가 선한 왕이자 제사장인 지우쑤드라에게 홍수가 일어날 것을 가르쳐준다. 지우쑤드라의 홍수 이야기는 창세기 1-11장에서 보는 주요 사건들과 그 순서가 같다. 조철수, 『메소포타미아와 히브리 신화』(서울: 길, 2000), 108.

의 왕 계보', '우가리트(Ugarit)의 바알신화' 등, 다양한 이름의 신화들이 많이 등장한다. 그 이유는 이런 이야기들을 창세기의 내용과 비교 연구함으로써, 어떤 내용이 비슷하고 다른지를 알 수 있기 때문이다. 비슷한 내용은 고대 근동의 영향 때문일 가능성이 크고, 다른 내용은 창세기의 신학적 독창성을 보여주는 것이다.

그러나 이런 고대 근동에 대한 연구가 창세기 이해에 긍정적인 역할만 한 것은 아니다. 창세기 1-11장이 고대 근동 문화의 영향을 받았다는 생각으로 인해, 성서의 권위가 크게 약화되는 부작용이 생겼다. 창세기 1-11장의 내용이 고대 근동 문헌과 유사한 경우, 창세기가 고대 근동 신화의 영향을 받았다고 생각한다. 그 이유는 고대 근동 신화가 시기적으로 창세기보다 앞서고, 또 문화적으로도 수메르와 바빌로니아가 이스라엘보다 앞서 있었기 때문이다. 그 결과 창세기 1-11장은 메소포타미아의 앞선 문화를 배운 이스라엘의 지혜자들이, 세상과 인간의 창조, 그리고 태고의 역사를 설명하기 위해 쓴 작품이라고 생각하게 되었다. 창세기 1-11장을 '하나님의 말씀, 즉 계시'로 보지 않고 '인간의 문학'으로 보게 된 것이다. 이런 생각은 필연적으로 성서의 권위를 약화시킨다. 창세기 1-11장을 마치 수메르, 바빌로니아 신화의 아류 정도로 여기게 되기 때문이다. 이런 입장은 창세기 1-11장을 신화나 전설로 취급하거나 아니면 신화와 전설이 혼합된 역사로 취급하면서, 의미를 제대로 파악할 수 없는 신비한 이야기 정도로 여기게 된다.

---

9) 바빌로니아의 홍수 신화인 아트라하시스 이야기 역시 사람이 창조되는 이야기와 홍수 이야기가 함께 있다. 옛적에 세상에는 신들만 살았는데, 큰 신들을 섬기는 작은 신들이 과중한 일로 인해 고통을 호소하며 불평한다. 마침내 작은 신들이 반란을 일으키자 큰 신들은 작은 신을 하나 죽여서, 그 살과 피에 점토를 섞어 남자 일곱과 여자 일곱을 만들고 각각 짝지어 준다. 그 후에 홍수 이야기가 나오는데, 수백 년 후 인간들이 많아져서 그 시끄러움 때문에 엔릴(Enlil)이 잠을 잘 수 없을 정도가 되자, 엔릴은 인간을 홍수로 멸망시키려고 한다. 에아(Ea)가 이 사실을 아트라하시스에게 알려주어 아트라하시스는 배를 만들어 가족들과 함께 살아남는다. 수메르의 신 '엔키'를 바빌로니아 언어인 아카드어로는 '에아'라고 한다.

■ 계시의 말씀

고대 근동 연구로 야기된 이런 부작용을 극복할 수 있는 길은 창세기 1-11장 역시 계시의 말씀이라는 사실을 확실하게 인식하고, 그 계시를 바르게 해석하는 데 있다. 창세기 1-11장을 사람의 지혜와 경험으로 기록된 인간의 문학으로 생각해서, 그 내용이 하나님의 계시라는 사실을 외면하면, 그 안에 담겨 있는 진리와 진실을 제대로 이해할 수 없다. 창세기 1-11장이 우주의 기원과 자연의 존재, 인간의 본성에 대한 진실을 알려주고 있다는 사실을 알 수 없게 된다. 창세기 1-11장이 고대 근동 신화의 영향을 받은 문학이 아니라, 영원한 진리를 담고 있는 하나님의 계시라는 사실을 확신하고 해석하는 것이, 고대 근동의 발견으로 인한 오해를 바로잡는 길이다.

모든 철학과 종교의 궁극적 질문은 결국 신과 자연과 인간에 대한 것이라고 할 수 있다. '신이 존재하는가, 아닌가? 인격적 존재인가, 초월적 존재인가? 자연의 기원은 무엇인가? 자연 안에 신성(神性)이 있는가, 없는가? 인간의 참된 자아는 무엇인가? 인간이 그것을 발견할 수 있는가, 없는가?' 하는 질문들로서, 신과 자연과 인간이 무엇이며 서로 어떤 관계에 있는가를 묻는 것이다. 이런 질문에 대한 답을 얻기 위해 인간의 지혜와 경험을 총동원한 결과, '범신론, 범재신론, 다신론, 유신론, 이신론, 불가지론, 무신론, 이원론, 실존주의, 실용주의, 자연주의, 합리주의, 경험주의' 같은 다양한 이론들이 나오게 되었다.

성서는 이런 근본적인 질문에 대해 처음부터 명확한 답을 준다. 창세기 1-11장은 이 세상의 모든 철학과 종교의 주제인 신, 자연, 인간에 대한 질문에 명쾌한 답을 주고 있다. '신'에 관해서는, 여호와 하나님만이 유일하신 신으로 만물과 인간의 창조주라고 한다. '자연'에 관해서는, 모든 자연은 하나님의 피조물일 뿐 그 안에는 어떤 종류의 신성도 없다고 한다. 자연은 결코 신적 존재가 아니라는 말이다. '인간'에 관해서는, 인간은 하나님의 피조물이지만 신성의 일부를 가지고 있고, 자연을 다스릴 권리를 가졌으나 하나님 말씀에 불순종하여 타락한 존재가 되었다고 한다. 창세기 1-11장은 이렇게 가장 심오하고 알기 어려운 질문들, 인간이 아무리 노력해도 알 수 없는 질문들에 대한 답을 주고 있다. 창세기 1-11장은 논리적으로 분석하고 과학적으로 증명하고 인간의 경험으로 평가하려고 할 것이 아니라 믿어야 한다. 그 내용이 사람의 지혜가 아니라 하나님의 계시로서, 신과 자연과 인간에 대한 근본적 질문의 유일한 답이기 때문이다. 그래서 기독교는 인간의 지혜가 아니라 인간의 믿음을 요구한다. 답을 찾으려고 헤매지 말고 하나님께서 계시해 주신 답을 믿으라는 것이다.

창세기 1-11장은 우주의 시작부터 아브라함 때까지의 장구한 시간을 극도로 압축시켜서, 인간이 자기 자신과 자신이 속한 세계, 그리고 자신의 창조주에 관해 알아야 할 핵심 사항들을 하나님께서 인간에게 알려 주신 것이다. 그것은 인간의 본질에 대한 답인 동시에, 인간과 자연, 인간과 신의 관계에 대한 답이기도 하다. 이와 함께 창세기 1-11장은 하나님의 구원과 심판에 대해서도 말하고 있다. 하나님은 모든 인간이 꼭 알아야 할 것들을 성서 제일 앞에 계시하셨다.

창세기 1-11장에는 분명히 고대의 세계관이 반영되어 있고, 고대 근동 신화와 비슷한 내용들이 있다. 혼돈을 극복하는 것으로 시작되는 창조 이야기, 하늘 위에 또 물이 있다는 생각(창 1:7), 천년 가까운 수명을 가진 조상 이야기, 거인 이야기, 홍수 이야기, 바벨탑 등이 그런 것들이다. 그 중에서도 창조 이야기와 홍수 이야기는 고대 메소포타미아의 창조 신화나 홍수 신화와 비슷한 점이 많다. 그래서 고대 근동의 유적 발굴과 수메르어, 아카드어 문자 해독으로 고대 근동 신화들이 발표되었을 때, 성서학자들은 창세기 1-11장의 뿌리를 발견한 것처럼 흥분했던 것이다. 그러나 후에 창세기 1-11장과 고대 근동 신화의 명백한 차이점들이 점차 밝혀지면서, 이제 고대 근동 신화로 창세기 1-11장을 완전히 설명할 수 있다고 믿는 학자는 거의 없다.

창세기 1-11장은 신화의 영향을 받은 신비로운 이야기가 아니라 명백한 하나님의 계시다. 성서 전체가 하나님의 계시지만, 그 중에서도 창세기 1-11장은 모든 인간이 자신의 존재를 바로 알고 참되게 살기를 바라는 하나님의 뜻을 담고 있다. 그것은 인간이 자신을 창조하신 분의 뜻을 따라 사는 것이다. 창세기 1-11장은 인간이 영적 평안과 지적 만족을 얻을 수 있는 길이 무엇인지를 보여주고 있다. 인간의 원초적 약점이 무엇이며, 그 약점의 뿌리가 어디에 있는지도 알려주고 있다. 하나님을 믿는 사람은 물론 모든 인간이 이 사실을 알기 바라는 것이 창세기 1-11장에 담긴 하나님의 뜻이다.

창세기 1-11장을 신화로 보는 사람들이 있다. 그러나 신화는 신과 자연과 인간을 이해하려는 사람의 지혜와 경험의 산물이다. 신화는 사고의 주체와 인식의 대상을 완전히 구별하여 인식 대상을 객관적으로 관찰하는 능력이 없거나 부족했던 시대에 생겨난, 신과 자연과 인간에 대한 철학적이고 종교적인 대답이다. 그러나 창세기 1-11장은 신과 자연과 인간에 대한 사람들의 영적, 지적 호기심에 대해 하나님이 알려주시는 답이다. 그러므로 창세기 1-11장은 신화가 아니라 계시다. 또한 그것은 사람이 바르게 사는 길을 알려주시는 은총이기도 하다.

■ 믿음으로 읽기

그런데 이 계시를 거부하는 사람들이 있다. 하나님의 진리를 은총으로 여기지 않고, 오히려 믿을 수도 없고 믿고 싶지도 않은 사실을 강요하는 것으로 여긴다. 그것이 하나님의 은총에 대한 세상 사람들의 일반적인 반응이다. 계몽주의 이후를 사는 현대인은 더욱 그렇다. 창세기 3장은 사람들이 그렇게 계시에 대해 거부 반응을 보이는 근본적인 이유는 원죄 때문이라고 한다. 인간이 그 사실을 인식하지 못하고 인정하지 않아도, 인간은 이미 하나님으로부터 멀어진 존재이기 때문에, 진리의 말씀을 들어도 깨닫지 못하고 계시의 말씀을 받아도 기쁘지 않다는 것이다. 원죄 때문에 인간은 하나님의 계시를 어리석고 하찮은 소리로 듣는다.

현대인이 창세기 1-11장을 하나님의 계시로 받아들이지 못하는 데에는 또 다른 이유가 있다. 현대인은 데카르트로 대표되는 근대사상의 영향으로, 모든 지식에 있어서 객관성을 중요시하면서 실증 가능성 여부를 따지는 경향을 갖게 되었다. 그런 경향은 자연이나 사물을 연구하는 자연과학에만 적용되는 것이 아니라, 인간과 사회를 연구하는 인문학에도 적용되고 있다. 그로 인해 관찰과 실험이 가능한 물리적 지식이나 수식으로 나타낼 수 있는 수학적 지식을 절대시하게 되었다. 그런 사람들은 주관적, 감정적 요소가 개입된 지식은 인정하지 않으려고 한다. 증명이 불가능한 초월적 지식을 말하는 종교적 진리는 말할 것도 없다.

객관성을 추구하는 지식 이념을 가진 사람은, 구도적 종교에서 중시하는 명상과 고행 등을 통해 발견한 지식, 모든 인간에게서 볼 수 있는 보편타당한 지식조차도 거부하는 경향을 가진다. 그런 지식은 측정 불가능하고, 실험으로 증명할 수 없고, 수학처럼 공식화할 수도 없고, 숫자로 계량화할 수 없기 때문이다. 하물며 사람이 명상과 고행 같은 노력으로 얻을 수 없는 초월적 지식을 계시로 선포하는 기독교의 진리는 말할 것도 없다. 계시라는 말은 그 자체가 증거라는 의미를 내포하고 있기 때문에, 실증 여부를 따지는 현대인은 '기독교의 계시'를 '구도적 종교의 깨달음'보다 더 불편하게 여긴다. 소위 지식인일수록 그런 불편함을 더 강하게 느낀다.

하나님을 믿지 않는 사람들이야 어쩔 수 없겠지만, 하나님을 믿는다면서 이런 불편함을 느끼는 사람들이 있다. 기독교 신앙은 성서가 하나님의 말씀, 즉 계시라는 사실을 믿는 일에서부터 시작된다. 성서 말씀을 논리적으로 따져보거나 경험해 보니 진리여서 믿는 것이 아니라, 먼저 말씀을 믿고 순종함으로써 그 말씀이 진리라는 것을 체험하게 되는 것이다. 그러므로 하나님을 믿는다면서 성서가 계시라는 사실을 확신하지 못하면, 그 믿음은 자연히 약해지고 그것이 심해지면 믿음을 잃게 된다. 그런 결과는 계시가 이성을 이기지 못하고 무너진 것이 아니라, 이성이 일방적으로 계시를 거부함으로써 생긴 불행이다.

가룟 유다가 예수님을 판 이유는 예수님의 진리가 거짓이어서가 아니라, 가룟 유다가 자신의 지혜로 예수님을 판단했기 때문이다. 가룟 유다는 자기 생각을 따라 예수님이 육신으로 이 세상에 오신 하나님이심을 믿지 않았다. 가룟 유다의 지혜는 교만과 불순종, 지독한 무지였다. 전능하신 창조주 하나님의 지혜 앞에서 인간의 경험과 지혜는 무지 그 자체다. 그것을 깨우쳐주는 것이 계시다. 그런 계시를 실험과 관찰로 증명할 수 없고 수학적 공식으로 나타낼 수 없다는 이유로 거부하는 것은, 실은 하나님의 은총과 자비를 거부하는 것이다. 창세기 1-11장은 객관주의적 지식 이념을 앞세운 인간의 지혜로 읽을 것이 아니라, 그것이 계시임을 믿는 마음으로 읽어야 그 안에서 영원한 진리를 얻을 수 있다.

창세기 1-11장을 계시로 믿고 믿음으로 읽을 때, 그 내용이 고대의 세계관을 이용해 진리를 계시해 주신 하나님의 지혜라는 사실을 알게 된다. 그렇게 창세기 1-11장을 읽으면 엄청난 세월을 압축하신 하나님의 지혜를 알 수 있다. 하나님과 자연과 인간에 대한 진리를 깨달을 수 있고, 그 이야기들이 얼마나 귀한 교훈을 담고 있는지 알게 된다. 그러면서 말할 수 없이 긴 세월을 요약하면서도, 가장 핵심적인 사실들을 충분히 전달하신 하나님의 지혜에 감탄하게 된다. 창세기 1-11장이야말로 인간이 가진 문서들 중에서 가장 효율적인 글이라고 할 수 있다.

창세기 1-11장은 성서 다른 곳에서 볼 수 없는 독특한 내용을 담고 있다. 그래서 성서의 다른 곳과 크게 구별된다. 그런 만큼 다른 곳에 적용되지 않는 특별한 해석 방법이 요구된다. 창세기 1-11장에도 성서의 다른 책처럼 역사 비평 연구나 문학 비평 연구가 필요하다. 양식사적, 전승사적, 편집사적, 문헌적, 언어적, 고고학적 해석 등도 필요하다. 그러나 그런 연구로 충분치는 않다. 독특한 내용인 만큼 특별한 해석이 필요하다. 그래야 그 의미를 바로 알 수 있다. 적지 않은 주석가들이 창세기 1-11장을 신비한 내용으로 가득 차 있다고 말하는 이유는, 그 해석의 열쇠를 제대로 찾지 못한 까닭도 있다.

요한계시록 1:1에 "예수 그리스도의 계시라 이는 하나님이 그에게 주사 반드시 속히 일어날 일들을 그 종들에게 보이시려고 그의 천사를 그 종 요한에게 보내어 알게 하신 것이라"라는 말씀이 있다. 여기서 '알게 하셨다'(σημαινω 세마이노)라는 동사는 단순히 알게 하는 것이 아니라, '사인'(sign)으로 알게 한다는 의미다. 그래서 명사 '세메이온'(σημειον)은 '사인, 특별한 표시, 기적'이라는 뜻을 가진다. 요한계시록 1:1에 '세마이노' 라는 동사가 나오는 것은, 요한계시록이 '세메이온'이라는 사실을 암시한다. '어떤 특별한 수단을 통해 사람들에게 전달된 책'이라는 뜻이다. 요한계시록은 '예수께서 특별한 수단을 통해 계시를 알려주신 책'이다. 그러므로 요한계시록을 바로 이해하기 위해서는 그 특별한 수단을 잘 알아야 한다.

마찬가지로 창세기 1-11장도 '세메이온'이다. 창세기 1-11장 역시 요한계시록처럼 어떤 특별한 수단을 통해 주어진 계시라는 뜻이다. 그러므로 창세기 1-11장 역시 그 특별한 수단을 잘 이해하는 것이 필요하다. 그래야만 창세기 1-11장에 담겨진 계시의 의미를 올바로 파악할 수 있다. 창세기 1-11장에서 사용된 특별한 수단은 '압축, 은유, 상징, 전환'이다. 창세기 1-11장은 '압축, 은유, 상징, 전환'이라는 수단을 통해 주어진 계시이므로, 이 개념들을 이용해 해석할 때 본문에 담긴 의미를 밝히 이해할 수 있다.

2. 계시의 해석: 압축, 은유, 상징, 전환

■ 첫 번째 열쇠: 압축(3,792단어로 줄인 지혜)

사람의 일생을 80년이라 할 때, 그 80년을 4,000단어로 기술(記述)하는 일은 가능하다. 가족과 교육, 결혼과 직업 등 중요한 일들을 자세히 언급하지는 못하겠지만, 그래도 4,000단어라면 아쉬운 대로 해낼 수 있다. 그러나 한 나라의 역사를 4,000단어로 기술하는 일은 어렵다. 예를 들어

조선의 500년 역사를 4,000단어로 요약하기란 쉬운 일이 아니다. 등장하는 왕만 하더라도 27명인데다가, 건국부터 쇠망에 이르기까지 정치, 경제, 문화 전반을 기록하기에는 너무 적은 양이다. 그래도 큰 줄거리만 엮는 방법으로 써 볼 수는 있다. 하지만 한국사 전체를 4,000단어로 기술하기는 정말 어렵다. 억지로 해낼 수야 있겠지만 수박 겉핥기식이 될 수밖에 없다. 반드시 알아야 할 역사적 사건과 문화적 유산을 제대로 전달할 수 없다.

수십, 수백만 년에 이르는 인류 역사를 4,000단어로 요약하는 일은 이보다 더 어렵고, 지구의 역사 45억 년을 4,000단어로 요약하는 일은 더욱 어렵다. 그렇게 볼 때 현대과학이 말하는 우주의 역사 136억 년을 4,000단어로 요약하는 일은 불가능하다. 우주의 기원과 그 진행, 동식물의 발생과 진화, 인류의 등장과 문명의 발달, 민족과 국가의 형성 등을 단 4,000단어로 요약하는 일은 불가능하다. 그러기에는 너무 장구한 시간이며, 언급해야 할 일이 너무 많으며, 사람이 이해할 수 없는 일 또한 심히 많을 것이기 때문이다. 사람의 일생을 네 단어로 기술할 수 없고, 한 나라의 역사를 마흔 단어로 설명할 수 없는 것처럼, 우주의 역사 136억 년을 4,000단어로 요약하면서, 알려줄 것을 다 알려주는 일은 사람의 지혜를 넘어서는 일이다.

그런데 하나님께서 창세기 1-11장에서 이 일을 하셨다. 창세기 1-11장은 한마디로 우주의 시작부터 아브라함이 등장하기까지의 이야기다. 현대과학은 우주의 기원을 빅뱅(Big Bang) 이론으로 설명하는데, 빅뱅 이론에 의하면 우주는 약 136억 년 전에 시작되었다. 한편, 성서학자들은 아브라함의 연대를 약 주전 2000년경이라고 한다. 그렇게 볼 때 창세기 1-11장은 우주의 시작인 136억 년 전부터, 아브라함이 등장한 주전 2000년까지에 대한 이야기다. 그런데 창세기 1-11장에서 사용된 히브리어 단어는 불과 3,792개다. 하나님은 136억 년 동안 우주와 자연과 인간과 세상에 일어난 일을 3,792단어로 요약하신 것이다. 그것도 사람이 반드시 알아야 할 일들을 모두 언급하면서 말이다. 이 일을 위해 하나님께서 사용하신 방법 중 하나가 '압축'이다. 창세기 1-11장은 사람이 상상하기 힘든 장구한 시간과 무한에 가까운 사건들이 압축된 것이다. 하나님은 압축이라는 수단을 통해 우주의 시작에서부터 아브라함이 등장하기까지의 역사를 계시하셨다. 그러므로 창세기 1-11장의 계시를 바르게 이해하는 첫 번째 열쇠는 압축이다.

창세기 1-11장은 우주의 시작부터 아브라함이 등장하기까지의 136억 년을 하나님께서 압축하신 것이다. 이 이야기는 바빌로니아에 포로로 잡혀간 유대인들이 수메르, 아시리아 신화를 기초로 주전 6-5세기경에 창작해 낸 것도 아니고, 고대 문헌이나 고고학적 발굴로 증명될 수 있는 역사적 사실도 아니고, 관찰과 연구로 확인될 수 있는 과학적 사실도 아니다. 만물과 인간의 기원에 대한 유대 민족의 재치 있는 상상도 아니다. 이 이야기는 창조주 하나님의 지혜다. 만물과 인간을 창조하신 하나님께서 세상의 시작부터 아브라함의 등장까지를 압축하여 알려주신 것이다. 그 장구한 시간 동안 있었던 일들 중에서 사람이 꼭 알아야 할 것을 선택하여 압축해서 계시하신 것이다. 그러므로 압축의 개념을 알아야 창세기 1-11장의 의미를 바로 알 수 있다. 압축을 모르면 창세기의 창조 연대부터 난감해지기 시작한다.

창세기 1-11장은 분명히 사람이 쓰고 편집했다. 창조나 에덴 동산, 홍수 이야기 등과 같은 개별적 이야기들이, 지금의 모습으로 전수되기까지는 무척 오랜 시간이 흘렀다. 창세기 1-11장에는 두 개 이상의 문서가 편집된 흔적이 있으며, 후대의 기록임이 확실한 내용도 있다. 거기에는 수메르-아카드 신화의 영향을 엿볼 수 있는 부분도 있다. 창세기 1-11장은 오랜 세월에 걸쳐 이루어진 이야기가 분명하고 사람이 쓴 것이 확실하다. 그럼에도 불구하고 이 이야기들은 모두 하나님의 뜻과 지혜를 따라 기록된 계시다. '성서의 모든 책이 성령의 감동으로 기록되었다'(딤후 3:16, 벧후 1:21)는 말씀은 창세기 1-11장에도 분명히 해당된다. 창세기 1-11장은 사람의 지혜와 상상력이 빚어 낸 창작물이 아니라, 사람이 알아야 할 진리가 압축된 이야기 형태로 주어진 하나님의 계시다.

창세기 1-11장의 내용은 진실에 기초한다. 그러나 그 진실은 역사적 방법으로, 있었던 일 그대로 기록된 것이 아니라, 하나님의 지혜를 따라 압축된 형태로 기록된 것이다. 인간이 상상하기 힘든 오랜 세월을 압축했기 때문에, 관찰과 기록과 유물과 실험으로 증명될 수 없다. 그 내용을 사실로 믿되, 압축된 이야기를 통해 전달된 진리를 믿어야지, 이야기 자체를 글자 그대로 믿어서는 안 된다. 만약 이 이야기들을 글자 그대로 믿으려 든다면, 여러 가지 문제에 부딪치게 된다. 해와 달이 없는데 하루의 개념이 적용되는 모순과, 우주가 7일 만에 창조되는 비상식을 보게 된다. 무엇보다 우주의 나이가 겨우 6000년 정도밖에 되지 않는 문제가 생긴다. 나중에 자세히 설명하겠지만, 창세기 5장과 11장의 족보를 이용해서 계산하면 창조 시기가 주전 4000년경이 되기 때문이다. 그러다보니 공룡의 존재를 인정할 수도 부인할 수도 없게 된다. 주일학교 아이들이 노아의 방주 안에 공룡이 어떻게 들어갔느냐고 물으면 대답이 궁색해진다. 그러나 이런 문제들은 압축이라는 개념을 통해 쉽게 해결할 수 있다.

■ 두 번째 열쇠: 은유

창세기 1-11장 이해의 두 번째 열쇠는 은유다. 하나님은 은유라는 특별한 수단을 통해 창세기 1-11장에서 인류를 위한 가르침을 주셨다. 창세기 1-11장은 성서의 나머지 부분이 필요한 이유를 밝혀주는 서두로서 인류 전체를 위한 근본적인 진리를 담고 있다. 그러므로 창세기 1-11장을 바로 이해하는 것은 신앙은 물론 인간 이해에 있어서도 중요하다. 그런데 그 진리가 은유의 방법으로 주어졌음을 알아야 한다. 그래야 창세기 1-11장에 담긴 진리를 깨달을 수 있다. 이 사실을 알지 못하면 창세기 1-11장을 이해하거나 믿는 데 큰 어려움이 있다. 창세기 1-11장이 비과학적이고(7일 만의 창조), 비현실적이고(에덴동산, 아담과 하와, 생명나무, 선악과, 뱀의 유혹), 비역사적으로(민족들의 계보) 보이기 때문이다. 하나님은 아직 이성적, 과학적 사고가 덜 발달된 고대인들을 위해 은유라는 수단을 사용하셨다.

창세기에 사용된 은유적 방법에 대해서는 다음과 같은 예로 설명할 수 있다. 아직 죽음이 뭔지 모르는 어린 아이의 엄마가 죽었다고 하자. 죽음을 이해할 수 없는 어린 아이에게 엄마의 죽음을 설명해야 할 때, '엄마는 저 하늘의 별이 되었어'라고 말하는 방법이 있다. '엄마는 왜 안 와? 엄마는 어디 갔어?'라고 묻는 아이에게, '이제 엄마는 이 세상 사람이 아니라는 것, 이제는 엄마를 볼 수 없고 아무리 불러도 엄마가 오지 못하는 상황'을 그렇게 설명하는 것이다. 죽음을 이해할 수 있는 청소년이라면 그렇게 말할 필요가 없지만, 아직 죽음의 의미를 모르는 어린 아이에게는 그렇게 말하는 것이 가장 좋은 방법이다. 물론 이렇게 말하는 어른은 '엄마가 정말 별이 되었다'고 생각하지 않는다. 아이가 죽음을 이해할 수 없기 때문에 그렇게 말한 것이다. 그래서 그 말의 뜻을 아는 사람은 하늘에서 엄마별을 찾지 않는다. 죽은 사람이 별이 되는 것이 아님을 알기 때문이다. 그러나 '엄마는 저 하늘의 별이 되었어'라는 말이 거짓말이나 허구는 아니다. 그 속에는 '엄마의 죽음'이라는 진실이 들어 있다. 또한 아이에 대한 위로와 배려가 들어 있다. 그렇기 때문에 그 말은 문자적으로는 사실이 아니지만 의미는 사실이며, 무엇보다도 어린 아이에게 엄마의 죽음을 이해시키는 최상의 설명이다.

은유의 성격을 띤 대표적인 예가 창세기 1장의 창조 이야기다.(1장은 압축과 은유가 함께 사용되었다.) 고대인들은 망원경이 발명될 때까지 눈에 보이는 세상이 전부인 줄 알고 살았다. 그들은 눈에 보이는 하늘 밖으로, 인간이 상상할 수 없는 거대한 우주가 있음을 알지 못했다. 지구는 고정되어 있고 태양이 움직인다고 생각했으며, 눈에 보이지 않는 미생물의 세계를 전혀 몰랐다. 그리고 코끼리와 하마보다 훨씬 크고 무서운 공룡이 살던 시대가 있었음도 알지 못했다. 알기는커녕 상상도 할 수 없었다. 이렇게 지식의 한계와 그로 인한 사고의 제한을 가진 사람들에게, 하나님은 우주의 모든 것을 상세히 설명하실 수 없었다. 설사 그렇게 설명하셨다 해도 사람들이 그것을 이해할 수 없었다. 서너 살 된 아이가 엄마의 죽음을 이해하지 못하는 것처럼 말이다.

그래서 하나님은 천지 만물의 기원에 대해 7일 동안 세상을 창조하셨다는 식으로 설명하셨다. 앞에서 설명한 압축과 함께 은유가 사용된 것이다. 우주와 인간의 기원에 대해 '엄마는 저 하늘의 별이 되었어'라는 식으로 설명하신 것이다. 하지만 엄마는 별이 되었다는 말 속에 진실이 들어있듯이, 창세기의 창조 이야기에는 분명히 진실이 들어 있다. 그것은 하나님이 만물과 인간을 창조하셨고, 하나님만이 유일한 신이시고, 다른 모든 존재는 피조물이라는 사실이다.

하나님은 이 귀한 말씀을 압축과 은유라는 수단을 통해 설명하셨다. 고대인의 세계관과 사고 수준을 고려한 그 설명 속에는 깊고도 영원한 진리가 들어 있다. 따라서 압축과 은유 속에 들어 있는 영원한 진리를 파악하는 것이, 창세기의 창조 이야기를 바로 이해하는 길이다. '엄마는 저 하늘의 별이 되었다'라는 말을 듣고 자란 아이가 성인이 된 후, 엄마가 보고 싶다고 하늘에서 열심히 엄마별을 찾는다면, 그것은 옳은 일이 아니다. 성인이 된다는 말은 '하늘의 별이 되었다'는 말 속에 숨겨진 진실을 깨우쳐, 엄마의 죽음을 받아들이면서 엄마가 기뻐하는 사람이 되는 것을 의미하는 것이지, 엄마별을 찾는 데 일생을 바치는 사람이 되는 것을 뜻하지 않는다. 신실한 신앙을 가진 사람들 중에, 창세기 1장을 문자적으로 받아들여 창세기 1장의 묘사대로 우주가 창조되었다는 것을 증명하려고 애쓰는 사람들이 있다. 그것은 엄마별을 찾으려고 애를 쓰는 사람과 같다. 압축과 은유라는 특별한 수단을 통해 주어진 창조 이야기 속에 들어 있는 진리와 진실을 보지 못하고, 그 말씀을 글자 그대로 믿는 사람들이다. 그런 신앙을 순수하다고 할 수도 있으나 미성숙한 것도 사실이다. 창조 이야기를 그런 식으로 이해하는 것은, 순수한 의도를 가지고 성서를 왜곡시키는 것이다. 의도는 순수했다 하더라도 결과는 역시 진리에 대한 왜곡이므로, 기독교인이 창조 이야기를 이렇게 이해해서는 안 된다.

그런가 하면 교회 밖의 사람들은 반대의 모습을 보인다. 그들은 '엄마는 저 하늘의 별이 되었다'는 말에 대해, 사람이 별이 될 수 없으므로 그 말은 잘못된 말이며, 그래서 엄마의 죽음까지도 믿지 못하겠다는 입장이다. 그들은 과학적 지식에 근거해 세상이 7일 만에 창조되었다는 사실은 있을 수 없다고 한다. 성서가 말하는 창조 연대가 불과 주전 4000년경이라는 것도 말이 안 된다고 한다. 그래서 하나님이 세상을 창조하셨다는 사실도 믿을 수 없다는 것이다. 그들은 성서의 가르침과는 반대로, 우주는 스스로 존재하며 인간은 미생물로부터 진화된 존재라고 말한다. 창조 이야기에 들어 있는 압축과 은유를 모르는 경우, 창조 이야기가 객관적, 과학적, 역사적 사실이 아니라는 이유로 이야기 자체를 거부한다. 그러면서 그 이야기 속에 들어 있는 진리와 진실을 함께 거부한다. 그것이 얼마나 큰 잘못이고 불행한 일인가 하는 것은, 세상을 창조하신 분이 세상을 심판하시는 날에 알게 될 것이다.

창세기 1-11장에 은유적 내용이 들어 있음을 알지 못할 때, 그 내용을 문자 그대로 증명하려는 오류에 빠질 수 있다. 반대로 이야기 자체를 오류로 보면서 그 속에 들어 있는 진리를 함께 거부하는 불행을 초래할 수 있다. 이런 잘못을 극복하고 창세기 1-11장에 계시된 영원한 진리를 깨닫기 위해서는, 그 안에 은유가 들어 있음을 알아야 한다. 그래야 그 은유 속에 감추어진 진리, 진실, 위로, 교훈, 경고를 파악할 수 있다. 이런 은유가 창세기 1-11장에만 사용된 것은 아니다. 성서의 여러 곳, 특히 시편과 아가에서 많이 사용되었다. 시편 1편에서 보는 '복 있는 자는 시냇가에 심겨진 나무 같고, 악인은 바람에 나는 겨와 같다'는 것이 은유의 좋은 예다. 그러나 창세기 1-11장에서 사용된 은유는 그런 단문적인 은유를 넘어서 이야기 전체가 은유로 표현된 것이므로 특별히 주의해서 읽어야 한다.

■ 세 번째 열쇠: 상징

계시로서의 창세기 1-11장을 바르게 이해하는 세 번째 열쇠는 상징이다. 상징은 은유에 비해 훨씬 좁은 내용을 전달하기 위한 방법이다. 은유가 산을 설명하는 수단이라면, 상징은 나무를 설명하는 수단이라고 할 수 있다. 창세기 1-11장에는 은유로 계시된 이야기 가운데 특별한 의미를 가지는 인물이나 사건이 들어 있는 경우가 있다. 이 경우 그들은 단순한 인물이나 역사적 사건이 아니라 상징적 인물이고 상징적 사건이다. 하나님은 인류가 알아야 할 것을 계시하시기 위해, 압축과 은유라는 수단과 함께 상징도 사용하셨다. 창세기 1-11장에 등장하는 인물이나 사건 중에는 역사적 인물, 객관적 사실인 것처럼 보이지만, 사실은 상징으로 이해해야 하는 것들이 있다. 상징은 주로 영적 진리를 전달하기 위해 사용되었다.

상징은 예언자들의 행동에서 많이 볼 수 있다. 예를 들면, 예언자 아히야가 자기가 입은 새 옷을 열두 조각으로 찢은 다음 여로보암에게 열 조각을 준 것은, 솔로몬의 나라를 찢어 열 지파를 여로보암에게 주겠다는 하나님의 뜻을 상징적으로 표현한 것이다.(왕상 11:30-31) 이사야가 아들을 낳은 후 그 이름을 '마헬살랄하스바스'라고 지은 것은, 아시리아의 침략에 대한 상징이었다.(사 8:3-4) 예레미야가 목에 멍에를 멘 것은 유다와 주변 나라들이 바빌로니아를 섬기게 될 것에 대한 상징이었다.(렘 27:2-7) 에스겔의 아내가 죽은 것은 유대 백성이 살육당할 일에 대한 상징이었고(겔 24:16-24), 호세아가 음란한 여인과 결혼한 것은 이스라엘 백성의 배교를 상징하는 일이었다.(호 1:2) 예언서 중에서도 특별히 예레미야와 에스겔서에 상징이 많이 사용되었다.

예언서의 경우에는 상징의 의미를 파악하기 쉽다. 상징이 역사적 사건이나 생활과 관련되었기 때문이다. 아예 상징에 대한 설명이 주어진 경우도 있다. 하지만 창세기 1-11장의 경우는 주어진 상징의 의미를 파악하기가 쉽지 않다. 상징이 압축과 은유 속에 섞여 있는데다가, 신화나 전설처럼 나타나기 때문이다. 상징이 역사적 사건이나 생활과 관련된 경우, 그것이 상징이라는 것을 쉽게 분별할 수 있다. 사건의 흐름이나 행동과 말이 아주 독특하기 때문이다. 그리고 상징의 의미도 이해하기 쉽다. 그러나 창세기 1-11장과 같이 상징이 압축이나 은유와 뒤섞여 등장하는 경우는, 그것이 상징임을 분별하기가 어렵다. 그래서 상징을 사실이나 역사로 오해하는 일이 생기게 된다.

창세기 1-11장에는 분명히 상징으로 주어진 계시가 있으며, 따라서 반드시 상징으로 해석해야 하는 내용이 있다. 그래야만 그 의미와 교훈을 제대로 알 수 있다. 가장 대표적인 예를 에덴 동산의 일에서 볼 수 있다. 에덴 동산 이야기 전체는 인간의 창조와 피조 세계에서의 인간의 위상, 남녀의 관계와 가정, 인간의 이상적 고향, 인간의 타락과 형벌, 악령의 존재와 치명적인 유혹 등에 대한 은유다. 그런데 그 은유 속에 상징이 들어 있다. 생명나무는 영원한 생명에 대한 상징이며, 선악과는 영원한 죽음에 대한 상징이다. 아담과 하와는 인간에 대한 상징이며, 뱀은 악령에 대한 상징이다.

이것을 상징으로 보지 않고 사실로 본다면, 선악과 사건은 '지금으로부터 약 6000년 전에, 흙으로 만들어진 아담이라는 한 개인과, 그 아담의 갈비뼈로 만들어진 하와라는 한 개인이, 지금 이라크 어디에 있었던 에덴이라는 동산에서 살던 중에, 발 달리고 말할 줄 아는 뱀의 유혹에 빠져서, 먹음직스럽고 보기에 좋은 선악과라는 과일을 먹은 것'이 된다. 그러나 이것을 상징을 통해 주어진 계시로 본다면, '피조물임에도 불구하고 자유의지를 가진 인간은, 그 존재 초기부터 자신의 생각을 따라 하나님의 명령을 판단했으며, 그 결과 영원한 생명을 잃어버리게 되었는데, 이 일에 악한 영이 적극 개입하고 있는 것'이 된다. 하나님은 인간의 실존적 문제에 대한 핵심적이고 중요한 사실을 아담, 하와, 뱀, 선악과라는 상징을 이용해 계시하신 것이다. 하나님께서 직설적이고 서술적인 문장 대신 상징적인 표현을 사용하신 이유는, 상징이 '다양하고 깊고 구체적이면서도 강렬한 의미'를 훨씬 잘 전달하는 수단이기 때문이다.

그러므로 에덴 동산 이야기에서 상징의 의미를 파악하는 사람은, 남자의 갈비뼈가 여자의 갈비뼈보다 하나 더 적다고 생각하지 않는다. 남녀의 갈비뼈 숫자가 같다고 해서 성서가 틀렸다고 실망하지 않는다. 그래서 성서의 권위에 의문을 가지지 않는다. 에덴 동산의 정확한 위치를 찾겠다고 애쓰지 않고, 에덴 동산의 흔적이 없다고 해서 실망하지 않는다. 발 달린 뱀의 화석을 발견하겠다는 노력도 하지 않는다. 선악과의 모양이 어떠했는가에 관심을 가지지 않고, 생명나무가 어떻게 생겼는지 굳이 상상하지 않는다. 이 이야기를 그림으로 표현하려는 화가는 구체적인 모습을 상상하겠지만, 그런 경우에도 상징의 의미를 살려서 그리는 것이 계시의 의미를 제대로 전하는 그림이라고 할 수 있다.

창세기 1-11장을 계시로 믿고 그 속에 있는 상징을 올바르게 파악할 때, 그 내용이 명확해지며 하나님의 놀라운 지혜를 발견할 수 있다. 비과학적이고, 비현실적이고, 비역사적이며, 중복되고 모순되는 것처럼 보이는 이야기들이 실은 하나님의 지혜에서 나온 것임을 알게 된다. 그것이 모든 인간이 알아야 할 것들을 정확하게 알려주신 창조주의 은총임을 깨닫게 된다. 그렇게 이해할 때 해석이 난해한 부분도 있지만, 전체적으로 창세기 1-11장에 담긴 하나님의 뜻을 파악하기에 큰 어려움이 없다.

■ 네 번째 열쇠: 전환

창세기 1-11장을 바르게 이해하는 네 번째 열쇠는 전환이다. 이것은 앞에서 언급한 세 개념, 즉 압축과 은유와 상징이 역사와 연결되거나 전환되는 것을 의미한다. 압축은 장구한 세월을 요약하기 위한 방법이며, 은유는 지식에 한계가 있고 이성적으로 미숙한 고대인들에게 쉽게 설명하기 위한 방법이며, 상징은 주로 영적 진리를 전달하기 위한 방법이다. 그런데 이런 특별한 수단으로 기록된 이야기들은, 아브라함의 등장을 앞두고 역사와 자연스럽게 연결될 필요가 있다. 왜냐하면 아브라함의 등장과 함께 계시의 무대가 온전히 현실적 역사로 옮겨지기 때문이다. 창세기 12장에서 보는 아브라함의 등장은 이제부터 하나님의 계시가 새로운 방법으로 주어진다는 것을 의미한다. 창세기 1-11장에서 보는 압축, 은유, 상징이 그치고 실제 역사 가운데 드러나는 계시가 시작되는 것이다. 따라서 하나님은 압축과 은유, 그리고 상징이라는 수단을 역사와 연결하실 필요가 있었다. 이것을 자연스럽게 해결하는 방법이 전환이다. 전환은 압축, 은유, 상징을 역사와 이어주는 중요한 역할을 한다.

아브라함이 등장하는 창세기 12장부터는 창세기 1-11장과 그 분위기가 아주 다르다. 그 이유는 창세기 12장부터 역사적이고 실제적인 이야기가 시작되기 때문이다. 이것은 창세기 1-11장은 비역사적, 비실제적이라는 말이 아니라, 창세기 1-11장은 역사적이고 실제적인 이야기들이 압축되어, 은유적으로, 그리고 상징을 통해 주어졌다는 말이다. 이것을 초역사적 형태라고 말할 수 있다. 그런 초역사적 형태가 이제 아브라함의 등장과 함께 현실적이고 역사적인 모습으로 바뀌게 된다. 아브라함이라는 역사적 인물과 관계된 일과 그 후의 사건들은 이제 압축될 필요가 없다. 굳이 은유나 상징으로 계시될 이유도 없다. 따라서 창세기 12장부터는 그 앞 이야기와 다를 수밖에 없다. 이렇게 서로 모습이 다른 계시를 자연스럽게 연결하기 위해서, 하나님은 전환이라는 방법을 사용하셨다.

대표적인 예가 창세기 11장에서 보는 데라의 족보다.(창 11:27-32) 데라의 족보 앞에 있는 셈의 족보(창 11:10-26)는 순수하게 압축의 성격을 가지고 있다. 그러나 아브라함의 직계 조상이라 할 수 있는 데라의 족보는 압축과 함께 전환의 역할도 하고 있다. 족보를 통해 주어진 '압축된' 역사를 아브라함이라는 '현실적' 역사로 연결시키는 일을 하는 것이다. 창세기 11장과 12장은 데라의 족보로 연결되고는 있지만, 전자와 후자는 서로 다른 해석의 틀을 가지고 읽어야 한다. 11장은 압축된 상징적 이야기이고, 12장은 역사적인 이야기이기 때문이다. 데라의 족보는 장구한 시간을 압축한 상징적 이야기에서, 역사적 이야기로 자연스럽게 넘어가는 기능을 하고 있다. 그러면서 또한 앞에서 언급된 이야기들이 신화가 아니라 역사를 압축한 것임을 암시하고 있다. 이것이 하나님의 지혜다. 하나님은 전환이라는 방법을 통해 놀라운 지혜를 보여주셨다.

창세기 10장에 있는 셈, 함, 야벳의 족보에서도 전환의 예를 볼 수 있다. 학자들은 창세기 10장을 '고대의 세계 지도'라고 부르는데, 그런 표면적인 이해보다는 이 족보가 지닌 기능에 주목할 필요가 있다. 이 족보는 지금까지의 이야기들, 즉 창조와 에덴 동산, 죄의 확산과 노아 홍수와 같은 태고의 이야기와 역사 시대를 연결하면서, 동시에 아브라함의 등장을 예비하고 있다. 창세기 10장의 족보는 신화처럼 보이는 태고의 이야기와 아브라함으로 시작되는 이스라엘이라는 역사적 실존을 연결하고 있다. 전환의 기능을 하고 있는 것이다. 그렇지 않고 창세기 10장을 객관적이고 사실적인 차원에서 이해하려고 하면, 너무 허점이 많은 세계 지도가 된다. 창세기 10장에 언급된 세계는 아무리 넓게 보아도 지중해와 유럽 남부, 중동과 아프리카의 일부일 뿐이다. 그 실제 크기는 이스라엘을 중심으로 반경 약 2,400km 이내로, 지구 전체의 약 20분의 1에 해당된다. 확인할 수 없는 이름들이 많고, 족보를 나눈 명백한 기준도 찾기 어렵다. 지역별로 구분했는지, 혈통적으로 구분했는지, 정치적으로 구분했는지 정확히 알 수 없다.

그러나 창세기 10장을 압축과 은유, 그리고 상징을 역사로 연결하는 전환의 개념으로 이해할 때, 셈, 함, 야벳의 족보는 그 기능을 훌륭히 수행하고 있다. 70개나 되는 구체적인 민족, 나라, 지명 이름들을 보면서, 지금까지 아득한 태고의 이야기를 읽던 성서 독자들은 아브라함으로부터 시작되는 현실적이고 역사적인 사건으로 자연스럽게 연결된다. 앞에서 온 세상이 물에 잠기는 홍수 이야기를 읽었지만, 창세기 10장과 11장을 거치면서, 아브라함이 하란을 떠나 가나안에 정착하고 가뭄을 피해 이집트로 내려간 일이 전혀 이상하지 않고 낯설지 않다. 그 이유는 그 두 이야기 사이에 셈, 함, 야벳의 족보와 데라의 족보가 있기 때문이다.

이런 전환의 개념은 창세기 2장 에덴 동산 이야기에도 이미 나타나 있다. 에덴 동산의 위치를 설명하는데 구스(에티오피아)와 아시리아라는 나라 이름이 등장한다. 나라의 등장은 인류 문명사에 있어 아주 후대의 일이다. 그럼에도 불구하고 창조 초기에 해당되는 에덴 동산 이야기에 구스와 아시리아 같은 나라 이름이 등장하는 이유는, 좁게는 에덴 동산 이야기를, 넓게는 창세기 1-11장 전체를 역사와 연결시키려는 의도가 있기 때문이다. 창세기 2장에 언급된 구스와 아시리아라는 이름을 가지고, 시대감각이 부족한 이야기로 보거나, 이 이야기가 후대에 기록된 증거라는 주장만 할 것이 아니다. 그것은 136억 년이라는 상상할 수 없는 긴 시간을 4,000단어 미만으로 압축하신 하나님, 인류에게 꼭 필요한 가르침을 은유와 상징으로 주신 하나님께서, 계시의 장을 역사로 옮기기 위해 사용하신 방법임을 알아야 한다. 그것이 에덴 동산 이야기에 구스와 아시리아라는 나라가 언급된 의미를 제대로 이해하는 것이다.

■ 신앙과 과학 사이에서

나중에 자세히 살펴보겠지만 창세기의 족보와 성서의 역사적 사건을 연결하면, 아담의 창조 연대는 대략 주전 4000년경이 된다. 그 말은 지금으로부터 약 6000년 전에 아담이 창조되고 세상이 창조되었다는 말이다. 아무리 과학적 상식이 부족해도, 6000년 전을 우주의 시작이라고 믿을 현대인은 없다. 각종 화석, 특히 최근에 많은 관심을 끌고 있는 공룡의 화석들은, 지구의 나이가 그보다 훨씬 오래 되었음을 증명한다. 하물며 우주의 나이는 말할 것도 없다. 과학자들은 우주의 생성 연대를 약 136억 년 전으로 본다. 이것은 성서가 말하는 6000년 전과는 전혀 다른 숫자다. 여기서 믿는 자에게 신앙과 과학 사이의 갈등이 생긴다. 성서에 기록된 대로 믿어 우주의 나이를 6000년이라고 주장하기에는, 그렇지 않다는 과학적, 객관적 증거가 너무 명백하다. 반대로 과학이 말하는 대로 우주의 나이가 136억 년이라고 하기에는, 그것이 성서의 권위를 완전히 부인하는 일이 되기 때문이다.

기독교인들은 이런 딜레마를 해결하기 위해 다음과 같이 행동한다. 첫째는, 과학을 인정하지 않고 모든 과학적 증거를 무시하는 것이다. 극단적 보수주의자, 근본주의자, 순진한 기독교인들 중에 이런 입장을 취하는 사람들이 있다. 그들은 성서가 하나님 말씀으로 오류가 있을 수 없기 때문에, 우주의 나이는 6000년일 수밖에 없다고 믿는다. 그러므로 우주의 나이에 대한 모든 과학적 결론을 받아들이지 않는다. 그러나 이런 태도는 교회 안에서조차 설득력이 떨어진다. 우주의 나이가 아주 오래되었다는 과학적이고 객관적인 증거들이 너무 많고 또 명백하기 때문이다. 과학자들은 성서의 권위를 파괴하기 위해 억지로 136억 년을 주장하는 것이 아니라, 객관적 연구 결과로 그런 주장을 하는 것이다.

둘째는, 첫 번째 태도와는 반대로, 과학을 인정하면서 성서를 부정하는 것이다. 실제로 젊은이들 가운데 이런 사람들이 많다. 어릴 때는 교회에서 배운 대로 별 갈등 없이 신앙을 유지하지만, 점점 교육의 정도가 높아지면서 진화론이나 자연주의, 또는 다른 과학적 사실들을 깊이 배우게 된다. 그러면서 성서에 심각한 오류가 있다고 생각하게 된다. 이때 가장 문제가 되는 것이 창조론과 진화론이며, 우주의 나이 역시 중요한 논쟁거리가 된다. 많은 젊은이들이 진화론이 과학적이고 옳다고 생각하면서 창조론을 버리게 되고, 에덴 동산 이야기와 홍수 이야기를 믿지 못하면서 결국은 신앙을 잃게 되는 것이다. 과학을 배운다고 해서 모두 이렇게 되는 것은 아니지만, 그렇다고 해서 이것이 극소수 사람들에게만 일어나는 일도 아니다.

셋째는, 과학과 신앙을 하나로 묶으려는 것이다. 이것은 과학적 결론과 창세기 1-11장을 조화시키려는 입장인데, 실은 창세기 1-11장을 과학적 발견에 꿰맞추려는 노력이라 할 수 있다. 소위 '창조 과학'을 연구하거나 이를 지지하는 사람들이 여기에 속한다. 그들은 창세기 1장을 과학적으로 증명하려고 하며, 지구 전체를 덮었던 홍수의 증거를 찾으려고 한다. 그러나 그 결과는 신통치 않다. 양자가 너무 다르기 때문이다. 136억 년과 6000년은 약 230만 배 차이가 나는 숫자로서 서로 조화를 이룰 수 있는 차이가 아니다. 그것은 마치 230만m와 1m를 어떻게든 조화시켜 보려는 일과 같다. 한마디로 불가능한 일에 힘을 쏟는 모습이다.

넷째는, 과학과 신앙을 완전히 분리하여 서로를 전혀 상관없는 것으로 여기는 것이다. 이것은 철저한 이분법적 입장이다. 성서를 읽거나 공부할 때는 창세기 1-11장의 이야기를 믿는다. 교인들과 신앙에 대해 이야기할 때는 성서의 이야기를 믿는다는 전제하에 대화한다. 그러나 학교에서 공부하거나 사람들과 상식적인 대화를 할 때는 과학적 결론에 근거해 말한다. 그 둘이 서로 상반된다는 사실을 아예 의식하지 못하거나, 아니면 알면서도 심각한 문제로 여기지 않는다. 원래 서로 무관한 것이라고 생각하기 때문이다. 이것을 사적인 삶과 공적인 삶으로 구별해서 말할 수도 있는데, 사적인 삶에서는 주관적 가치를 중심으로 살면서 창조론을 믿고, 공적인 삶에서는 객관적 사실을 중심으로 살면서 진화론을 믿는 것이다.

많은 기독교인이 이 네 번째 입장으로 신앙과 과학 사이의 딜레마를 해결하는 것 같다. 신앙을 버릴 수는 없지만 그렇다고 해서 과학적 증거를 무시할 수도 없기 때문에, 신앙과 과학이 서로 다른 차원의 진리를 말하고 있다고 생각해 버린다. 과학은 객관적이고 물리적인 진리를 말하고, 신앙은 주관적이고 정신적인 진리를 말한다고 생각한다. 이 둘은 서로 다른 차원의 진리이기 때문에 양립할 수 있고, 그래서 양쪽 모두 진리로 믿는 데 아무 문제가 없다는 것이다. 그러면서 상황에 따라 편리한 쪽을 선택한다. 오늘날 교회도 별 문제 의식 없이 이런 태도를 용인하고 있다.

어찌 보면 지혜로운 것 같은 이 네 번째 입장은, 실은 기독교의 진리를 스스로 훼손시키는 위험한 생각이다. 그것은 세상의 모든 영역을 주관하시는 창조주 하나님의 전능하심을 인정치 않는 것이며, 기독교 진리의 객관성을 부정하는 것이다. 그런 입장은 기독교인 스스로가 기독교는 '객관적 사실의 영역'에서는 무의미하고, '주관적 가치의 영역'에서만 의미가 있다고 선언하는 것이다. 그것은 객관적 진리로서의 기독교를 포기하고 주관적 진리로서의 기독교를 선포하는 것으로, 기독교를 많은 진리 가운데 하나로 만들어 버리는 것이다. 주관적 가치 영역에서는 모든 종교가 다 진리라고 할 수 있기 때문이다. 그렇게 기독교가 객관적 진리임을 포기하고 주관적 진리라는 사실만이라도 인정받으려는 태도는, 원래 자기 땅을 남에게 다 주고 자기는 한 모퉁이만이라도 차지하겠다고 외치는 격이다. 그렇게 하지 않으면 그 모퉁이마저도 빼앗길 것 같은 위기감을 느끼기 때문이다. 이 입장은 교회가 이성과 과학의 싸움에서 졌다는 말로서, 신앙이 이성과 과학에 거의 백기를 들었다는 의미다.

그러나 기독교는 믿음을 논하는 주관적 영역에서뿐만 아니라, 과학이 다루는 객관적 영역에서도 역시 가치 있는 진리다. 하나님의 계시는 양쪽을 모두 포함하는 동시에 초월하는 유일한 진리다. 성서는 진리가 객관적 영역과 주관적 영역으로 양분되어 있는 것이 아님을 분명히 선포하고 있다. 세상을 창조하신 하나님께서 인간도 만드셨다. 이 점을 명백히 밝혀주는 것이 바로 창세기 1-11장이다. 성서는 이 사실을 계시하는 것으로 시작된다. 창세기 1-11장을 하나님의 경이로운 지혜로 믿고 그 속에 담긴 계시를 바로 이해할 때, 그 내용이 신앙적 진리일 뿐 아니라 과학적으로도 진리라는 사실을 알게 된다.

빅뱅 이론에 기초한 우주의 나이 136억 년과, 창세기 5장, 11장의 족보에 기초한 우주의 나이 6000년 문제를 해결하는 '다섯 번째' 입장이 있다. 그것은 신앙과 과학의 주장이 조화를 이룬다는 점에서는 세 번째 입장과 같지만, 그 방법에 있어서는 전혀 다르다. 이 '다섯 번째 입장'이 이 책에서 강조하는 것으로, 창세기 1-11장은 '압축, 은유, 상징, 전환의 방법을 통해 주어진 하나님의 계시'임을 깨달아 과학적 발견을 이해하는 것이다. 이것은 '성서의 문자'에 과학적 발견을 억지로 끼워 맞추는 것이 아니라, '계시의 의미'에 기초해서 과학적 발견을 이해하는 것이다. 이것이 창세기 1-11장을 주신 하나님의 뜻을 바로 아는 방법이며, 창세기 1-11장이 과학적 발견과 상충되지 않는 영원한 진리라는 사실을 알 수 있는 길이다.

창세기 1-11장은 세상의 기원과 인간의 본질을 밝혀주는 계시의 말씀이다. 그렇게 읽을 때 그 속에서 비과학적 신화의 논리적 모순이 아니라 영원한 진리를 보게 된다. 그래야 성서가 인간의 모든 발명과 발견을 포용하는 진리이며, 기독교가 주관적 가치와 객관적 사실을 하나로 묶는 유일한 진리라는 사실을 확인할 수 있다. 창세기 1-11장은 우주와 자연, 그리고 인간에 대한 영원한 진리를 담고 있다. 다만 그 진리가 고대인의 세계관과 문화에 기초해 있기 때문에, 현대인들이 그 의미를 제대로 파악하지 못하고 비과학적, 비현실적, 비논리적으로 보는 것이다. 그러나 앞에서 언급한 네 가지 해석의 열쇠를 이용해서 해석하면, 창세기 1-11장이 과연 세상과 인간에 대해 변치 않는 진리를 담고 있음을 알 수 있다.

2장_ 창조주와 피조 세계

1. 만물의 창조(1:1-23)

■ 창조 선언(1:1)

1:1　태초에 하나님이 천지를 창조하시니라

1:1 태초에 하나님이 성서는 "태초에 하나님이 천지를 창조하시니라"라는 말씀으로 시작한다. 무엇이든 서두가 중요하듯이 성서의 이 첫마디 역시 중요한 의미를 가지고 있다. 하나님이 태초에 하늘과 땅을 만드셨다는 말씀은, 창조 이야기의 단순한 서언이 아니다. 그것은 하나님이 유일하신 신(神)이며 하나님 외에 모든 것은 피조물이라는 중대 사실을 먼저 선포하는 것이다. 이것이 창세기 1:1의 진정한 의미다. 여기서 '천지'는 현대인이 생각하는 우주 전체를 뜻한다. 그러나 고대인들은 하늘 밖의 우주를 상상할 수 없었기 때문에, 우주에 존재하는 모든 것을 하늘과 땅이라는 소박한 단어로 표현하고 있다. 그러므로 '태초에 하나님이 하늘과 땅을 창조하셨다'라는 말씀은, 우주에 존재하는 모든 존재는 하나님의 피조물임을 선포하는 말씀이다. 우주에 있는 모든 생물, 무생물, 자

연과 인간은 저절로 존재하거나 우연히 존재하는 것이 아니라 모두 하나님이 창조하신 피조물이며, 하나님 외에 다른 신은 없다는 선포다.

이 말씀 속에는 사람 눈에 보이는 모든 존재는, 그것이 아무리 신비로워 보여도 신적인 존재가 될 수 없다는 의미가 들어 있다. 해, 달, 별을 포함해 그 어떤 동물이나 식물, 인간은 절대 신이 될 수 없다는 것을 그 한마디로 못 박으신 것이다. 그런 의미에서 이 말씀은, '내가 만물을 창조하였다. 내가 모든 존재의 유일한 근원이며, 나 외에 다른 존재는 모두 피조물이며, 나 외에 다른 신은 없다'라는 하나님의 존재 선언이다. 성서는 이처럼 하나님이 어떤 분이신가를 선포하는 말씀으로 시작한다.

1:1은 그 뒤에 나오는 창조 이야기를 시작하기 위한 단순한 서두를 넘어서, 성서 전체의 시작을 알리는 계시적 선포이다. '하나님이 태초에 천지를 창조하셨다'는 사실을 분명히 믿고, 이제부터 시작되는 창조 이야기와 성서 전체를 읽으라는 명령이다. 이 말씀은 사람이 관찰하고 연구해서 얻은 결과도 아니고, 깊은 사색과 명상으로 깨달은 결과도 아니다. 하나님이 만물을 창조하셨다는 사실을 하나님 자신이 선포하시면서 사람의 믿음을 요구하는 말씀이다. 만물의 본질을 밝혀주는 말씀인 동시에 성서의 본질을 밝혀주는 말씀이다. 우주에 존재하는 만물은 하나님이 창조하신 피조물이며, 사람은 하나님이 알려주시는 이 사실을 믿어야 한다는 말씀이다. 이것이 1:1의 참 뜻이며 진정한 기능이다. 시편의 시들이 이 사실을 찬양한다.(시 19:1-6, 104:1-35 등)

1:1에는 신앙의 근본적인 내용이 들어 있다. 첫째는, 하나님이 만물의 창조주로서 유일한 신이라는 사실이다. 하나님 외에는 다른 신이 존재할 수 없다는 것을 알려준다. 둘째는, 세상 모든 만물은 하나님의 피조물로서 신이 될 수 없다는 사실이다. 해, 달, 별과 동물과 식물, 그리고 인간은 피조물이어서 숭배의 대상이 될 수 없다는 뜻이다. 셋째는, 하나님이 우주 만물을 창조하셨다는 사실을 아는 것이 신앙의 출발점이라는 것이다. 넷째는, 성서는 사람의 깨달음으로 만들어진 책이 아니라 하나님이 주신 계시의 책이라는 사실이다. 이 말씀은 하나님이 누구신지(창조주),

만물은 어떤 존재인지(피조물), 무엇이 신앙의 근본인지(창조 신앙), 성서가 어떤 책인지(계시)를 밝혀주고 있다. 하나님은 단 일곱 개의 히브리어 단어로 된 짧은 문장 속에, 이렇게 심오한 내용들을 담아서 전해주셨다. 앞에서 밝힌 것처럼 창세기 1-11장에는 하나님의 지혜가 잘 나타나 있는데, 과연 그 시작부터 예사롭지 않다.

성서가 이렇게 하나님이 만물을 창조하셨다는 선포로 시작되는 이유는, 이것이 가장 중요한 사실이기 때문이다. 하나님이 유일한 창조주이시며, 인간과 만물은 그의 피조물이라는 사실은 계시의 핵심이자 믿음의 시작이다. 하나님에 대한 믿음은 이 사실에서 출발한다. 창조주가 역사를 주관하시고, 창조주가 인간을 돌보시고, 창조주가 심판하시고 구원하신다. 그런 의미에서 1:1은 단순한 한 절이 아니라 성서 전체의 기초가 되는 귀중한 한 절이다.

'태초에'라는 단어는 히브리어로 '베레쉬트'(בְּרֵשִׁית)이다. 이를 개역성서는 '태초에'(in **the** beginning)라고 번역했지만, 공동번역은 '한 처음에'(in **a** beginning)라고 번역했다. '태초에'라는 말과 '한 처음에'라는 말은 분명히 그 의미가 다르다. 같은 단어를 이렇게 다르게 번역하는 데에는, 언어적으로나 신학적으로 다소 복잡한 배경이 있다. 먼저 언어적으로만 본다면 '베레쉬트'는 'in a beginning'이 분명하다. 'in the beginning'이 되기 위해서는 발음이 '베레쉬트'가 아닌 '바레쉬트'가 되어야 한다.(모음의 차이) 공동번역은 히브리 단어를 충실하게 번역했다. 하지만 이것만으로는 설명이 충분치 않다.

히브리 성서는 원래 히브리 문자의 자음으로만 기록되어 있었다. 그 말은 예수님이 읽으셨던 구약성서는 모음 없이 자음으로만 기록된 성서였다는 말이다. 그런데 그렇게 자음으로만 기록된 히브리 성서를 읽다보니 몇 가지 어려움이 생겼다. 모음의 표기 없이 읽다보니 사람마다 조금 다르게 읽고, 그렇게 다르게 읽으면서 문장의 의미가 달라지는 경우가 있었다.(동사가 명사가 되거나 명사가 동사가 되는 경우) 또 성서에 단 한 번만 사용된 단어는 발음에 따라 그 뜻이 달라지거나, 아예 정확한 발음을 잃어버리게 되는 일 등이 일어났다. 이런 문제를 해결하기 위해 주후 500년경 갈릴리 호수 서쪽 티베리아(디베랴)에 살던 유대인 학자들이 모음기호를 만들어, 자음으로만 된 히브리 성서에 모음기호를 표기했다. 그것을 티베리아식 모음기호라고 하고, 티베리아식 모음기호가 적힌 히브리 성서를 '마소라 사본'(Masorah Text)이라고 한다. 이 마소라 사본에 성서의 첫 단어가 '바레쉬트'(in the beginning)가 아닌 '베레쉬트'(in a beginning)로 표기되었다.

마소라 학자들이 그렇게 표기한 이유는 1:2 때문일 것이다. 앞에서 살펴본 것처럼 1:1은 하나님이 만물의 창조주이시라는 것을 선포하면서, 앞으로 창조 이야기가 시작된다는 의미다. 1:1부터 하나님이 창조 행위를 하신 것이 아니다. 하나님은 아직 창조를 시작하지 않으셨다. 그런데 1:2를 보면 땅과 물이 이미 존재하고 있다. 하나님이 아직 창조를 시작하지 않으셨는데 땅과 물이 존재하고 있는 것이다. 이 문제를 마소라 학자들은 '베레쉬트'(in a beginning)라는 발음으로 해결하고자 했다. 하나님이 천지를 창조하신 것은 '한 처음에' 있었던 일로서, 그 전에 땅과 물을 창조하는 '또 다른 처음'이 있었다는 의미다.

'땅과 물의 선재'는 구약학자들 사이에서 이미 많이 다루어진 문제다. 그래서 1:1-3을 번역하는데 아래와 같은 세 가지 입장이 있다.

1) 1, 2, 3절이 각각 다른 절: 태초에 하나님이 천지를 창조하시니라/그 땅이 혼돈하고 공허하며 흑암이 깊음 위에 있고 하나님의 신은 수면에 운행하시니라/하나님이 가라사대 빛이 있으라 하시매 빛이 있었느니라
2) 1, 2절이 한 절, 3절은 다른 절: 태초에 하나님이 하늘과 땅을 창조하실 때, 땅은 혼돈하고 공허하며 흑암이 깊음 위에 있고 하나님의 신은 수면에 운행하시니라/하나님이 가라사대 빛이 있으라 하시매 빛이 있었느니라
3) 1, 2, 3절이 한 절: 태초에 하나님이 천지를 창조하실 때, 땅은 혼돈하고 공허하며 흑암이 깊음 위에 있고 하나님의 신은 수면에 운

행하시는데, 하나님이 가라사대 빛이 있으라 하시매 빛이 있었느니라

이 중에서 언어적으로나 내용적으로 가장 타당한 번역은 첫 번째다. 히브리어 문법상 1:1과 1:2는 독립절로 읽어야 한다. 그럼에도 불구하고 일부 학자들이 두 번째, 세 번째 입장을 견지하는 이유는, 첫 번째 해석이 '땅과 물의 선재'라는 문제를 피할 수 없기 때문이다. 마소라 학자들이 성서의 첫 단어를 '바레쉬트'(in the beginning)가 아닌 '베레쉬트'(in a beginning)라는 발음으로 결정한 것도 같은 이유이다. '땅과 물의 선재'라는 문제를 해결하기 위해, 1:2부터 시작되는 창조 전에 또 다른 창조가 있었다는 사실을 '베레쉬트'로 암시함으로써, 이 문제를 간접적으로 해결하고자 했다.

그러나 성서 첫 단어의 발음은 원래 '바레쉬트'(in the beginning)였을 것이다. '한 처음'이 아니라 글자 그대로 '태초'였다는 말이다. 그렇게 보는 이유는 구약시대의 창조 개념은 원래 무에서 유를 창조하는 것이 아니라, 혼돈을 극복해 질서를 가져오는 것이었기 때문이다. 고대 근동의 창조 개념은 카오스를 극복해 코스모스를 가져오는 것으로, 아무것도 없는 상태에서 사물을 창조하는 것이 아니었다. 그러므로 창조를 위해서는 혼돈의 상태가 필요했다. 이것은 이스라엘도 예외가 아니었다. 실제로 성서의 창조 이야기는 혼돈을 극복하고 질서를 가져오는 것으로 시작된다. 구약시대 사람들 편에서 본다면, 1:2의 '땅과 물의 선재'는 창조 이야기를 혼란스럽게 하는 것이 아니라 오히려 자연스러운 것이었다.

창세기의 최초 기록자, 필사자, 이를 읽거나 들었던 독자와 청중은 1:2에서 아무런 문제를 느끼지 못했다. 당연한 일이었기 때문이다. 땅이 혼돈하고 공허한 상태, 흑암이 깊은 물 위에 있는 상태, 뭔가 신비로우면서도 뒤죽박죽되어 있고 형태가 없는 상태야말로 창조가 필요한 모습이었다. 그러므로 구약시대 기록자, 필사자, 독자, 청중들은 1:2를 들으면서, '이 땅과 물이 어디서 왔지? 언제 생겼지?'라는 의문을 가진 것이 아

니라, '그래 정말 창조가 필요한 상황이야'라고 생각했을 것이다. 그러므로 그들에게는 '베레쉬트'가 아니라 '바레쉬트'가 당연했다.

그런데 신구약 중간기 시대 이후 이스라엘 사람들에게 '무(無)로부터의 창조'(creatio ex nihilo) 개념이 생겼다. 이 개념은 외경인 마카비하(2 Maccabees) 7:28에 처음으로 명백하게 드러나는데,[1] 유대 민족이 외부 세계로부터 배운 것이다. 이렇게 무로부터의 창조 개념이 확립되면서 2절의 땅과 물의 선재가 문제가 되었다. 창조가 시작되기 전인데 땅과 물이 버젓이(!) 존재하고 있다는 사실이 문제가 된 것이다. 그래서 마소라 학자들은 성서의 첫 단어를 '태초에'라고 번역할 수 있는 '바레쉬트'가 아니라, '한 처음에'라고 번역할 수 있는 '베레쉬트'로 모음을 표기하였다. 그리고 현대에 와서는 앞에서 밝힌 것처럼, 1:1과 1:2를 하나의 절, 또는 1:1, 1:2, 1:3 모두를 하나의 절로 번역하는 견해들이 생긴 것이다.

1:1 천지를 창조하시니라 1:1은 하나님이 천지를 창조하신 것이 분명하다고 선포하면서도, 하나님이 천지를 창조하신 때에 대한 언급이 없다. 그저 태초에 하나님이 세상을 창조하셨고, 그때가 곧 세상의 시작이었다고만 말하고 있다. 그러나 성서가 말하는 '창조의 때'가 언제인지 궁금한 사람들이 창세기 5장의 족보(아담부터 노아까지)와 11장의 족보(셈부터 아브라함까지)를 이용해 아담의 연대를 계산해 내었다.

1. 아시리아가 북이스라엘을 멸망시킨 연대는 주전 722년이다.[2]

---

1) 신약성서에 나타난 '무로부터의 창조' 개념은 다음과 같은 말씀에서 볼 수 있다. "하나님은 죽은 자를 살리시며 없는 것을 있는 것으로 부르시는 이시니라."(롬 4:17) "믿음으로 모든 세계가 하나님 말씀으로 지어진 줄을 우리가 아나니 보이는 것은 나타난 것으로 말미암아 된 것이 아니니라."(히 11:3) 이 말씀은 모든 세계가 이미 존재하던 것으로부터 만들어진 것이 아니라 무로부터 창조되었다는 뜻이다.

2) 이는 이론의 여지가 없는 객관적인 연도로 오차 한계가 1년이다. 구약시대 이스라엘이 이집트를 탈출한 니산월(양력 3월)을 신년으로 했는지, 전통적인 티쉬리월

2. 722년을 기준으로 할 때 솔로몬의 즉위 연대는 대략 주전 965년이다.[3)]
3. 그렇다면 이집트(애굽)를 탈출한 연도는 주전 1440년경이다. 솔로몬은 재위 4년에 성전 건축을 시작했는데, 이 해는 출애굽한 지 480년 되는 해다.(왕상 6:1)[4)]
4. 야곱이 이집트에 들어간 연대는 주전 1870년이다.[5)]
5. 야곱이 태어난 해는 주전 2000년이다. 야곱은 130세에 이집트로 갔다.(창 48:27-28)
6. 이삭은 2060년에 태어났다. 이삭은 60세에 야곱을 낳았다.(창 25:27)
7. 아브라함은 2160년에 태어났다. 아브라함은 100세에 이삭을 낳았다.(창 21:5)
8. 이 2160년부터 아브라함의 조상 10대를 거슬러 셈까지 올라가면(창 11:10-26), 셈이 태어난 해는 주전 2510년경이 된다.[6)]
9. 홍수가 있었던 해는 2410년경이다. 홍수가 끝난 지 2년 뒤 셈의 나이가 100세였다.(창 11:10)

(양력 9월)을 신년으로 했는지 확실하지 않기 때문이다.

3) 열왕기서를 통해 알 수 있는 이 연도는 몇 년 정도 오차가 있을 수 있다. 그 이유는 남유다, 북이스라엘 왕들은 왕위를 물려줄 때 아버지와 아들이 함께 다스린 기간이 있었기 때문이다. 이 기간 때문에 왕들의 연대가 상당히 모호하게 되었다.

4) 480년은 신학적인 숫자가 분명하므로(40년씩 12세대), 역사적인 출애굽 연도가 1440년이 아닐 수 있다. 실제로 출애굽 연도를 주전 13세기 초반으로 보는 학자들이 많다. 그러나 여기서는 이 문제가 중요하지 않다.

5) 이스라엘 백성이 이집트 땅에서 머문 기간은 430년(출 12:40), 400년(창 15:13, 행 7:6), 4세대(창 15:16)라는 3가지가 있는데, 그 중에서 가장 긴 430년을 택하면, 야곱이 이집트 땅에 들어간 연대는 주전 1870년이 된다.

6) 아버지가 아들을 낳은 때를 계산하면, 100(셈)+35(아르박삿)+30(셀라)+34(에벨)+30(벨렉)+32(르우)+30(스룩)+29(나홀)+30(데라)=350년이 된다. 마지막 30년은 데라가 30살에 아브라함을 낳은 것으로 계산한 것이다. 성서는 그저 데라가 70살이 되기까지 아브람과 나홀과 하란을 낳았다고 기록하고 있다.(창 11:26)

10. 노아가 태어난 해는 주전 3010년경이다. 노아가 600세 때 홍수가 일어났다.(창 7:11)

11. 노아로부터 다시 10대를 거슬러 아담까지 올라가면(창 5:3-32), 아담이 창조된 해는 주전 4066년경이 된다.[7]

이처럼 북이스라엘이 멸망한 해인 주전 722년을 기점으로 해서, 솔로몬 성전 건축, 출애굽, 야곱의 이집트 이주, 아브라함의 출생, 노아 홍수, 노아의 출생 등으로 거슬러 올라가면, 아담이 창조된 연대가 나온다. 그렇게 해서 확인된 창조의 시점은 대략 주전 4000년경이다. 17세기 아일랜드 대주교 제임스 어셔(James Ussher, 1581-1656)도 같은 방법으로 창조가 주전 4004년에 이루어졌다고 했다.[8] 유대인들은 전통적으로 주전 3760년이 창조 연대라고 생각하는데, 조금 차이가 있긴 하지만 큰 차이는 아니다. 주전 4000년경은 인류문명이 실제로 시작되었던 주전 약 1만년(마지막 빙하기가 끝난 시기)과 크게 다르지 않으며, 인류가 문자를 가지고 기록을 하기 시작한 역사시대와 거의 일치한다.

이렇게 계산된 성서의 창조 연대는 기독교인들에게 혼란을 준다. 학교에서 배우는 우주의 기원과 인류의 기원과는 너무 다르기 때문이다. 그래서 성서를 믿어 과학이 거짓말을 하고 있다고 해야 할지, 과학을 믿어 신앙을 버려야 할지, 아니면 교회에서는 성서를 믿고 학교에서는 과학을 믿어야 할지 혼란스럽다. 그러나 이 중 그 어느 것도 해결책이 될 수 없다. 성서를 믿는다고 하면 모든 과학자의 말이 거짓이 되어야 하는데 그

7) 130(아담) + 105(셋) + 90(에노스) + 70(게난) + 65(마할랄렐) + 162(야렛) + 65(에녹) + 187(므두셀라) + 182(라멕) = 1056년.

8) R. K. Harrison, *Introduction to the Old Testament*(Grand Rapids: Eedermans, 1969), 148. 어셔의 계산이 영어성서 난외주에 소개된 후 이 연대가 큰 영향을 미치게 되었다. 19세기에 들어서 그의 계산에 문제가 있음이 확인되었으나 20세기에 들어서서까지 그의 연대가 소개된 성서들이 있었다. 아우구스티누스(354-430) 역시 창세기에 기초하여 창조가 주전 약 5000년경에 일어났다고 한다. Stephen Hawking, *A Brief History of Time*(Toronto: Bantam Books, 1988), 8.

럴 수는 없으며, 과학을 믿는다고 하면 성서가 오류투성이가 되어야 하는데 그럴 수는 없으며, 교회에서는 성서를 믿고 학교에서는 과학을 믿는다고 하면 문제를 '해결한' 것이 아니라 '외면한' 것이기 때문이다.

이런 딜레마를 해결하는 방법은 바로 압축이라는 해석의 열쇠를 가지고 창세기 1-11장의 족보를 이해하는 것이다. 창세기 1-11장은 역사도 과학도 아닌, 하나님이 세상을 창조하신 순간부터 아브라함이 역사에 등장하는 때까지를 압축해서 보여주신 계시다. 그 기간이 현대과학이 주장하는 136억 년이든, 아니면 그보다 더 오래되었든 그것은 문제가 되지 않는다. 현재로서는 빅뱅 이론이 우주의 여러 현상을 가장 잘 설명하는 이론일 뿐, 모든 것을 설명할 수 있는 완벽한 이론은 아니다. 그러므로 우주의 시작이 정확히 어떤 모습이었는지, 정확히 언제였는지는 아무도 알 수 없다. 하지만 그런 것에 상관없이 창세기 1-11장을 장구한 세월을 압축해 계시하신 하나님의 지혜로 읽을 때, 성서의 태초와 현대과학이 말하는 태초의 조화를 이룰 수 있다. 창세기 5장과 11장의 족보에 등장하는 인물들 역시 압축된 시간을 상징하는 인물들이다.

그러므로 그들의 수명을 거슬러 올라가 창조 연대를 계산해 내는 것은, 하나님의 지혜에 속하는 일이 아니다. 하나님이 계시하신 지혜는, '하나님이 세상을 창조하신 후 아주 오랜 세월이 흘러 아브라함이 역사에 등장했다'는 것이다. 그러므로 창세기 5장의 족보는 아주 길고 긴 시간이 있었음을 알려주기 위한 역할을 하고, 11장의 족보는 압축된 시간과 압축되지 않은 실제 역사를 연결하는 역할을 한다. 전체적으로 본다면 창세기 1-9장은 순수한 압축이며, 10-11장은 압축된 시간이 역사와 연결되는 부분이며, 12장부터는 순수한 역사가 시작된다. 압축된 시간에서 실제 역사로 단번에 넘어간다면 이질적 요소들이 강제로 연결된 억지스런 느낌을 주게 되는데, 10-11장은 그것을 방지하면서 압축에서 역사로 자연스럽게 넘어가도록 하는 역할을 하고 있다. 이것 또한 하나님의 지혜에서 나온 것이다.

창세기 1-11장을 문자적, 역사적, 과학적으로 이해해서는 안 된다.

그런 식의 이해는 그 속에 담긴 하나님의 계시, 즉 영원한 진리를 놓치게 만든다. 창세기 1-11장은 글자 그대로의 역사적 사실이거나 과학적 진실이 아니다. 그것은 장구한 세월이 압축되어 계시된 진실이다. 그리고 거기에 내포된 내용은 영원한 진리이다. 창세기 1-11장을 이렇게 이해해야만, 성서의 태초와 현대과학이 말하는 태초, 성서가 말하는 인간 창조와 현대과학이 말하는 인류의 등장이 충돌 없이 조화를 이룰 수 있다. 창세기 1-11장은 과학의 발달로 인해 인류가 최근에야 발견한 것을, 이미 오래 전에 압축과 은유와 상징을 통해 설명하고 있다. 하지만 거기에는 사람들이 반드시 알아야 할 자연과 인간에 대한 지식들이 모두 포함되어 있다.

■ 혼돈에서 시작된 창조(1:2)

1:2　그 땅이 혼돈하고 공허하며 흑암이 깊음 위에 있고 하나님의 영은 수면 위에 운행하시니라

1:2 땅이 창조 이야기는 땅에 대한 언급으로 시작되는데, 그 땅의 창조에 대한 설명은 없다. 세상의 기원에 대한 메소포타미아 신화 거의 대부분이 물보다는 땅에 대한 언급으로 시작되며, 역시 땅의 창조에 대한 내용이 없다.[9] 그렇게 볼 때 창세기 1:2는 메소포타미아 전통과 아주 유사하다고 할 수 있다.

1:2 혼돈하고 공허하며 이 말에서 볼 수 있듯이 창조 이야기는 땅과 물이 뒤섞여 있는 혼돈스러운 모습에서 출발한다. 앞에서도 언급했듯이 이스라엘을 포함한 고대 근동의 창조 개념은 극도로 혼란한 모습에 아름

9) W. G. Lambert, "Old Testament Mythology in its Ancient Near Eastern Context," *Vetus Testamentum Supplements*, vol. 40(1988), 138.

다운 질서를 가져오는 것이었다. 그래서 창조가 진행될 때마다 하나님께서 보시기에 좋았다는 말이 나온다. 고대 근동 전체가 가지고 있던 창조의 반대 개념은 무(無)가 아니라 혼돈이었는데, 1:2에 이 혼돈의 상태가 세 가지로 나타나고 있다. 첫째는, 형태가 없고 텅 빈 땅이며, 둘째는, 깊이를 알 수 없는 깊은 바다이며, 셋째는, 암흑이다. 이 중에서 암흑은 암시적으로 나타난다.

성서는 창조 전 땅의 모습을 혼돈스럽고 공허했다고 표현한다. 이것은 히브리어 '토후 바보후'(תהו ובהו)를 번역한 것인데, 이 말은 번역하기가 까다롭다. 문자적으로는 '형태가 없고 텅 비어서'(unformed and void) 아무것도 없는 상태, 즉 동식물이 전혀 없는 상황을 의미하지만, 1:2에서는 땅이 물과 섞여 있으며 온통 어둠에 쌓여 있는 상태를 의미한다. 과연 그런 모습이 실제로 어떤 모습인지는 상상하기 어렵다. 똑같은 표현이 예레미야 4:23("보라, 내가 땅을 본즉 혼돈하고 공허하며 하늘에는 빛이 없으며")에 한 번 나오며, 이사야 34:11("여호와께서 그 위에 혼란의 줄과 공허의 추를 드리우실 것인즉")에서는 두 단어가 따로 사용되었다. 하지만 두 경우 모두 창세기 1:2의 모습을 상상하는 일에 그리 도움이 되지는 않는다. 1:2의 '토후 바보후'는 창조 전 땅의 모습을 '상징'하는 표현이다.

1:2 깊음 위에 깊음은 히브리어 '테홈'(תהום)을 번역한 것으로 바다의 혼돈을 상징하는 단어다. 테홈의 사전적 의미는 '깊음, 심연, 바다' 등인데, 여기서는 창조 이전의 혼돈의 물을 의미한다. 테홈은 구약성서에 36번 등장하며 일반적으로 바다와 같은 큰 물을 의미한다. 학자들은 이전에 테홈이 바빌로니아의 창조 서사시 에누마 엘리쉬에 등장하는 바다 괴물, 또는 혼돈의 용 '티야마트'(Tiamat)와 언어적으로 연관이 있을 것이라고 생각했다. 바빌로니아의 최고신 마르둑이 티야마트를 죽여 그 시신을 말린 물고기처럼 반으로 가른 뒤, 위쪽은 하늘을 만들고, 아래쪽은 땅과 바다를 만들었다는 내용이 에누마 엘리쉬에 나온다. 그러나 최근에는 이런 생각이 많이 줄어들었다. 빌 아놀드(Bill Arnold)는 자신의 『창세기 주

석』에서 히브리어 테홈과 아카드어 '티암투/탐투'(*tiamtu/tamtu*)가 같은 셈어 어근에서 유래한 것은 분명하지만, 직접적으로 차용한 언어는 아닐 것이라고 한다.[10] 오히려 테홈은 우가리트어 어근 *thm*과 관계 있는 것으로 본다. 우가리트어 *thm*은 '바다'(ocean)를 의미한다.[11] 우가리트어를 표기할 때 자음만 적는 이유는 우가리트어의 정확한 발음을 모르기 때문이다.(모음을 모른다는 의미)

창세기 기자는 여기서 산, 들, 골짜기, 평지 같은 것이 없고 풀, 나무, 동물 같은 것이 없는, 즉 모양이 없고 텅 빈(unformed and void) 평평하고 네모난 아주 큰 땅 덩어리가 암흑 속에서, 깊이를 알 수 없는 큰 물 속에 잠겨 있는 모습을 연상하고 있는 듯하다. 고대인은 공 모양의 지구를 상상할 수 없었고, 성서에서 땅은 늘 동서남북 사방으로 나타나기 때문이다. 이런 평평하고 네모난 땅 위에 깊이를 알 수 없는 물이 있고, 그 아래에도 깊이를 알 수 없는 물이 있는 모습을, 1:2는 '깊음'으로 표현했다. 성서에서 알 수 있는 고대인의 세계관에서는 물이 중요한 요소이며, 물이 보이지 않는 세상을 지배하고 있음을 알 수 있다.[12] 이 물은 보이는 세상이 창조된 후에도 사라지지 않는다.(창 1:6-7)

1:2 하나님의 영은 그런 혼돈 위에 '하나님의 영'(루아흐 엘로힘 רוח אלהים)이 운행하셨다. 형체를 알 수 없는 땅과 깊이를 알 수 없는 바다가 뒤섞인 원초적 혼돈 위에, 하나님의 영이 운행하고 있었다는 것이 성서가 말하는 창조 전의 모습이다. 이때 하나님의 영은 '하나님의 바람'이나 '하나님의 기운'으로 번역할 수 있다. 히브리어 '루아흐'(רוח)는 '숨, 바람, 영' 모두가 가능하기 때문이다. 그래서 개역성서는 '하나님의 영'이

10) Bill T. Arnod, *Genesis*(Cambridge: Cambridge University, 2009), 38.

11) *Ibid.*, 38.(주 34 참고)

12) Tikva Frymer-Kensky, "Biblical Cosmology," *Backgrounds for the Bible*, ed. M. P. O'Connor and D. N. Freedman(Winona Lake: Eisenbrauns, 1987), 232.

라고 번역했고, 공동번역은 '하나님의 기운'이라고 번역했다. 구약학자 폰 라트는 『창세기 주석』에서 '하나님의 폭풍'(Storm of God)으로 번역하는 것이 바람직하다고 한다.[13] 이것은 바람의 의미를 더욱 강조한 것으로, 폰 라트는 혼돈의 세력을 극복하는 하나님의 힘을 강조하고 싶었던 것 같다.

'루아흐 엘로힘'의 번역이 다양한 이유 중 하나는 그 뒤에 나오는 동사 '메라헤페트'(מרחפת)의 번역이 어렵기 때문이다. 동사의 의미가 확실하다면 주어의 의미를 결정하는 데 도움이 되겠지만, '메라헤페트'는 논쟁의 여지가 많은 동사로 '위를 떠돌다(hover), 품다(brood), 진동하다(vibrate), 떨다(tremble), 움직이다(move), 휘젓다(stir)' 등으로 다양하게 번역될 수 있다. 그래서 개역성서는 '하나님의 영은 수면 위에 운행하시니라'고 번역했고, 공동번역은 '그 물 위에 하나님의 기운이 휘돌고 있었다'라고 번역했다. 폰 라트의 입장을 따른다면 '하나님의 무서운 폭풍이 물 위에 휘몰아치고 있었다'는 식이 된다.

'루아흐 엘로힘'을 '하나님의 영'으로 이해할 때, 1:1-3에 삼위일체 하나님의 모습이 암시적으로 나타나고 있음을 볼 수 있다.[14] 1:3에서 하나님은 말씀으로 빛을 창조하시는데, 요한복음에 의하면 이 말씀은 곧 예수 그리스도다. 요한복음 1:1-3은 '태초에 말씀(로고스)이 계셨는데, 하나님과 함께 계셨고, 그 말씀이 곧 하나님이시고, 만물이 그로 말미암아 지음을 받았다'고 한다. 그렇게 볼 때 창세기 1장은 삼위일체 하나님에 대한 '암시'로 시작됨을 알 수 있다. 1:1에 '성부'(하나님)가 확실한 모습으로 나타나고, 1:2와 1:3에 '성령'(하나님의 영)과 '성자'(말씀)가 감추

---

13) G. von Rad, *Genesis*(London: SCM Press, 1972) revised edition, 49.

14) 드로쉬(M. DeRoche)는 '루아흐 엘로힘'을 '자연적 바람'이나 삼위일체의 '성령'으로 이해하는 것을 반대하면서, 이를 '우주를 주관하는 하나님의 능력'으로 이해한다. M. DeRoche, "The rûaḥ 'ĕlōhîm in Gen 1:2c: Creation or Chaos?," *Ascribe to the Lord*, ed. by L. Eslinger and G. Taylor(Sheffield: JSOT Press, 1988), 317-318.

어진 모습으로 등장한다.

물론 창세기 기자가 삼위일체를 염두에 두었을 리는 없다. 이 말씀을 읽거나 듣고 필사한 유대인들도 그렇게 생각했을 리가 없다. 유대인들이 '루아흐 엘로힘'을 대부분 '하나님의 바람'으로 번역하는 이유는,[15] 그들에게 삼위일체 개념이 전혀 없기 때문이다. 그래서 그들은 '하나님의 능력'을 의미하는 '하나님의 바람'으로 번역한다. 그러나 신구약성서를 한 권의 책, 한 분 하나님의 말씀으로 믿는 기독교인은 신약의 빛으로 구약을 이해하는 것이 당연하다. 그런 관점으로 성서를 읽으면 구약에서도 삼위일체 하나님의 모습을 발견할 수 있다. 이사야서에서 예수 그리스도에 대한 예언을 보는 것과 같은 맥락이다. 성서 제일 앞에 삼위일체의 모습이 암시된 이유는, 성서의 진정한 저자이신 하나님께서 자신의 본질을 처음부터 알리고 싶으셨기 때문일 것이다. 그 삼위일체 하나님이 인간의 구원을 이루셨다. 그렇게 볼 때 성서는 가장 중요한 사실을 강조하는 것으로 시작된다.

1:2에는 짧은 내용 속에 창조 이전 세상의 신비한 분위기가 잘 표현되어 있다. 모양과 형태가 없는 원초적인 땅, 깊이를 알 수 없는 원초적인 물, 그 땅과 물이 상상할 수 없는 정도로 혼돈스럽게 섞인 모습, 그 혼돈을 감싸고 있는 짙은 어두움, 거기에 존재하시는 하나님의 영, 이 모든 것이 함께 있는 장면은 매우 신비롭다. 그리고 앞에서 살펴본 것처럼 '토후 바보후, 루아흐 엘로힘, 메라헤페트' 등의 번역이 난해한 것도 신비감을 더하는 이유가 된다. 아마도 하나님은 창조 전의 신비를 사람들이 충분히 느끼도록 하고 싶으셨던 것 같다. 그렇다면 그 의도는 성공적이라고 할 수 있다. 겨우 14단어로 이루어진 2절을 놓고 학자들이 논쟁을 계속하고 있기 때문이다. 학자들조차 1:2가 묘사하는 모습을 정확히 해석하지 못하고 있다.

15) Nahum M. Sarna, *Genesis*(Philadelphia: Jewish Publication Society, 1989), 6.

■ 첫째 날의 창조(1:3-5)

1:3 하나님이 이르시되 빛이 있으라 하시니 빛이 있었고
1:4 빛이 하나님이 보시기에 좋았더라 하나님이 빛과 어둠을 나누사
1:5 하나님이 빛을 낮이라 부르시고 어둠을 밤이라 부르시니라 저녁이 되고 아침이 되니 이는 첫째 날이니라

1:3 빛이 있으라 1:2-13은 첫째 날에서 셋째 날까지의 이야기다. 7일 구조로 되어 있는 창조 이야기에서, 실제 창조 행위가 있었던 날은 6일인데, 이 6일을 3일씩 두 쌍으로 나눌 수 있다. 그러면서 첫째 날의 창조는 넷째 날과, 둘째 날은 다섯째 날과, 셋째 날은 여섯째 날과 관계가 있다. 1:3-5는 창조 첫째 날에 관한 내용으로, 하나님은 이날 빛을 창조하셨다. 만물 중에서 빛을 가장 먼저 만드셨다는 말이다. 창조주 하나님의 첫 작품인 빛의 속도는 1초에 약 30만km를 가며, 입자이기도 하고 파동이기도 한 신비한 성질을 가지고 있다. 하나님은 이처럼 신비한 빛을 먼저 만드셔서, 어둠을 밝히시는 것으로 창조를 시작하셨다. 어둠 속에서는 아무것도 볼 수 없기 때문일 것이다. 빛이 있어야 창조의 결과를 볼 수 있다. 그것이 하나님께서 빛을 가장 먼저 창조하신 이유일 것이다.

하나님은 말씀으로 빛을 창조하셨는데, 히브리어를 보면 '빛은 존재하라'는 명령형이 사용되지 않고 '빛이 있도록 하여라'는 사역형이 사용되었다. 이 표현은 마치 왕이 그 신하들에게 명령하듯이, 수고가 없는 행위를 의미한다. 유대인들의 주석 미드라쉬(Midrash)는 이것을 가리켜, '예술가는 힘들게 작품을 완성하지만, 하나님은 말씀 한마디로 창조하신다'라고 설명했다.[16]

16) Meir Zlotowitz, *Bereishis*, vol. 1(a)(New York: Mesorah, 1986), 39.

1:4 보시기에 좋았더라 빛을 창조하신 하나님은 그 빛을 보시며 기뻐하셨다. '그 빛이 하나님이 보시기에 좋았더라'라는 말씀이 바로 하나님의 기쁨을 나타내는 표현이다. 사람들이 자연을 보고 아름답다고 느끼는 이유는, 하나님께서 아름답게 창조하셨기 때문이다. 자연은 하나님이 보시기에도 아름답다. 인간의 눈에는 말할 것도 없다.

1:4 빛과 어둠을 나누사 빛을 창조하신 하나님은 빛과 어둠을 나누셨다. 이 '나누었다'라는 동사에서 다시 한 번, 혼돈에 질서를 가져오는 창조 개념을 확인할 수 있다.

1:5 빛을 낮이라 부르시고 한편, 하나님은 빛을 낮이라 부르시고 어둠을 밤이라 부르셨다. 이렇게 피조물에 이름을 주시는 것도 하나님의 창조 행위에 속하는 것으로, 하나님은 이 후에도 계속해서 '하늘, 땅, 바다' 등의 이름을 주셨다.

하나님께서 첫째 날에 창조하신 빛으로 인해 하루라는 개념이 생겼다. 하나님의 창조는 7일 구조로 되어 있는데, 이것은 안식일을 염두에 둔 구조가 분명하다. 그 7일 구조를 만들기 위해서 하루라는 개념이 필요하고, 하루를 구분짓기 위해서 빛이 필요했다. 그래서 하나님은 빛을 창조하여 빛과 어둠을 나누신 후, 빛을 낮이라 부르시고 어둠을 밤이라 부르시면서 하루가 존재하도록 하셨다. 아직 해와 달을 창조하시기 전이지만 말이다. 이때의 하루는 빛이 있는 밝음을 낮이라 하고, 빛이 없는 어둠을 밤이라 하는 소박하고 단순한 개념이다.(이 사실은 창세기 1장의 하루가 해와 달로 인한 24시간이 아님을 암시한다.)

1:5 저녁이 되고 아침이 되니 이는 첫째 날이니라 1:5 후반의 "저녁이 되고 아침이 되니 이는 첫째 날이니라"라는 말씀은 다소 논란이 있는 표현이다. 우선 과학적 시각으로 보면 이 첫째 날은 정확한 표현이 아니다. 왜냐하면 해와 달이 있어야 하루가 되는데, 그 해와 달은 넷째 날에

창조되기 때문이다. 그러나 창세기 기자는 하나님이 빛을 낮으로, 어둠을 밤으로 부르셨기 때문에 낮과 밤이 창조되었다고 생각하면서, 처음 사흘은 해와 달이 창조되지 않았음에도 불구하고 하루의 개념을 적용하고 있다. 창세기 기자는 해와 달이 없는데 어떻게 하루가 있을 수 있느냐 하는 식의 과학적 질문을 염두에 두지 않고 성서를 기록했다.

또 다른 논란은, 창세기의 하루는 왜 '저녁부터 시작되어 다음날 저녁에 끝나느냐?'라는 것이다.(저녁-아침-저녁의 형태) 실제로 유대교의 절기는 아직도 이런 형태의 하루를 지키고 있다. 레위기 23:5에 '유월절은 첫째 달 십사 일인데, 저녁부터 시작된다'라는 말씀이 있는데, 출애굽기 12:42에서 그 이유를 '여호와가 그 날 밤에 이스라엘 백성들을 인도해 내셨기 때문'이라고 설명한다. 여호와께서 백성을 인도해 내시느라고 그 날 밤을 새워 지키셨다는 의미다. 안식일도 마찬가지다. 안식일은 금요일 저녁 해가 지면서 시작되어 토요일 저녁 해가 지면서 끝이 난다. 그렇게 볼 때 "저녁이 되고 아침이 되니 이는 첫째 날이니라"라는 표현은, 하루가 저녁부터 다음날 저녁까지라는 말인 듯하다.

그러나 그런 식으로 하루를 이해하면 1:3의 빛은 분명히 저녁이 되기 전에 창조되었으므로, 첫째 날 전에 빛이 창조된 것이 되고 만다. 그러므로 창세기 1장의 하루 개념은 원래 '아침-저녁-아침'의 형태로서, 하나님이 첫째 날 아침(낮)에 빛을 창조하시고, 그 후에 저녁이 되고 아침이 되어 하루가 지났다는 말로 보아야 한다. '저녁이 되고 아침이 되니'라는 표현은, 저녁 전의 아침을 인정하고 있는 것이다. 이렇게 이해해야 안식일을 포함한 7일 동안의 창조를 제대로 이해할 수 있다.

저녁-아침-저녁이 아니라, 아침-저녁-아침을 하루로 보는 말씀이 성서에 많이 있다. 저녁이 지난 다음 아침을 다음날이라고 하는 말씀들이다. 소돔과 고모라 멸망 후 롯의 큰 딸이 롯과 잠자리를 같이한 그 다음 아침을 성서는 이튿날이라고 말한다.(창 19:34) 히브리어로 분명히 다음날이라는 뜻의 명사 '마하라트'(מחרת)가 사용되었다. 기드온이 타작마당에 둔 양털만 젖게 해달라고 하나님을 시험한 밤 다음날 아침도 이튿날이라고 했다.(삿 6:38) 요나가 초막을 짓고 니느웨가 멸망하기를 바라보고 있었을 때, 하나님은 박넝쿨로 그늘을 만들어주셨다가 '이튿날' 새벽에 벌레로 하여금 그 박넝쿨을 갉아먹게 만드셨다.(욘 4:7)

유대인들의 절기는 '저녁-아침-저녁'이라는 모습을 가지고 있지만, 그것이 창세기 1장의 '아침-저녁-아침'이라는 하루와 모순된다고 볼 필요는 없다. 창세기 1-11장은 인류 전체에게 주신 말씀이기 때문에, 인류 전체에게 주신 창조 질서에 따르는 하루는 '아침-저녁-아침'의 형태이고, 유대인에게만 주신 율법에 따르는 하루는 '저녁-아침-저녁'의 형태라고 이해할 수 있다. 율법은 유대인들에게 주어진 것이기 때문에, 유대인들은 율법을 지켜야 한다. 그 율법이 유월절은 저녁부터 시작되는데(레 23:5), 그 이유는 이스라엘 백성이 이집트를 탈출하던 날 하나님께서 밤을 새워 이스라엘 백성을 지키셨기 때문이라고 성서는 밝히고 있다.(출 12:42) 그리고 이 말씀이 유대인의 절기, 안식일, 그리고 하루 개념에 영향을 미쳤다고 할 수 있다.

음식의 경우도 마찬가지다. 노아 홍수 후 하나님은 모든 식물과 동물을 먹을 수 있다고 말씀하셨다.(창 9:3) 다만 고기를 피째 먹는 일은 금하셨다.(창 9:4) 그러나 레위기 11장, 신명기 14장에 의하면 먹을 수 없는 짐승들이 많다. 창조 질서에 따르면 모든 것을 먹을 수 있지만 율법에 의하면 먹을 수 없는 것들이 많다. 그렇다고 해서 창세기 9장과 레위기 11장, 신명기 14장이 모순되는 것은 아니다. 창세기 9장은 인류 전체에 주신 말씀이고, 레위기 11장, 신명기 14장은 유대인들에게 주신 말씀이기 때문이다. 창세기 1장의 하루 개념과 유대인들의 하루 개념도 그렇게 이해할 수 있다.

■ 둘째 날의 창조(1:6-8)

1:6 하나님이 이르시되 물 가운데에 궁창이 있어 물과 물로 나뉘라 하시고

1:7 하나님이 궁창을 만드사 궁창 아래의 물과 궁창 위의 물로 나뉘게 하시니 그대로 되니라

1:8 하나님이 궁창을 하늘이라 부르시니라 저녁이 되고 아침이 되니 이는 둘째 날이니라

1:6 물과 물로 나뉘라 하시고 1:6-8은 둘째 날의 창조에 대한 내용으로 하나님은 이날 하늘을 만드셨다. 하나님은 물을 아래와 위로 나누어 하늘을 만드셨다. 그래서 하늘 아래 물이 있고, 하늘 위에 물이 있다. 고대인들은 눈, 비, 우박 같은 것이 내리는 이유는 하늘 위에 물이 있기 때문이라고 생각했다. 따라서 이것은 전형적인 고대인의 세계관이 반영되어 있는 구절이다. 물을 나눈다는 표현에서도 역시 혼돈 상태에 질서를 가져오는 창조 개념을 볼 수 있다.

1:7 궁창을 만드사 궁창은 히브리어로 '라키아'(רקיע)이며, 1:8의 하늘은 '샤마임'(שמים)이다. 라키아는 둥근 천장(vault) 같은 것을 의미하는 것으로, '금속을 때려 넓게 편다'는 의미의 동사에서 유래했다. 맑은 날 파란 하늘(샤마임)은 분명히 둥근 천장(라키아)처럼 보인다.

1:8 둘째 날이니라 다른 날과 달리 둘째 날에는 '보시기에 좋았더라'는 표현이 빠져 있다. 그리고 셋째 날에 이 말이 두 번 있다. 이는 어떤 특별한 이유 때문이 아니라 성서의 전수과정에서 일어난 필사자의 실수일 것이다.

■ 셋째 날의 창조(1:9-13)

1:9 하나님이 이르시되 천하의 물이 한곳으로 모이고 뭍이 드러나라 하시니 그대로 되니라

1:10 하나님이 뭍을 땅이라 부르시고 모인 물을 바다라 부르시니 하

나님이 보시기에 좋았더라
1:11 하나님이 이르시되 땅은 풀과 씨 맺는 채소와 각기 종류대로 씨 가진 열매 맺는 나무를 내라 하시니 그대로 되어
1:12 땅이 풀과 각기 종류대로 씨 맺는 채소와 각기 종류대로 씨 가진 열매 맺는 나무를 내니 하나님이 보시기에 좋았더라
1:13 저녁이 되고 아침이 되니 이는 셋째 날이니라

1:9 뭍이 드러나라 1:9-13은 셋째 날 창조에 관한 내용으로, 이날 하나님은 땅과 바다, 그리고 풀과 씨 맺는 채소, 열매 맺는 나무를 창조하셨다. 하나님은 하늘 아래 물을 한곳으로 모아 '마른 곳'(야바샤 יבשה)이 드러나게 하시고 그 마른 곳을 '땅'(에레쯔 ארץ)이라고 부르신다. 그리고 물이 모인 곳은 바다가 되었다.

1:10에서 보듯이 땅은 셋째 날에 창조되었다. 1:1이나 1:2에서 창조된 것이 아니다. 1:1의 땅은 창조의 결과가 아니라 하나님께서 하늘과 땅(현대적으로는 우주) 사이에 있는 모든 존재를 창조하셨다는 선포의 의미로 사용된 것이다. 따라서 1:2의 땅은 형태가 없고 공허한 '원초적인 땅'이고, 1:10의 땅은 하나님이 보시기에 좋은 땅, 산과 골짜기, 들판 등을 가진 '질서 있게 창조된 땅'이다.

1:11 땅은 풀과 씨 맺는 채소와 각기 종류대로 씨 가진 열매 맺는 나무를 내라 셋째 날에 모든 식물(풀, 씨 맺는 식물, 열매 맺는 식물)이 창조되었는데, 이를 과학적 시각으로 보면 아주 이상하다. 해가 창조되기 전에 모든 식물이 먼저 창조되었는데, 식물은 햇빛 없이는 살 수 없기 때문이다. 이것을 '바로 다음날 해가 창조되기 때문에 식물이 해 없이 하루는 버틸 수 있다'는 식으로 말하는 것은 올바른 해석이 아니다. 오히려 창세기 1-11장 전체를 오해하도록 하는 설명일 뿐이다.

1:11을 히브리어로 읽으면 3개의 언어 유희(word play)가 있어서 무척 아름답게 들린다. '타드셰'(싹을 나게 하다)와 '데셰'(풀), '마즈리아'

(씨를 자라게 하다)와 '제라'(씨), '에쯔 프리'(과실나무)와 '오쎄 프리'(열매를 맺다)가 그것이다. 여기서 창세기 기자는 과학적 사고를 기초로 창조를 말하는 것이 아니라, 예술적 사고를 가지고 창조 이야기를 하고 있음을 알 수 있다.

셋째 날 창조에서 신학적으로 중요한 것은, 하나님께서 '땅으로 하여금 풀과 채소, 열매 맺는 나무를 내라'(창 1:11)고 명령하신 것이다. 하나님께서 직접 모든 식물을 창조하신 것이 아니라, 땅으로 하여금 '자라도록 하라'고 말씀하셨다. 하나님은 다섯째 날 물에게도 같은 말씀을 하신다. "물들은 생물을 번성하게 하라"(창 1:20)라는 명령이다. 이것은 하나님께서 땅과 물에게 '생산 능력'을 허락하신 것을 의미한다. 하나님의 명령을 따라, 또는 하나님의 허락을 받아 땅에서 식물이 자라고 물속에 생물이 살 수 있게 되었다. 세상 사람들은 자연의 이 놀라운 생산 능력을 경이롭게 보면서, 마치 자연이 스스로 모든 것을 만들어 내는 창조자인 것처럼 생각해, 자연을 '어머니 자연'(Mother Nature)이라고 부르지만, 실은 창조주 하나님께서 땅과 물에게 그런 생산 능력을 허락하셨기 때문에 가능한 것이다. 성서는 이 사실을 처음부터 명확하게 밝히고 있다. 자연은 '피조물'로서 생산하고 성장시키는 능력을 하나님께로부터 허락받은 것일 뿐, 결코 그 자체가 신적인 존재가 아니며, 또 스스로 창조 능력을 가진 존재가 아님을 암시적으로 강조하고 있다.

1:12 보시기에 좋았더라 셋째 날은 '하나님이 보시기에 좋았더라'는 표현이 두 번 있다.(창 1:10, 12) 셋째 날만 그렇다. 신약시대 유대인들은 하나님이 두 번 기뻐하신 날이 일주일 중에 제일 기쁜 날이라고 해서, 셋째 날에 결혼식을 많이 했다.

■ 넷째 날의 창조(1:14-19)

1:14 하나님이 이르시되 하늘의 궁창에 광명체들이 있어 낮과 밤을

나뉘게 하고 그것들로 징조와 계절과 날과 해를 이루게 하라
1:15 또 광명체들이 하늘의 궁창에 있어 땅을 비추라 하시니 그대로 되니라
1:16 하나님이 두 큰 광명체를 만드사 큰 광명체로 낮을 주관하게 하시고 작은 광명체로 밤을 주관하게 하시며 또 별들을 만드시고
1:17 하나님이 그것들을 하늘의 궁창에 두어 땅을 비추게 하시며
1:18 낮과 밤을 주관하게 하시고 빛과 어둠을 나뉘게 하시니 하나님이 보시기에 좋았더라
1:19 저녁이 되고 아침이 되니 이는 넷째 날이니라

1:14 광명체들이 있어 하나님은 넷째 날에 해와 달, 그리고 별을 창조하셔서, 낮과 밤을 다스리게 하시고 빛과 어둠을 나뉘게 하셨다. 넷째 날의 창조는 첫째 날의 창조와 관계가 있다. 지금까지는 첫째 날 창조된 빛으로 하나님이 낮과 밤을 구별하셨는데, 이제부터는 해와 달이 낮과 밤을 주관하도록 하셨다.(창 3:18)

1:14 징조와 계절과 날과 해를 그리고 하나님은 해와 달, 별을 통해 '징조와 계절과 날과 해'를 이루게 하셨다. 여기서의 '징조'(오트 אוֹת, sign)가 점성술을 의미한다고 보기는 어렵다. 이방인들은 하늘의 징조를 두려워했지만(렘 10:2), 이스라엘 백성에게 점성술은 금지된 일이었다.(신 4:19) 징조는 해와 달, 그리고 별을 통해서 인간이 알 수 있는 모든 것을 의미하는 듯하다. 거기에는 낮과 밤, 보름, 그믐, 일식, 월식 등이 포함된다. '계절'(모에드 מוֹעֵד)은 봄, 여름, 가을, 겨울이 아니라 하나님을 섬기는 종교적 절기(festival)를 의미하는 듯하다. '모에드'라는 단어에는 '지정된 시간과 장소'(appointed time, place)라는 의미가 있다. 종교적 절기를 의미할 때 '하그'(חַג)라는 단어를 사용하지만(출 23:14, 34:18), 그보다 넓은 의미로 모에드라는 단어를 사용하기도 한다.(출 13:10, 23:15, 레 23:2, 4, 37, 44, 호 9:5, 12:9) 만약 모에드가 단순히 계절(season)을 의

미하는 것이라면 날과 해 사이에 들어가서, 본문처럼 '징조와 계절과 날과 해'가 아니라 '징조와 **날과 계절과 해**'라고 되어야 한다.[17)]

1:16 두 큰 광명체 넷째 날 창조 이야기에 '해와 달'이라는 단어가 사용되지 않은 점에 주목할 필요가 있다. 이야기의 흐름으로 볼 때 넷째 날에 해와 달이 창조된 것이 분명하다. 그런데 창세기 기자는 해와 달이라는 단어를 끝까지 피하고 대신 '광명체'(마오르 מאור)라는 단어를 사용한다. 해라고 하지 않고 큰 광명체라고 하며, 달이라고 하지 않고 작은 광명체라고 한다. 이것은 의도적인 표현이다. 창세기 기자는 의도적으로 해와 달이라는 단어의 사용을 피하고 있다. 고대 근동에서 해와 달은 신(神)이었다.(욥 31:26-28) 히브리어로 해는 '쉐메쉬'(שמש), 달은 '야레아흐'(ירח)인데, 같은 어근에서 온 '셰메쉬'(Shemesh), '야리흐'(Yarikh)와 같은 이름의 신들이 있었다.[18)] 이집트에도 태양신(Re 또는 Ra)과 월신(Khons)이 있었으며 태양신이 창조주로 숭배되었다.[19)] 사물이 의인화되고 피조물이 신격화된 것이다. 그것은 별도 마찬가지다.

성서는 철저하게 해와 달, 별이 하나님의 피조물이라는 사실을 강조한다. 제 아무리 하늘에서 신비로운 모습을 보일지라도 절대 신이 아니라는 것이다. 창세기 기자는 그 사실을 강조하기 위해 아예 해와 달이라는 단어조차 사용하지 않았다. 사람들이 '쉐메쉬'(해)나 '야레아흐'(달)라는 단어를 보면, 발음이 같거나 비슷한 이름의 신들을 연상할 수 있기 때문이다. 실제로 요시야 시대 이스라엘 백성은 해, 달, 별과 하늘의 모든 별

17) '징조와 계절'을 한 단어로 보는 견해도 있다. '중언법'(hendiadys)이라 해서, golden cups를 cups and gold라고 하는 것이다. 그렇게 보면 '징조와 계절'의 의미는 '특정 시기를 알 수 있는 징조'라는 말이 된다. Moshe Weinfeld, *Bereshit* (*Genesis*), Encyclopedia Olam Ha-Tanak(Tel Aviv: Rebibim, 1982), 21.

18) Bill T. Arnod, *Genesis*(Cambridge: Cambridge University, 2009), 43.

19) B. W. Anderson, *Creation Versus Chaos*(New York: Association Press: 1967), 45.

을 섬겼다.(왕하 23:5) 창세기 1-2장은 오직 한 분 하나님만 존재하시며, 그분이 만물과 인간을 창조하셨음을 선포한다.

■ 다섯째 날의 창조(1:20-23)

1:20 하나님이 이르시되 물들은 생물을 번성하게 하라 땅 위 하늘의 궁창에는 새가 날으라 하시고
1:21 하나님이 큰 바다 짐승들과 물에서 번성하여 움직이는 모든 생물을 그 종류대로, 날개 있는 모든 새를 그 종류대로 창조하시니 하나님이 보시기에 좋았더라
1:22 하나님이 그들에게 복을 주시며 이르시되 생육하고 번성하여 여러 바닷물에 충만하라 새들도 땅에 번성하라 하시니라
1:23 저녁이 되고 아침이 되니 이는 다섯째 날이니라

1:20 물들은 생물을 번성하게 하라 하나님은 다섯째 날에 어류와 조류를 창조하셨다. 다섯째 날 창조된 것들은 둘째 날 창조와 관련이 있다. 하나님께서 둘째 날에 하늘과 하늘 아래 물을 만드셨기 때문이다. 1:11에서 땅으로 하여금 각종 식물을 자라도록 하라고 말씀하신 하나님은, 1:20에서 물로 하여금 물에 사는 생물이 번성하도록 하라고 말씀하신다.(문자적으로는 '떼를 지어 살도록') 이것은 자연으로 하여금 생물을 생산하고 성장하도록 허락하신 것이다. 1:11과 마찬가지로 1:20에도 언어유희가 있다. '이쉬레쭈'(떼를 지어 살다)와 '셰레쯔'(떼, 무리), '오프'(새)와 '예오페프'(날다)가 그것이다.

1:21 큰 바다 짐승들과 큰 바다 짐승은 히브리어 '타닌'(תנין)을 번역한 것이다. '타닌'은 바다 괴물이나 용(사 27:1, 51:9, 시 74:13, 욥 7:12), 뱀(출 7:9), 악어(겔 29:3), 강한 짐승(렘 51:34) 등으로 번역된다. 타닌은 새, 짐승, 가축 같은 보통명사가 아니라 특정한 부류를 지칭하는 명사

다. 창세기 1장에서 타닌만 특별히 구체적으로 언급된 이유는, 고대 근동 신화의 바다 괴물(타닌)이 하나님의 피조물임을 강조하려는 의도일 것이다. 베스트만(C. Westermann)은 이런 생각에 반대하여 타닌을 '비신화화 경향'으로 볼 것이 아니라, 창세기 기자가 큰 바다 짐승과 작은 바다 짐승으로 구분한 것으로 보아야 한다고 한다.[20] 그러나 웬함(G. Wenham)은 타닌이 하나님이 창조하신 피조물로서, 고대 근동 신화에서처럼 하나님과 견줄 만한 신적인 존재가 아님을 강조하는 내용으로 이해한다.[21] 왈트케(B. Waltke) 역시 같은 견해를 가진다.[22] 창조 이야기가 창조주 하나님만이 유일한 신이시며 다른 모든 존재는 피조물이다는 사실을 강조함을 볼 때, 타닌에 대한 언급 역시 같은 맥락으로 보는 것이 타당할 것이다.

1:22 하나님이 그들에게 복을 주시며 다섯째 날 창조에서 중요한 내용은 하나님께서 피조물에게 복을 주셨다는 사실이다. 하나님은 어류와 조류를 창조하신 후, 그들에게 복을 주시며 "생육하고 번성하여 여러 바닷물에 충만하라 새들도 땅에 번성하라"(창 1:22)라고 말씀하셨다. 하나님은 피조물 중에서 바다의 물고기와 하늘의 새에게 처음으로 복을 주셨다. 그리고 여섯째 날 창조하신 사람에게도 복을 주셨다.(창 1:28) 하나님이 복주기를 원하신다는 것을 알 수 있는 말씀이다. 하나님은 사람은 물론 동물에게조차 복을 주기 원하신다. 이때 복의 구체적인 내용은 '생육하고 번성하라'는 것으로 히브리어로 '페루 우레부'(פרו ורבו)이다. 이 말은 2절에 있는 혼돈과 결핍의 상징인 '토후 바보후'에 대비되는 표현이다.[23] 하나님의 복을 받은 피조물은 '토후 바보후'(혼돈과 결핍)를 극복하

20) C. Westermann, *Genesis 1-11: A Commentary*(Minneapolis: Augsburg Pub. House, 1984), 137.
21) G. Wenham, *Genesis 1-15*(Waco: Word Books, 1987), 24.
22) B. Waltke, *Genesis: A Commentary*(Grand Rapids: Zondervan, 2001), 63.
23) Bill T. Arnod, *Genesis*(Cambridge: Cambridge University, 2009), 43.

고 '페루 우레부'(생육과 번성)를 얻게 된다. 브루그만(W. Brueggemann)은 이 '복의 신학'은 고대 근동 문헌에서 유래한 것이 아니라 이스라엘 신앙에서 나온 것이라고 한다.[24)]

하나님은 동물에게조차 복을 주시는 분이므로 사람에게는 말할 필요도 없다. 이 사실이 성서 전체에 나타나 있다. 그래서 다섯째 날 창조하신 피조물들에게 복을 주시고, 여섯째 날 창조하신 인간에게도 복을 주셨다. 피조물은 하나님의 복을 받아야 비로소 생육하고 번성할 수 있다. 피조물의 생육과 번성은 자연의 힘으로 저절로 되는 것이 아니라 하나님께서 복을 주신 결과다. 1:22, 28은 이 사실을 가르쳐준다. 이처럼 믿지 않는 사람들이 우연히, 또는 저절로 되는 것처럼 생각하는 일들이 실은 철저하게 하나님의 주관 아래 있다는 것이 창조 이야기의 가르침이다.

다섯째 날 처음 언급된 '하나님의 복'은 창조 이야기에만 국한되지 않고, 성서 전체에 흐르는 중요한 신학적 개념이 된다. 우선 창세기 곳곳에서 복에 대한 언급을 발견할 수 있다. 하나님은 노아와 그 아들들에게 복을 약속하셨다.(창 9:1) 아브라함에게 처음부터 복을 약속하셨고(창 12:2-3), 계속 약속하셨다.(창 18:18, 22:17-18) 이삭에게 복을 주셨고(창 25:11, 26:3), 야곱에게 복을 약속하셨다.(창 28:14, 35:9) 하나님은 요셉으로 인해 보디발과 그 집안에 복을 주셨고(창 39:5), 요셉 자신에게도 복을 주셨다.(창 49:25) 이처럼 하나님은 이스라엘 조상 모두에게 복을 약속하거나 주셨다. 복에 대한 하나님의 약속은 계속 이어져서, 하나님은 모세를 통해 이스라엘 백성 전체에게 복을 주기로 약속하셨다.(신 28:1-14) 하나님의 복은 신약성서에까지 이어져서 예수님은 팔복에 대한 말씀으로 산상수훈을 시작하신다.(마 5:1-10) 그리고 성서의 마지막 책인 요한계시록에도 복에 대한 말씀이 많이 있다.

성서가 말하는 복의 개념을 크게 세 가지로 구분할 수 있다. 첫째는, 창조질서에 속하는 복이다. 이것은 하나님께서 생물과 사람과 일곱째 날

24) W. Brueggemann, *Genesis*(Atlanta: John Knox Press, 1982), 37.

에 주신 복이다.(1:22, 28, 2:3) 사람은 '생육하고 번성하여 땅에 충만하며, 땅을 정복하고 생물을 다스리는 복'을 받았다.(1:28) 둘째는, 율법이 약속하는 복이다. 이것은 율법을 지키는 자에게 주시는 복으로, 현세적이고 물질적이다. 토지소산이 풍성하고, 소유한 짐승들이 새끼를 많이 낳고, 병 없이 장수하고, 원수를 이기고, 꼬리가 아닌 머리가 되는 것이다.(레 26:3-13, 신 7:12-24, 28:1-14) 셋째는, 복음이 약속하는 복이다. 이것은 예수를 믿는 자들에게 주시는 복으로 그 내용이 내세적이고 비물질적이다.(롬 4:7-8, 계 1:3, 14:13, 16:15) 이 복은 예수께서 말씀하신 팔복에 잘 나타나 있다.

예수님은 팔복에 대한 말씀으로 산상수훈(마 5-7장)을 시작한다. 이것은 믿음에 있어 복이 중요한 개념임을 밝혀주는 동시에, 복음의 복이 율법의 복과 분명히 다르다는 사실을 밝혀준다. 팔복은 분명히 내세적이다. 땅을 기업으로 받는 세 번째 복과 배부를 것이라는 네 번째 복은 매우 현실적인 복 같아 보이지만 실은 그렇지 않다. 신명기에는 '하나님께서 너희에게 주시는 땅'이라는 표현이 거의 60번 가까이 나오는데, 그 땅은 철저하게 하나님의 소유다. 그러므로 땅을 기업으로 받는다는 말은 땅 부자가 된다는 말이 아니라, 하나님이 주시는 것을 받는다는 말로 하나님께서 보살펴주신다는 의미다. 한편, 배부르게 된다는 말은 의로 배부르게 된다는 말이다. 의에 주린 사람이 의가 풍성해지는 복을 받는데 그것이 마치 배가 부른 것처럼 풍성하다는 말이다. 위에 음식이 가득 찬다는 뜻이 아니라 하나님의 정의가 실현되는 것을 보고 영혼이 기뻐 찬양한다는 말이다. 그 외에도 신약성서는 '하나님의 계시를 눈으로 보는 복'(눅 10:23)이나, '하나님의 말씀을 듣고 지키는 자가 받는 복'(눅 11:28), '종말에 하나님 나라를 상속받는 복'(마 25:34) 등을 말하고 있다. 구약성서의 현세적인 복과 아주 다른 개념이다.

구약의 현세적 복이 신약의 영원한 복으로 바뀌게 된 것은 은총으로서, 복의 개념이 유한에서 무한으로 넓어졌다. 하나님께서 주시는 복이, 풀 같은 인생 몇십 년 누리는 것이 아니라, 주님과 함께 영원히 누리는 것으로 변화되었다. 그것은 인간이 누릴 수 있는 것을 빼앗긴 것이 아니라, 인간이 누릴 수 없는 것을 받는 은총이다. 예수님이 이 세상에 오심으로 인해 사람은 그 전에는 생각할 수 없었던 복을 약속받았다. 예수님의 팔복에 대한 가르침은, 사람이 하나님으로부터 받는 복이 몇십 년 누리는 유한한 복에서, 영원히 누리는 무한한 복으로 변화된 것을 선포한다. 예수께서 팔복에 대한 말씀으로 그 놀라운 사실을 친히, 그리고 상세하게 가르쳐주신다. 기독교인은 풀과 같이 짧은 인생 동안 즐길 복이 아니라, 영원히 누릴 복을 소망하며 기뻐하고 즐거워해야 한다.

2. 인간 창조와 하나님의 안식(1:24-2:3)

■ 여섯째 날의 창조(1:24-31)

1:24 하나님이 이르시되 땅은 생물을 그 종류대로 내되 가축과 기는 것과 땅의 짐승을 종류대로 내라 하시니 그대로 되니라

1:25 하나님이 땅의 짐승을 그 종류대로, 가축을 그 종류대로, 땅에 기는 모든 것을 그 종류대로 만드시니 하나님이 보시기에 좋았더라

1:26 하나님이 이르시되 우리의 형상을 따라 우리의 모양대로 우리가 사람을 만들고 그들로 바다의 물고기와 하늘의 새와 가축과 온 땅과 땅에 기는 모든 것을 다스리게 하자 하시고

1:27 하나님이 자기 형상 곧 하나님의 형상대로 사람을 창조하시되 남자와 여자를 창조하시고

1:28 하나님이 그들에게 복을 주시며 하나님이 그들에게 이르시되 생육하고 번성하여 땅에 충만하라, 땅을 정복하라, 바다의 물고기와 하늘의 새와 땅에 움직이는 모든 생물을 다스리라 하시니라

1:29 하나님이 이르시되 내가 온 지면의 씨 맺는 모든 채소와 씨 가진 열매 맺는 모든 나무를 너희에게 주노니 너희의 먹을 거리가 되리라

1:30 또 땅의 모든 짐승과 하늘의 모든 새와 생명이 있어 땅에 기는 모든 것에게는 내가 모든 푸른 풀을 먹을 거리로 주노라 하시니 그대로 되니라

1:31 하나님이 지으신 그 모든 것을 보시니 보시기에 심히 좋았더라 저녁이 되고 아침이 되니 이는 여섯째 날이니라

1:24 땅은 생물을 그 종류대로 내되 여섯째 날 하나님은 동물과 사람을 창조하셨다. 동물의 경우 가축과 기는 것과 땅의 짐승(야생 동물)으로 구분해 종류대로 만드셨다. 그런데 1:20에서 물이 생물을 번성하게 하는 것처럼, 1:24에서는 땅이 생물을 그 종류대로 낸다. 그 말은 하나님이 창조하시고 자연이 번식을 돕는다는 것이다. 이것을 자연이 생물을 '만들어' 낸다는 식으로 오해하지 말아야 한다. 동물을 세 종류로 구분하는 것은 창세기의 전형적인 구분 방법이다. 1:24에서는 '가축, 기는 것, 땅의 짐승'으로 구분하고, 1:30에서는 '땅의 짐승, 하늘의 새, 땅데 기는 것'으로 구분하며, 6:20, 8:17에서는 '새, 가축, 땅에 기는 것'으로 구분한다.

1:26 사람을 만들고 하나님은 동물을 만드신 후 인간을 창조하셨다. 그런데 인간 창조는 여러 가지 측면에서 지금까지의 창조와 다르다. 하나님은 지금까지 사물로 하여금 단순히 있도록 말씀하시거나, 사물을 나누시거나, 또는 물과 땅으로 하여금 생물을 번성하도록 하셨다. 그러나 인간은 하나님의 형상과 모양을 따라 만드셨다. 이것이 동굴 창조와 인간 창조가 아주 다른 점이다.

1:26 '우리'의 형상을 따라 '우리'의 모양대로 창세기 1-11장에는 해석이 어려운 단어나 구절들이 있다. 다른 셈족 언어와 비교 연구해도 의

미를 알기 어렵고, 각종 비평적 방법을 동원하거나 고대 근동 문헌들과 비교해도 그 의미를 파악하기 힘든 구절이 있다. 1:26의 '우리의 형상과 모양'도 여기에 속한다. 성서 전체를 통틀어 가장 의견이 분분한 본문 중의 하나로서, 많은 논의에도 불구하고 여전히 그 의미가 불분명하다.

우선 '우리'라는 복수형이 문제다. 성서는 처음부터 끝까지 하나님의 유일하심을 강조한다. 그런데 왜 여기서 하나님이 '**나의** 형상과 모양'이 아니라 '**우리의** 형상과 모양'이라고 말씀하시는지 잘 이해되지 않는다. 서기관들은 성서를 편집하고 필사하는 과정에서, 신학적으로 문제가 되는 구절들을 가능한 한 고쳤다. 그럼에도 불구하고 1:26의 '우리'라는 표현은 그대로 전수되었다. 그 이유는 아마 초기 서기관들이 별 문제 의식 없이 '우리'라는 표현을 사용했는데, 후기 서기관들은 이미 거룩한 문서로 인정받은 본문을 함부로 고칠 수 없었기 때문일 것이다. 창세기에는 하나님이 복수형으로 등장하는 곳이 두 군데 더 있다. "보라 이 사람이 선악을 아는 일에 우리 중 하나 같이 되었으니"(창 3:22)라는 말씀과, "자, 우리가 내려가서 거기서 그들의 언어를 혼잡하게 하여"(창 11:7)라는 말씀이다.

'우리'에 대한 설명으로, '삼위일체 하나님, 하나님과 천사, 하나님과 땅, 하나님과 만물, 수(數)와 상관이 없는 존경의 복수형(the royal we, *pluralis majestatis*), 심사숙고의 복수형, 하나님의 천상회의 장면' 등 여러 가지가 있다.[25] 이 중에서 교회는 전통적으로 '삼위일체 하나님'을 선호하는 경향을 보이지만, 실은 이것이 가장 피해야 할 설명이다. '우리'를 그렇게 설명하면 삼신(三神)이 되기 때문이다. 하나님은 세 위격이지만 한 분이시기 때문에, 한 분이신 하나님은 자신을 '우리'라고 할 수 없다.

25) 삼위일체 하나님은 전통적, 교리적 해석이며, 다신론적이며 신화적인 표현의 잔재는 궁켈(H. Gunkel), 존경의 복수형은 드라이버(S. Driver), 심사숙고의 복수형은 베스터만(C. Westermann), 천상회의 모습은 폰 라트(von Rad)와 침멀리(W. Zimmerli)의 견해이다. 이희학, 『인간의 죄악과 하나님의 구원행동』(서울: 대한기독교서회, 2003), 71-73 참고.

그러므로 1:26의 '우리'를 '삼위일체 하나님'으로 설명하는 것은, 은연중에 삼신론(三神論)을 인정하는 위험에 빠질 수 있다. 또 창세기 기자나 본문을 전수한 서기관들이 그런 개념을 가졌을 리도 만무하다. 1:2-3에서 '삼위일체 하나님에 대한 암시'를 볼 수 있다고 말하는 것과, 1:26의 우리는 '삼위일체 하나님이시다'라고 말하는 것은 전혀 다르다. 전자는 본문에 숨어 있는 하나님의 지혜를 말하는 것이고, 후자는 삼신(三神)을 말하는 것이기 때문이다.

1:26의 '우리'를 '하나님과 천사들'로 보는 것이 가장 무난할 것이다. 하나님께서 하나님의 형상과 모양을 따라 천사들을 창조하셨을 것이고, 그렇게 천사들에게 허락하신 하나님의 형상과 모양 중 일부를 다시 인간에게도 허락하신 것으로 이해할 수 있다. 구약시대 사람들에게 천사는 아주 익숙한 존재이므로, 하나님이 천사들에게 말씀하시는 일에 거부감이 없었을 것이다. 실제로 구약성서에는 하나님이 천사들과 함께 천상회의를 하시는 모습이 여러 곳 등장한다.[26] 물론 천사들이 하나님과 함께 창조 활동을 한 것은 아니며, 단지 하나님께서 하나님의 형상과 모양을 인간에게도 허락하신다는 것을 천사들에게 말씀하신 것일 뿐이다. 이와 비슷한 상황이 이사야 6:8에도 있다. 하나님께서 "내가 누구를 보내며 누가 우리를 위하여 갈꼬"라고 말씀하시는 장면이다.

유대인 학자 사르나(M. Sarna)는 '우리'를 '하나님과 천사들'로 보는 대표적인 학자다.[27] 그러나 아놀드(B. Arnold)는 이와 달리 하나님이 인간 창조를 깊이 숙고하신 후 스스로 확신하신 일을 강조하는 표현으로 이해하는 것이 옳다고 주장한다.[28] 유대인 학자 카수토(U. Cassuto) 역시

---

26) 천상회의는 히브리어로 '쏘드'(סוד council, counsel)인데, 예레미야 23:18에 있는 '여호와의 회의'가 바로 '쏘드 야웨'다. 같은 단어가 예레미야 23:22에도 사용되었다. 하나님이 주관하시는 '하늘 회의'(heavenly court)의 모습은 열왕기상 22:19-22, 이사야 6:8, 시편 82:1, 89:6-7, 잠언 1-2장 등에서 볼 수 있다. 학자들은 '여호와의 천상회의'를 가나안 신화의 흔적으로 본다.

27) Nahum Sarna, *Genesis* (Philadelphia: Jewish Publication Society, 1989), 12.

1:26의 '우리'를 하나님의 '자기 권면'으로 보는 것이 제일 좋다고 한다.[29] 카수토는 사무엘하 24:14와 같은 의미로 사용된 또 다른 예라고 한다. 하나님이 다윗에게 내리시는 세 가지 벌 중 하나를 결정하라는 예언자 갓의 말에, 다윗이 "우리가 여호와의 손에 빠지고 내가 사람의 손에 빠지지 아니하기를 원하노라"라고 말하는 것에서, '우리'는 다윗 자신을 가리키는 말이라는 것이다. 카수토는 다윗이 '내가 하나님께 벌 받기를 원하지, 사람에게 곤경 당하기를 원치 않는다'라는 말을 그렇게 표현한 것이라고 설명한다.[30]

1:26 우리의 '형상'을 따라 우리의 '모양'대로 '형상을 따라, 모양대로'라는 말도 앞의 '우리'만큼이나 해석하기 어렵다. 형상은 히브리어로 '쩰렘'(צלם statue, model, drawing)이고, 모양은 '드무트'(דמות figure, personality, image)인데, 26절은 대략 '자, 이제 인간을 우리와 같은 형상(쩰렘)으로 만들어, 우리와 모양(드무트)이 닮도록 하자'라는 의미다. 대부분 학자들이 '형상을 따라'는 'in our image'로, '모양대로'는 'according to our likeness'로 번역한다.

같은 단어가 사용된 에스겔 23:14-15는 이 구절을 이해하는 데 조금 도움이 된다. 에스겔 23:14-15는 '오홀리바(예루살렘)가 벽에 조각된 갈대아 사람들의 형상(쩰렘)을 보고 음행하였는데, 그 형상들은 모두 갈대아가 고향인 바벨론 사람들의 모양(드무트)을 하고 있었다'는 뜻이다. 유대인들이 어떤 형상을 섬겼는데, 그 형상이 바빌로니아 사람들의 모양이었다는 말로서, 유대인들이 바빌로니아 사람들의 부조(浮彫)를 섬겼다는 뜻이다. '누가 인형을 보았는데, 그 모습이 한국 농부였다'라고 할 때, 인형은 '쩰렘', 한국 농부는 '드무트'이다. 그렇게 볼 때 1:26의 의미는 인

28) Bill Arnold, *Genesis*(Cambridge: Cambridge University Press, 2009), 44.
29) Umberto Cassuto, *From Adam to Noah*(Jerusalem: Magness Press, 1989), Part One, 55.
30) *Ibid.*, 55.

간의 형상은 하나님의 모양을 하고 있다는 말로서, 쉽게 말해서 인간이 하나님을 닮았다는 말이다.[31] 하나님은 '사람을 우리와 닮은 존재로 만들자'라고 말씀하신 것이다. 하나님께서는 인간을 하나님과 닮은꼴로 창조하셨고, 그래서 인간은 하나님을 닮았다.

그런데 인간의 무엇이 하나님을 닮은 것인지 확실치 않다. 1:26에 그 닮은 것에 대한 구체적인 언급이 없기 때문이다. 그래서 '형상과 모양'이라는 단어의 뜻을 제대로 이해했다고 해도, 인간의 무엇이 하나님을 닮은 것인지 분명히 알기 어렵다. 전통적으로는 인간이 하나님의 본질과 속성을 닮았다고 설명한다. 그래서 인간은 하나님을 믿을 수 있고 하나님과 영적으로 교제할 수 있다고 한다. 한편, 인간이 하나님의 외형을 닮은 것이라는 주장도 있다. 인간이 신체적으로 하나님을 닮았다는 것인데, 다른 동물들과 달리 직립보행을 할 수 있는 경이로운 인체가 바로 하나님을 닮은 것이라는 설명이다.[32] 그 외에 고대 근동과 이집트의 문헌에 기초한 설명도 있다. 고대 근동과 이집트의 문헌을 보면 왕과 같은 지배 계급이 신의 형상을 가지고 있다는 말이 나온다.[33] 그 말에 근거하면 신의 형상이란 근본적으로 다스리는 권위를 뜻한다. 그러므로 1:26의 '하나님의 형상' 역시 '세상을 다스리는 인간의 능력'을 의미한다는 것이다. 그런데 1:26은 지배 계급만이 아니라 모든 인간이 신의 형상을 가지고 있다고 하기 때문에, 구약성서에서 신의 형상이 보편화되었다고 설명한다. 이 설명은

31) 1:27에는 '모양대로'라는 말이 생략되어 있다. 이는 '하나님의 형상을 따라 인간을 창조하셨다'고만 해도 충분하다는 뜻일 것이다. 한편, 5:3은 "아담은 백삼십 세에 자기의 모양 곧 자기의 형상과 같은 아들을 낳아 이름을 셋이라 하였고"라고 되어 있다. 형상과 모양이 1:26의 순서와 반대로 사용된 것이다. 그래서 쩰렘(형상)과 드무트(모양)는 서로 교환해서 사용할 수 있는 단어라고 생각하는 학자도 있다. Phyllis A. Bird, "Male and Female He Created Them," *I Studied Inscription From Before the Flood*, ed. by Richard S. Hess and David T. Tsumura(Winona: Eisenbrauns, 1994), 339, 주 21.

32) 이희학, 『인간의 죄악과 하나님의 구원행동』(서울: 대한기독교서회, 2003), 74.

33) Nahum Sarna, *Genesis*(Philadelphia: Jewish Publication Society, 1989), 12.

1:26 후반의 "그들로 바다의 물고기와 하늘의 새와 가축과 온 땅과 땅에 기는 모든 것을 다스리게 하자 하시고"라는 말씀과 어울리는 듯하다.

그러나 1:26의 '하나님의 형상과 모양'을 '만물을 다스리는 능력'이라고만 하면, '인간은 만물을 다스리는 존재'라는 말이 되는데 실은 인간이 그런 존재만은 아니다. 인간이 하나님을 닮았다는 말은 그렇게 작은 부분만 닮은 것을 의미하는 것이 아니다. 창세기 1-2장에서만 보더라도, 하나님은 창조하시고, 좋다고 느끼시고, 복 주시고, 거룩하게 하시고, 안식하신다. 하나님의 형상과 모양이란 이 모든 것을 포함하는 것은 물론, 거기에다 이성적이고 영적인 것까지도 포함해야 한다. 이런 것은 식물과 짐승에는 없는 것들이다. 1:26은 인간의 어떤 특성 하나가 하나님을 닮았다는 의미가 아니라, 인간 그 자체가 하나님을 닮았다는 의미일 것이다. 그리고 이 말은 인간이 가장 존귀한 피조물로 창조되었음을 뜻한다.

그렇게 하나님을 닮은 인간이기 때문에 만물을 다스릴 수 있다. 만물을 다스리기 위하여 하나님을 닮은 것이 아니라, 하나님을 닮았기 때문에 만물을 다스릴 수 있는 것이다. 만물을 다스리는 것은 인간이 하나님을 닮은 내용 중의 일부일 뿐이다. 타락하기 전의 인간은 그 자체가 하나님과 닮은꼴이었다. 그렇다고 인간이 하나님과 같다는 말은 아니다. 피조물이 창조주와 같을 수는 없다. 그러나 인간이 하나님을 닮은 것은 분명하다. 하나님께서 그렇게 창조하셨기 때문이다. 인간이 하나님을 닮았다는 사실 자체가 말할 수 없는 은총이다.

시편 8:3-6에 이 은총을 노래한 말씀이 있다. "주의 손가락으로 만드신 주의 하늘과 주께서 베풀어 두신 달과 별들을 내가 보오니 사람이 무엇이기에 주께서 그를 생각하시며 인자가 무엇이기에 주께서 그를 돌보시나이까 그를 하나님보다 조금 못하게 하시고 영화와 존귀로 관을 씌우셨나이다 주의 손으로 만드신 것을 다스리게 하시고 만물을 그의 발 아래 두셨으니"라는 말씀이다. 인간의 모습을 창조와 관련해 이해하면서, 인간이 하나님보다 조금 못하며 영화와 존귀의 관을 쓰고 있다고 노래한 이 시는, 1:26을 이해하는 데 큰 도움이 된다. 인간은 하나님의 닮은꼴로서 하나님보다 조금 못한 존재이며, 하나님이 허락하신 영화와 존귀를 가진 존재이다. 하나님은 인간을 그런 존재로 만드신 후 만물을 다스리도록 하셨다. 1:26의 '하나님의 형상과 모양'이라는 구절은 성서 전체를 통해 폭넓게 이해하는 것이 필요하다. 하나님의 본성과 속성이 성서 전체를 통해 드러나기 때문이다. '하나님의 형상과 모양'을 창조 기사에만 국한시키거나 고대 근동 문헌에 비추어 이해하기보다는, 성서 전체를 통해 이해할 때 그 뜻을 명확히 알 수 있다.

1:28 땅을 정복하라… 움직이는 모든 생물을 다스리라 하나님은 사람을 하나님의 형상과 모양대로 창조하신 후 사람에게 복을 주신다. 그 복은 두 가지로 구별할 수 있는데, 하나는 '생육하고 번성하여 땅에 충만하는 복'이며, 다른 하나는 '땅을 정복하고 모든 생물을 다스리는 복'이다. 이 중에서 '생육하고 번성하고 땅에 충만하는 복'은 쉽게 이해할 수 있다. 인간 역시 생물의 일원이기 때문이다. 그러나 '땅을 정복하고 모든 생물을 다스리는 복'은 다소 문제가 될 수 있다. 오늘날 이 복을 환경오염 문제와 동물학대 문제와 연관시켜 생각하는 사람들이 있기 때문이다.

오늘날 무분별한 개발로 인한 자연 파괴와 인간의 욕구를 충족시키기 위한 동물 살해가 심각한 문제가 되고 있다. 그로 인한 환경오염과 자연 훼손, 또 멸종 위기에 처한 동물이 늘고 있기 때문이다. 그런데 일부 환경론자와 동물 애호가들 중에 문제의 원인을 창세기 1:26에서 찾는 사람들이 있다. 그들이 기독교에 반감을 가졌는지는 알 수 없으나, '땅을 정복하고 모든 생물을 다스리라'는 명령이 오늘날 자연 파괴와 동물학대로 이어졌다는 주장이다. 기독교인들이 자연을 마음대로 정복하고 생물을 멋대로 다스린 결과 그렇게 되었다는 것인데, 이에 대해 어떤 이들은 하나님의 명령이 문제가 아니라 인간의 탐욕이 문제라고 반론을 편다. 하나님의 명령 자체는 인간의 행복을 위한 것으로 문제가 없으나, 인간의 도를 넘어선 탐욕이 자연 파괴와 동물 학대를 초래했다는 것이다.

'땅을 정복하고 모든 생물을 다스리라'는 말씀을 이렇게 현대의 환경오염, 자연 훼손, 동물 학대와 연결시키는 것은 지나친 비약이다. 이런 해석은 오늘의 상황에서 성서를 해석하는 것이 아니라, 오늘날 상황의 원인을 성서에서 찾는 것이다. 이것은 성서를 해석하는 것이 아니라, 현상황에 맞게 이용하는 것으로 계시를 왜곡시키는 일이다. 그러므로 현대 사회가 직면한 환경 문제나 동물 보호 문제의 뿌리를, 하나님이 여섯째 날 사람에게 복을 주신 말씀에서 찾는 것은 전혀 초점이 맞지 않는 일이다.

'땅을 정복하고 모든 생물을 다스리라'는 말씀은, 자연이 사람을 지배하는 것이 아니라, 사람이 자연을 지배한다는 사실을 깨우쳐 주시는 말씀이다. 이 말씀은 자연과 생물은 인간의 숭배 대상이 될 수 없다는 엄중한 선포다. 자연은 때로 인간이 상상할 수 없는 힘을 발휘하여 인간으로 하여금 경외감을 가지게 한다. 그러나 그런 경우라도 자연은 숭배의 대상이 아니므로, 자연과 생물을 신성시하지 말고 섬기지 말라는 명령이다. 산신령이나 용왕이나 서낭당 귀신이나 영물에 해당되는 짐승은 없다는 말씀이다. 사람은 하나님을 닮은 유일한 피조물로서 그것들보다 훨씬 더 존귀하고 영광스런 존재다. 그래서 인간은 모든 자연과 생물을 정복하고 다스릴 수 있고, 자연은 하나님을 닮은 인간의 지배를 받도록 되었다. 사람은 하나님 외에는 아무것도 숭배하지 않는 복, 아무것으로부터도 속박되지 않는 복을 받았다.

1:29-30 모든 채소와… 모든 나무를… 모든 푸른 풀을 먹을 거리로 주노라 모든 생물과 인간을 창조하신 하나님은 인간에게는 채소와 나무 열매를 먹을거리로 주시고, 짐승과 새와 땅에 기는 모든 것에게는 푸른 풀을 먹을거리로 주셨다. 하나님은 모든 생물과 인간이 채식만 하도록 명하셨다는 뜻이다. 사람에게 육식이 허락된 것은 노아 홍수 이후로, 하나님은 노아와 그 아들들에게 "모든 산 동물은 너희의 먹을 것이 될지라 채소 같이 내가 이것을 다 너희에게 주노라 그러나 고기를 그 생명 되는 피째 먹지 말 것이니라"(창 9:3-4)라고 말씀하셨다. 사람에게 육식을 허락하시는 말씀이 나중에 따로 기록되어 있는 것을 볼 때, 1:29-30은 특별

한 의미를 가지는 말씀이 분명하다.

이 말씀을 가지고 초식동물이 육식동물보다 먼저 존재했으며, 초식동물에서 육식동물로 진화했다는 식으로 해석하는 것은 바람직하지 않다. 창조 기사는 그러한 과학적 사고에 기초해 기록된 말씀이 아니다. 성서가 과학을 뒷받침하는 말씀도 아니며, 과학적으로 증명되어야 그 권위를 인정받는 것도 아니므로 이 말씀은 다음과 같이 이해하는 것이 옳다.

하나님께서 창조 초기에 인간과 동물들에게 채식만 허락하셨다는 말씀은, 이 시기가 이상적인 시대였음을 보여주는 은유다. 모든 것이 평화롭고 안정된 시대였음을 뜻한다. 하나님의 창조 질서에 순응한 자연은 그런 모습이다. 초식동물들이 풀을 먹고 있는 모습은 무척 평화롭게 보이지만, 육식동물이 먹이를 찾는 모습은 그렇지 않다. 쫓음과 쫓김이 있는 처절한 생존 경쟁과 갈등이 있고 또 죽음이 있다. 성서는 인간과 동물의 채식 이야기로 피조 세계의 평화로움을 포괄적으로 보여주고 있다. 하나님이 창조하신 피조물들은, 아름다울 뿐만 아니라 평화롭기까지 하다. 하나님이 창조하신 세상은 원래 모든 것이 질서 정연하며 생존을 위해 다른 존재의 죽음이 필요없었다. 인간이 죄 짓기 전 세상은 평화 그 자체였다.

이사야 11:6-8에 평화의 나라에 대한 말씀이 있다. 메시아가 와서 하나님의 영과 더불어 세상을 다스리는 평화의 날에는, '이리가 어린 양과, 표범이 어린 염소와, 어린 사자와 송아지가, 곰과 암소가 함께 있으며 사자가 소처럼 풀을 먹을 것'이라고 한다. 바로 모든 동물이 초식을 하던 창조 때의 모습과 같다. 이사야 35장에 나타난 거룩한 길에 대한 묘사도, '거기에는 사자도 없고 사나운 짐승도 없다'라는 것이다. 성서는 이상적인 나라의 모습으로 모든 동물이 초식을 하는 모습을 그리고 있다.

1:31 지으신 그 모든 것을 보시니 하나님은 6일 동안 모든 것을 창조하시는데, 카스(L. Kass)는 6일 동안 창조된 피조물에서 어떤 규칙을 발견할 수 있다고 한다. 그것은 만물이 장소 유무(有無), 동작 유무, 생명 유무, 하나님의 형상 유무를 따라서 창조되었다는 것이다.[34] 장소를 가지지

않는 것(빛)에서 장소를 가지는 것(하늘, 땅, 바다)으로, 그 다음은 동작을 가지지 않는 것(채소, 나무)에서 동작을 가지는 것(해, 달)으로, 그 다음은 생명을 가지지 않는 것(해, 달)에서 생명을 가지는 것(어류, 조류, 동물)으로, 그 다음은 하나님의 형상을 가지지 않는 것(어류, 조류, 동물)에서 하나님의 형상을 가지는 것(인간)으로 창조되었다는 것이다. 카스는 그것을 지적 계급(Intelligible Hierarchy)이라고 부른다.

1:31 보시기에 심히 좋았더라 하나님은 여섯째 날까지 창조된 모든 것을 보시고 매우 흡족해하셨다. 자연은 질서정연하고 아름답고 평화로우며, 인간은 존귀하고 영광스런 모습을 가졌다. 1:31에 하나님께서 '심히' 좋아하셨다는 표현이 있는데, 히브리어 부사 '메오드'(מאד)를 번역한 것이다. 현대인의 눈에조차 자연이 지극히 신비롭고 아름다우며, 마치 최고의 수학자가 계산한 듯 질서정연하게 보이는 이유는 하나님께서 그렇게 창조하셨기 때문이다. 하나님이 보시기에 심히 좋은 세상이었으니 인간의 눈에 그렇게 보이는 것은 너무 당연한 일이다. 육신의 눈으로 보는 세상도 아름답지만, 믿음의 눈으로 바라보는 세상은 더욱 아름답다. 그것이 곧 세상을 바라보시는 하나님의 마음이기 때문이다. 무신론자들 중에는 자연 질서의 놀라움을 깨달은 후에 신의 존재를 인정하는 사람들이 있다.

■ 일곱째 날의 안식(2:1-3)

2:1 천지와 만물이 다 이루어지니라

2:2 하나님이 그가 하시던 일을 일곱째 날에 마치시니 그가 하시던 모든 일을 그치고 일곱째 날에 안식하시니라

34) Leon R. Kass, *The Beginning of Wisdom* (Chicago: The Chicago University Press, 2006), 31-36.

2:3 하나님이 그 일곱째 날을 복되게 하사 거룩하게 하셨으니 이는 하나님이 그 창조하시며 만드시던 모든 일을 마치시고 그 날에 안식하셨음이니라

2:1 천지와 만물이 다 이루어지니라 이 말씀은 문자적으로 눈에 보이는 하늘과 땅 사이의 만물이 다 완성되었다는 말이다. 그러나 그 실제 의미는 우주 전체와 그 안의 모든 것이 완성되었다는 뜻이다. 이 말씀은 눈에 보이는 세상만 알고, 하늘 너머에 존재하는 우주를 상상할 수 없었던 고대인의 세계관에 맞게 표현된 것이다.

2:2 일곱째 날에 안식하시니라 6일 동안 세상과 만물을 창조하신 하나님은 일곱째 날 안식을 취하셨다. 이 7일 구조는 고대 근동의 다른 문헌에서는 전혀 볼 수 없는 독특한 개념이다.[35] 고대 근동의 시간 개념은 하루, 한 달, 일 년으로서, 해와 달의 운행과 상관이 있다. 그런데 7일을 시간의 한 묶음으로 보는 개념은 해와 달의 운행과 아무런 상관이 없다. 이렇게 창세기 1-2장의 7일 개념이 천체의 운행과 무관하기 때문에, 사르나(N. Sarna)는 이 개념이 히브리 민족 고유의 유일신관에서 유래한 것이라고 한다.[36] 하나님은 자연의 운행을 초월하여 존재하시는 분이라는 사실을 7일 개념이 암시하고 있다는 것이다.

하나님의 안식은 피로 회복이나 세속적 휴가를 위한 것이 아니라, 종교적 의미가 담긴 것으로 안식일의 제정과 깊은 관계가 있다. 고대 근동에서도 신의 안식은 제사와 관계가 있었다.[37] 2:2에는 유대교의 성일(聖

35) Nahum Sarna, *Genesis* (Philadelphia: Jewish Publication Society, 1989), 14.
36) *Ibid.*, 15.
37) 아놀드(B. Arnold)는 하나님께서 창조 후에 안식을 취하신 것과, 성막을 만들라는 명령 끝에 안식일에 대한 언급이 있다는 사실에 주목한다. 그러면서 세상 창조와 성막 건설에 유비가 있다고 설명한다. 우주는 성막처럼 하나님의 주권이 행사되는 곳이며, 성막은 우주의 축소판으로 하나님의 우주적 질서가 있는 곳이라

日)인 안식일(Sabbath) 대신에 '안식하다'라는 동사 '샤바트'(שבת)가 사용되었다. 그 이유는 창세기 1-11장이 인류 전체를 대상으로 주신 말씀이기 때문이다. 하지만 하나님의 안식이 안식일의 제정과 깊은 관계가 있다는 사실을 출애굽기 31:17에서 알 수 있다. 하나님이 시내 산에서 모세에게 율법을 주실 때 성막에 관한 상세한 규정을 알려주신다.(출 25-31장) 그 규정 마지막에 안식일을 거룩히 지킬 것을 명령하시면서, 안식일에 일하는 자는 반드시 죽이라고 하신다.(출 31:15) 그런데 안식일을 그렇게 철저히 지켜야 하는 이유가 바로, '하나님께서 엿새 동안에 천지를 창조하고 일곱째 날에 일을 마치고 쉬셨기 때문'(출 31:17)[38]이라고 설명한다. 그러므로 2:2는 안식일 제정에 대한 설명이기도 하다.

그래서 유대인들은 일곱째 날을 창조의 정점으로 생각한다. 창조의 클라이맥스는 안식일의 제정이라는 것이다. 유대인들에게 있어 안식일은 하나님과 이스라엘 백성 사이의 영원한 언약이며 영원한 표징이기 때문이다.(출 31:16-17) 그러나 기독교인들은 7일째 하나님의 안식보다는 6일 동안의 창조 행위를 강조하는 경향이 있다. 그 이유는 창세기 1장이 여섯째 날로 끝나고, 하나님의 안식은 2장에 있어서 창조와 안식이 분리된 것처럼 보이기 때문이다. 하지만 원래 성서는 장과 절의 구분이 없었음을 고려하면, 유대인들이 가지는 안식일의 의미에 대해 다시 한 번 생각해 볼 필요가 있다. 참고로 말하면 성서의 장(章)은 주후 13세기에, 절(節)은 주후 16세기에 나누어졌다.

2:3 일곱째 날을 복되게 하사 거룩하게 하셨으니 하나님은 일곱째 날을 복 주시고 또 거룩하게 하셨다. 하나님께서 이렇게 '날'(日)에게 복 주신 것은 일곱째 날이 유일하다. 지금까지는 피조물을 보시며 기뻐하시

는 것이다. Bill Arnold, *Genesis* (Cambridge: Cambridge University Press, 2009), 48.

38) *Ibid.*, 48.

고 피조물에게 복을 주셨지 '날' 자체에 복을 주지는 않으셨다. 그러므로 일곱째 날은 다른 날과는 다른 특별한 날이다. 또 하나님은 이날을 거룩하게 하셨다. 일곱째 날은 복되고 거룩한 특별한 날이 분명하다.

'거룩'은 히브리어로 '카도쉬'(קדש)다. 성서에 이 단어가 많이 등장하지만 그 구체적 의미에 대한 정확한 설명이 없다. 하지만 거룩이 영원처럼 근본적으로 하나님께 속한 개념임은 분명하다. 하나님은 거룩하신 분으로서 거룩의 근원이시다. 이사야가 본 환상 가운데 하늘 보좌 위의 스랍들이 "거룩하다 거룩하다 거룩하다 만군의 여호와여"(사 6:3)라고 외쳤듯이, 거룩은 하나님께 해당되는 말이며, 하나님은 '거룩하시다'라는 찬양을 받기에 합당한 분이시다. 그로스만(A. Grossman)은 구약성서의 거룩은 하나님과 피조물이 본질적으로 다르다는 것을 가르쳐주기 위한 추상적 개념이며, 그런 의미에서 거룩은 가장 높은 가치라고 말한다.[39] 하나님은 거룩이라는 몹시 소중한 것을 일곱째 날에 허락하셨다. 그러므로 일곱째 날(구약시대의 안식일, 신약시대의 주일)을 거룩하게 지키는 것은 모든 인간의 가장 기본적인 의무이자 복 받는 길이다.

거룩이 얼마나 중요한가를 알 수 있는 상징적 사건이 있다. 아론의 아들 나답과 아비후가 성막의 분향단에서 첫 번째 향을 피우던 중, 잘못된 불을 사용하는 바람에 그 자리에서 죽은 사건이다.(레 10:1-2) 나답과 아비후는 실수 또는 부주의로 하나님께서 규정하신 '거룩한 불'이 아닌 '속된 불'을 사용했다. 그로 인해 두 사람은 즉시 죽음을 당했는데, 그 이유가 바로 하나님의 거룩하심을 해쳤기 때문이다.(레 10:3) 속된 불로 하나님의 거룩하심을 해친 것이 그들이 즉시 죽임을 당한 이유였다. 하나님의 거룩하심을 해치는 일은 이처럼 심각한 죄다. 그러므로 하나님이 거룩하게 하신 일곱째 날을 거룩하게 지키는 일은 매우 중요한 일이다.

---

39) Allen Grossman, "Holiness," *Contemporary Jewish Religious Thought*, ed. by Arthur A. Cohen and Paul Mendes-Flohr(London: The Free Press, 1972), 389.

그런데 피조물인 인간도 하나님처럼 거룩해지는 것이 가능하다. 하나님께서 그것을 허락하셨기 때문이다. 그렇지만 피조물은 하나님의 뜻에 순종해야만 거룩해질 수 있다. 하나님은 "너희는 거룩하라 이는 나 여호와 너희 하나님이 거룩함이니라"(레 19:2)라고 말씀하시고, '내가 거룩하니 너희도 거룩하라'(레 11:44, 45, 벧전 1:16)라고 말씀하신다. 인간도 거룩해질 수는 있지만 스스로 거룩해지는 것이 아니라, "너희는 내 규례를 지켜 행하라 나는 너희를 거룩하게 하는 여호와이니라"(레 20:8)라는 말씀처럼, 하나님의 명령을 지킴으로 거룩해지는 것이다. 성서가 말하는 거룩함은 '구별됨, 온전함, 정결함' 등을 의미하며, 거룩한 사람, 거룩한 사물, 거룩한 장소, 거룩한 시간 등이 성서에 나타난다.

■ 계시 이해: 압축과 은유

지금까지 창세기 1:1에서 2:3까지 본문의 내용을 주석하고 그 신앙적 교훈을 살펴보았다. 그러나 그것으로 본문을 충분히 이해했다고 할 수 없다. 앞에서 밝힌 것처럼 창세기 1-11장은 '압축과 은유와 상징과 전환'이라는 수단을 통해 주어진 하나님의 계시이기 때문에, 본문에 대한 주석과 더불어 이런 해석의 열쇠를 가지고 본문을 살펴보아야 한다. 그래야 본문이 내포하고 있는 영원한 진리와 계시적 교훈을 바르게 깨달을 수 있다.

우선 7일간의 창조 이야기에서 압축을 볼 수 있다. 그것도 약간의 압축이 아닌 거대한 압축이다. 창세기 1:1에서 2:3까지는 창조의 순간부터 인간이 등장하기까지 엄청난 시간이 압축되어 있다. 현대과학은 우주의 생성 연대를 약 136억 년 전으로 본다. 그렇게 볼 때 창세기 1:1-2:3은 136억 년이라는 시간을 469단어로 압축해 설명한 것이다. 하지만 그 한정된 단어 속에 세상 창조에 관해 인간이 알아야 할 모든 것이 언급되었다.

오늘날 교회 안에 창조론을 믿는 사람들 중에, 창세기 내용과 과학의 발견 중 어느 쪽에 더 무게를 두는가에 따라서, '젊은 지구 창조론'(지구의 나이 6000년–2만년)을 주장하는 사람들과 '오랜 지구 창조론'(지구의 나이 45억 년)을 주장하는 사람들로 나뉘어져 있다. 이들은 어느 쪽이 창조론을 바르게 수호하고 전달하는 것인가 하는 문제를 놓고 서로 논쟁하고 있다. 그러나 창조 이야기가 136억 년이라는 시간이 압축된 것임을 안다면, 그런 논쟁은 근본적으로 무의미해진다. 교회는 교회 밖에 있는 무신론적 진화론자들이나 범신론적 진화론자들과 맞서 싸워야지, 믿음을 가진 창조론자들끼리 무의미한 논쟁을 일으켜서는 안 된다. '압축'의 개념으로 창조 이야기를 바로 이해해서, 교회가 상대해야 할 진정한 적이 누구인가를 알아야 한다.

한편, 창조 이야기에는 하나님의 계시가 은유적으로 담겨 있다. 하나님은 오늘날의 시간 개념으로 정확히 7일(168시간) 동안에, 하늘과 땅과 바다와 해와 달과 별과 모든 동식물과 인간을 만드신 것이 아니다. 136억 년 동안에 만드신 것을 7일 동안에 만드신 것처럼 은유적으로 말씀하신 것이다. 그것은 엄마의 죽음을 이해할 수 없는 아이에게 "엄마는 저 하늘의 별이 되었어"라고 말해주는 것과 같은 맥락이다. 구약시대 사람들은 하늘 너머 말할 수 없이 큰 우주가 존재한다는 것과, 공처럼 보이는 태양이 실은 지구보다 훨씬 크다는 것과, 점처럼 보이는 별이 태양보다 훨씬 클 수도 있다는 것과, 움직이는 것처럼 보이는 태양이 고정되어 있고, 고정되어 있는 것 같은 지구가 움직인다는 것을 이해할 수 없었다. 아무리 잘 설명해 주어도 고대인들은 알아들을 수 없었을 것이다. 그들은 눈에 보이는 대로 이해할 수 있었기 때문이다.

그들은 지구에 공룡이 살았다는 것을 몰랐다. 화석을 본 적이 없었기 때문이다. 박테리아와 바이러스가 있다는 것도 알 수 없었다. 볼 수가 없었기 때문이다. 구약시대 사람들은 그런 것들을 상상도 할 수 없었고, 그래서 그런 것들을 설명할 수 있는 단어조차 없었다. 아무리 노력해도 이해시킬 수 없는 일이었다. 신라시대 사람에게 휴대폰이나 인터넷을 설명할 수 없는 것처럼 말이다. 그래서 하나님은 그들이 이해할 수 있는 방법으로 창조를 설명하셨다. 그 방법이 바로 압축과 은유인 것이다. 그 압축과 은유의 결과를 1:1-2:3에서 볼 수 있는데, 그 이야기 속에는 영원한 진리와 객관적 진실이 들어 있다. 이 이야기는 허구나 신화가 아니며 거짓이 아니다. 영원한 진리와 객관적 진실이 압축과 은유의 형태 속에 담겨 있는 것이다. 그러므로 그 압축에 담긴 진리를 깨닫고 은유에 담긴 진실을 보아야 한다. 그것이 7일간의 창조 이야기를 깨닫는 유일한 길이다.

창조 이야기에 대한 오해는 그 압축과 은유를 이해하지 못해 창조 이야기 자체를 '허구'로 보는 것이다. 창조 이야기를 고대인의 유치한 세계관이 반영된 신화 정도로 보면서, 그 안에 들어 있는 모든 계시를 허구로 보는 것이다. 그것은 마치 어린 자식에게 "엄마는 저 하늘의 별이 되었어"라고 말하는 아빠를 가리켜, '아이를 속이는 나쁜 사람, 자식을 속이는 거짓말쟁이'로 보는 것과 같다. 그러면서 아빠는 거짓말쟁이기 때문에 아빠가 하는 말의 반대가 진실이라고 믿는다. 엄마는 어딘가에 살아 있다는 것이다. 그래서 그들은 창조론 대신에 자연주의와 진화론을 주장한다. 자연주의와 진화론은 만물이 스스로 존재하면서 스스로 진화하고 스스로 생명을 만들어 낸다는 이론이다. 자연이 곧 신이라는 뜻이다.

한편, 창조 이야기를 문자 그대로 믿는 잘못도 있다. 이 역시 7일간의 창조 이야기에 담긴 압축과 은유를 바로 이해하지 못해 일어나는 것이다. 그들은 고대인의 세계관 자체를 진리로 보는 오류를 범하고 있다. 그래서 압축된 시간을 문자 그대로 계산하고, 은유적인 사건을 과학적으로 증명하려고 한다. 그들의 잘못은 "엄마는 저 하늘의 별이 되었어"라는 아빠의 말을 그대로 믿었기 때문에 하늘에서 엄마별을 찾기 위해 온갖 애를 다 쓰는 것이다. 그렇게 실제로 존재하지 않는 엄마별을 찾는 과정에서 억지스런 주장이 발생하기도 한다. 아빠를 진정으로 사랑하는 것은, 아빠가 말한 엄마별을 찾는 것이 아니라 그런 식으로 엄마의 죽음을 설명한 아빠의 의도를 깨닫는 것이다. 창조 이야기를 과학으로 증명하려는 자들의 노력이 믿음에서 비롯된 것임을 인정할 수 있지만, 그로 인해 얻어진 결과는 인정할 수 없다. 그 결과가 계시를 오해하고 하나님의 뜻을 왜곡하는 것이기 때문이다.

1:1-2:3은 '오직 하나님만이 유일하신 신으로 하나님 외에 다른 신은 없으며, 그 하나님이 우주와 만물과 인간을 창조하셨으며, 해와 달과 별을 포함한 모든 자연은 신이 아니라 피조물이며, 자연은 스스로 존재하는 것이 아니라 하나님에 의해 창조된 것이며, 인간도 하나님이 만드신 피조물이지만 인간은 하나님과 닮은 모습을 가지고 있다'라는 계시를 전하고 있다. 그런 의미에서 창조 이야기는, 하나님의 창조를 거부하고 자연의 진화를 주장하는 현대 자연주의에 대한 강력한 경고이다. 다윈의 사상에 그 뿌리를 두고 있는 현대 자연주의는, 자연이 스스로 존재하며 스스로 진화한다고 생각한다. 여기에서 범신론적 진화론이나 무신론적 진화론이 생겨났다. 현대 자연주의는 이제 하나의 철학을 넘어서 종교가 되었다고도 할 수 있는데, 자연을 곧 신이거나 신적인 존재로 보기 때문이다. 모든 것을 신, 또는 신적인 존재로 보는 범신론에서는 창조주와 피조물이 같은 존재가 된다. 신과 세계가 하나이기 때문이다.

창조 이야기는 그런 생각이 철저하게 틀렸다고 한다. 자연은 처음부터 끝까지 하나님의 피조물일 뿐이며, 때로 자연이 무엇을 만들어 내는 것처럼 보이는 경우도, 하나님이 그것을 허락하셨기 때문이라고 한다. '나는 유일한 신으로 만물의 창조주이다. 나 외에 다른 신은 없으며, 자연과 인간과 생물은 모두 나의 피조물이다'라는 것이 창조 이야기의 핵심이자 영원한 진리이다. 이 영원한 진리가 압축과 은유라는 방법을 통해 7일간의 세상 창조라는 구조로 계시된 것이 창세기 1:1-2:3이다.

3장_ 에덴 동산과 인간의 타락

1. 아담과 하와 이야기(2:4-25)

■ 아담의 창조(2:4-7)

2:4 이것이 천지가 창조될 때에 하늘과 땅의 내력이니 여호와 하나
님이 땅과 하늘을 만드시던 날에
2:5 여호와 하나님이 땅에 비를 내리지 아니하셨고 땅을 갈 사람도
없었으므로 들에는 초목이 아직 없었고 밭에는 채소가 나지 아
니하였으며
2:6 안개만 땅에서 올라와 온 지면을 적셨더라
2:7 여호와 하나님이 땅의 흙으로 사람을 지으시고 생기를 그 코에
불어넣으시니 사람이 생령이 되니라

2:4 여호와 하나님이 이상하게도 2:4부터 하나님의 이름이 달라진다. 1:1-2:3까지는 하나님의 이름이 단순히 '하나님'(엘로힘)인데, 2:4부터는 '여호와 하나님'(야웨 엘로힘)이 되었다. 성서를 읽을 때 조금만 주의를 기울이면 누구나 발견할 수 있는 이 사실에, 18세기 몇몇 학자들

이 주목하면서 오경의 '두 자료설'이 시작되었다. 오경은 두 개의 자료가 모인 책이라는 주장이다.

독일인 목사였던 비터(H. B. Witter)는 1711년에 오경의 하나님 이름을 분석한 책을 출판했다. 그러나 비터의 견해는 거의 영향을 끼치지 못하고 잊혀졌다. 프랑스인 의사였던 아스트룩(J. Astruc)은 익명으로 1753년에 창세기에 관한 논문을 출간했는데, 창세기는 모세가 오랜 세월에 걸쳐 전수된 구전 또는 기록 전승을 편집한 것이라고 주장했다. 그 증거로 창조와 홍수 이야기가 둘이라는 것과, 하나님 이름을 '엘로힘'(하나님)과 '야웨'(여호와)로 다르게 부른 것을 들었다. 아스트룩의 주장은 하나님 이름을 자료 분석의 근거로 삼았다는 점에서 비터의 견해를 따른 것이다. 아스트룩은 두 자료를 A와 B라고 불렀는데 아스트룩의 주장 역시 거의 영향을 끼치지 못했다. 그 이유는 그의 생각이 틀려서라기보다는 아스트룩이 신학자가 아니라 의사였기 때문이다. 하지만 아스트룩의 견해로 인해 오경에 대한 자료비평이 시작되었다.

그 후 독일인 신학자였던 아익호른(J. G. Eichhorn)이 세 권으로 된 『구약성서개론』(1780-1783년)을 출판하면서 아스트룩과 같은 주장을 했다. 아익호른은 아스트룩의 문서 분석을 더욱 발전시켜서, 하나님을 엘로힘이라고 부르는 문서를 '엘로힘 문서'(Elohistic Document, E문서), 야웨라고 부르는 문서를 '야웨 문서'(Yahwistic Document, J문서)라고 이름 붙였다. 그리고 두 문서의 문학적 차이도 연구해야 한다고 주장했다. 아익호른은 존경받던 학자였으므로 교회는 아익호른의 주장에 영향을 받아 오경의 두 자료설에 주목하게 되었다.

19세기에 들어서서 18세기의 두 자료설이 세 자료설로 확장되었다. 하나님을 엘로힘이라고 부르는 E문서에 중복이 있고, 또 문체와 언어, 관심에 차이가 있음이 발견되면서, E문서가 E문서와 '제사 문서'(Priestly Document, P문서)로 구분되었다. 또 1805년에 드 베테(W. M. L. de Wette)가 자신의 박사 논문에서 '신명기 법전'(Deuteronomic Codex, D문서)을 또 구분하면서 세 자료설은 결국 네 자료설이 되었다. 드 베테는

J문서, E문서, P문서는 4경(창세기-민수기)에만 나타나고 신명기에는 나타나지 않으며, 신명기는 4경의 모든 이야기가 중복되고 세부적인 면에서 4경과 모순되는 이야기가 많으며, 또 다른 자료들과 언어가 많이 다르다는 것을 지적했다. 심지어 십계명의 경우도 사용된 단어가 다르다고 밝히면서, 신명기를 독립된 또 하나의 자료로 가정했다.

독일인 성서학자 벨하우젠(J. Wellhausen)이 19세기 말과 20세기 초에 오경의 형성에 대한 체계적이고 설득력 있는 이론을 전개했다. 벨하우젠의 이론은 1865년 네 자료의 편집 연대를 J문서, E문서, D문서, P문서 순서로 발표한 그라프(K. H. Graf)의 이론을 더욱 발전시킨 것이다. 그라프 이전까지는 P문서를 가장 오래된 자료로 생각했다. 벨하우젠에 의하면 J문서는 다윗-솔로몬 시대에 남유다에서 편집되었고, E문서는 비슷한 시기에 북이스라엘에서 편집되었다. 사마리아 멸망 후 히스기야(BC 721-694) 때 J문서와 E문서가 하나로 통합되었으며, 여기에 요시야(BC 639-609) 시대에 D문서, 바벨론 포로기 이후에 P문서가 결합되어 지금의 오경이 된 것으로 보았다. 벨하우젠의 이론에 반대하는 학자들도 있고[1] 더 세분화시킨 학자들도 있지만, 결과적으로 그의 문서설이 오경의 자료와 형성에 관한 연구의 토대가 되었다.

현재에 와서 오경이 모세 또는 어떤 한 사람에 의해 기록되었다고 주장하는 성서학자는 거의 없다. 거의 모든 신학대학에서 오경의 문서설을 가르친다. 문서들의 기록 연대나 내용 등 세부 사항에 관한 논의는 여전히 계속되고 있지만, 문서설이 학문적 성서 연구의 출발점이라는 사실은 인정한다. 오경에서 발견되는 여러 가지 문제점들을 설명하는 데 있어서, 오경이 J, E, D, P 네 문서로 편집되었다는 문서설이 현재까지는 가장 좋은 이론이기 때문이다.

---

1) 호프만(D. Hoffman)과 시갈(M. H. Segal)에 이어 카수토(U. Cassuto)가 문서설을 반대한 대표적인 학자이다. Sh. Talmon, “A Bible Scholar's Evaluation,” *Genesis: An Authorship Study*, Y. T. Radday and H. Shore(Rome: Biblical Institute Press, 1985), 230.

오경이 네 개의 자료로 완성되었다는 주장을 성서의 권위에 대한 도전으로 볼 필요는 없다. 신약성서가 네 개의 복음서로 시작되면서, 네 복음서 사이에 중복과 충돌, 모순 같은 것이 분명히 있지만, 교회는 네 복음서를 거부하지 않는다. 각 복음서가 각각 나름대로의 초점을 가지고 예수님에 대한 정보를 전하고 있기 때문이다. 오경의 문서설 역시 같은 맥락에서 이해할 수 있다. 이것은 오경 내부에서 발견되는 문제를 연구하다 보니 찾아진 결과이지, 성서의 권위를 파괴하려는 의도에서 시작된 것이 아니다. 만약 네 복음서를 섞어서 하나의 복음서로 만든다면, 오경과 같은 결과가 나올 수밖에 없을 것이다. 4복음서와 오경의 차이점은, 4복음서의 경우 네 개의 자료가 각각 따로 전수되었으나, 오경은 네 개의 자료가 하나로 편집되었다는 것이다.

성서에 대한 본격적인 연구는 모세가 오경을 썼다는 전승을 의심하면서 시작되었다. 그 의구심에서 오경의 자료 비평이 시작되었고, 오경의 문서설까지 나오게 되었다. 이런 오경의 형성에 대한 지식이 구약성서 전체의 형성과 전수에 대한 지식으로 확장되었고, 정경과 외경 문제로까지 연결되었다. 결국 성서연구사는 오경의 모세 저작설에 대한 의심으로부터 시작되었다고 해도 과언이 아니다. 그런데 그 의심의 발단이 된 구절이 바로 2:4이다. 1장의 엘로힘(하나님)과는 다른 하나님 이름인 야웨 엘로힘(여호와 하나님)이 등장하기 때문이다. 그런 의미에서 2:4는 비평적 성서연구의 단서가 된 특별한 구절이라고 할 수 있다.

2:4 땅과 하늘을 만드시던 날에 하나님의 세상 창조는 7일째 하나님의 안식을 끝으로 완전히 이루어졌다. 2:1의 “천지와 만물이 다 이루어지니라”라는 표현과, 2:3의 “모든 일을 마치시고 그날에 안식하셨음이니라”라는 말씀이 이 사실을 밝혀준다. 그런데 2:4에서 “여호와 하나님이 땅과 하늘을 만드시던 날에”라는 말과 함께 다시 창조 이야기가 시작되는 것 같다. 그것도 아주 다른 분위기로 말이다. 예를 들면 2:5-6에서 보는 황량한 모습의 땅은 1장에서 볼 수 없었던 내용이다. 그리고 하나님에 대

한 묘사도 다르다. 1장에서 하나님은 오직 말씀으로 만물을 창조하신다. 이는 유일하신 창조주 하나님에 어울리는 장엄하고 신적 권위를 가진 모습이다. 그러나 2:7에서 보는 하나님은 흙으로 사람을 빚어 만드는 소박하고 인간적인 모습이다. 무엇보다도 2:7의 '흙을 빚어 인간을 만드신 이야기'가 1장의 내용과 결정적으로 다르다. 1장에서 하나님은 말씀으로 인간을 창조하셨다. 이런 점들을 비교해 볼 때 마치 2장에서 새로운 창조 이야기가 시작되는 것처럼 보인다.

그러나 2:4 이하를 새로운 창조 이야기로 보기에는 무리가 있다. 땅과 안개가 있으며 해, 달, 별도 이미 존재하는 분위기다. 그런 것들이 창조되었다는 언급이 없기 때문이다. 1장에서처럼 빛이나 해, 달, 별과 같은 천체의 창조, 땅과 바다의 창조, 식물과 물고기 등에 대한 창조가 없다. 2:4 이하는 창조에 대한 체계적 설명이 없이 단지 남자와 동물, 그리고 여자의 창조만 말하고 있을 뿐이다. 그러므로 2:4 이하를 1장처럼 창조 이야기로 보는 것은 무리다. 1장에 있는 창조 이야기에 대한 보충이나 보완 정도로 볼 수는 있다. 하지만 그보다 완전히 새로운 독립된 이야기로 보는 것이 더 적합하다. 2:4 이하는 창조 이야기가 아니라 새로운 이야기이며, 그 새로운 이야기의 주제는 '인간'이다.

2:4 이하의 초점은 창조가 아니라 인간이다. 인간이 어떤 존재이며, 남녀 사이의 관계는 어떠하며, 인간이 어떻게 타락하게 되었는가를 설명하고 있다. 아담과 하와가 지어지는 이야기조차 그 목적이 창조에 있지 않고, 인간의 본질과 남녀 사이에 대한 설명에 있다. 2:4 이하는 1:26-27에서 다하지 못한 이야기를 하고 있는데, 그것은 곧 창세기 1장의 이야기가 '압축'이라는 사실을 말하는 내적 증거이기도 하다. 2:4부터 시작되는 새 이야기는 아담과 하와가 에덴 동산에서 쫓겨나는 3:24에서 끝이 나는데, 그 안에 '남자와 여자의 관계, 인간의 타락, 하나님과의 관계 단절, 죄로 인한 벌, 인간의 죽음' 등에 대한 설명이 모두 들어 있다.

이렇게 2:4 이하를 창조가 아닌 인간을 주제로 하는 새 이야기로 볼 때, 이 이야기의 핵심을 바로 볼 수 있다. 그리고 그런 시각은 창세기 1장과 2장의 차이점이나 모순점을 열심히 찾거나 강조하는 수고를 덜어 준다. 1-2장의 비교를 위해 두 장의 차이점을 살펴볼 수는 있지만, 그것을 지나치게 강조하는 것은 바람직하지 않다. 1장과 2장이 각각 따로 가진 계시적 진리를 놓칠 수 있기 때문이다.

2:5 땅에 비를 내리지 아니하셨고 하나님께서 땅에 비를 내리지 아니하셨으므로 땅은 아주 메마르고 황량하였다. 당연히 들에 초목이 없고 밭에 채소가 나지 않았다. 5절은 최초의 땅의 모습이 황무지였음을 말하고 있다. 황무지의 모습을 비가 없었고, 경작할 사람이 없었고, 들에 초목이 없었고, 밭에 채소가 없었다는 말로 묘사하고 있다.

2:5 땅을 갈 사람도 없었음으로 1:26-27에서 이미 인간이 창조되었는데 2:5는 아직 땅을 갈 사람이 없었다고 한다. 이렇게 인간을 창조하시는 내용이 반복되면서 다르기 때문에, 2:4에서 설명한 것처럼 창세기 1장과 2장은 서로 다른 두 개의 창조 이야기라고 생각하는 학자들이 있다.

2:6 안개만 땅에서 올라와 안개는 히브리어 '에드'(אֵד)를 번역한 것이다.[2] 2장에서 묘사하는 땅은 아주 황량한 모습으로 안개만이 온 지면을 적시고 있는데, 이는 전반적으로 물이 부족한 상황을 보여준다. 이런 모습은 하나님이 후에 만드신 에덴 동산과 극적인 대조를 이룬다. 에덴 동산은 물과 과실나무가 풍부한 아름다운 곳이었다.

---

2) 히브리어 '에드'를 지하에서 솟아난 물의 흐름(flow, stream)으로 보는 견해도 있다. 엔더슨(Anderson)은 '에드'가 '강'(river)을 총칭하는 단어라고 말한다. F. I. Anderson, "On Reading Genesis 1-3," *Backgrounds for the Bible*, ed. by M. P. O'onnor and D. N. Freedman(Winona Lake: Eisenbrauns, 1987), 139. 그러나 그럴 경우 땅이 아주 황무했다는 사실과 일치하지 않는다. '에드'는 구약성서에서 욥기 36:27에 한 번 더 나온다.

2:7 땅의 흙으로 사람을 지으시고 하나님이 흙으로 사람을 만드시는 아담 이야기에는 분명히 땅이 강조되고 있다. 2:4 사이에 땅(에레쯔 ארץ, earth), 흙(아다마 אדמה, ground), 먼지(아파르 עפר, dust) 등의 단어가 계속 반복되어 나온다. 그리고 1:1은 '하늘과 땅'인데 2:4는 반대로 '땅과 하늘'로 땅이 먼저 나온다. 이 모두가 인간이 '땅의 흙'[3]으로 만들어졌다는 사실을 강조하기 위한 것이다. 이 사실을 "너는 흙이니 흙으로 돌아갈 것이니라"(3:19)라는 말씀에서 확인할 수 있다. 사람은 하나님의 형상과 모양대로 창조되었지만(1:26-27), 또한 흙으로 지어졌으므로 마지막은 티끌 또는 먼지로 돌아간다. 아담 이야기는 이 사실을 처음부터 강조하고 있다.

2:7이 이를 강조하는 이유는 인간이 아주 보잘것없고 약한 존재임을 알려주는 동시에, 인간이 본질적으로 가질 수밖에 없는 피조물의 유한성을 알려주기 위함이다. 흙은 보석처럼 귀한 것이 아니며, 그런 흙으로 만들어진 것이 귀할 리가 없다. 그렇다고 해서 인간이 '흙으로 지어졌다'는 말씀과 '하나님의 형상과 모양을 가졌다'는 말씀이 서로 모순되는 것은 아니다. 오히려 서로 보완하면서 인간의 총체적, 실존적 모습을 밝혀주고 있다. 인간은 한편으로는 하나님의 형상과 모습을 가진 영광스러운 존재이지만, 다른 한편으로는 흙으로 돌아갈 수밖에 없는 초라한 존재라는 말이다. 인간이 이렇게 양면성을 가진 존재임을 성서는 은유적으로 밝히고 있다.

루이스(C. S. Lewis)는 이런 인간의 양면성을 『스크루테이프의 편지』에서 악마 '스크루테이프'의 입을 빌려 '양서류'로 표현한다. 창세기에 암시된 인간의 양면성을 '양서류'로 표현한 루이스의 글 일부를 소개한다.

> 인간은 양서류다. 반은 영이고 반은 동물이지(원수가 그렇게 역겨운

3) '땅의 흙'으로 번역된 '아파르 민 하아다마'(עפר מן־האדמה)는 '땅의 먼지'로 번역할 수도 있다.

잡종을 창조하기로 결심했다는 사실은 우리 아버지께서 원수를 지지하지 않기로 하신 중요한 이유 중 하나가 되었다.), 그러니까 인간은 영적 존재로서 영원한 세계에 속해 있는 한편, 동물로서 유한한 시간 속에 살고 있다. 이게 무슨 말인고 하니, 인간의 영혼은 영원한 대상을 향하고 있지만 그 육체와 정욕과 상상력은 시시각각 변한다는 게야. 시간 안에 있다는 건 곧 변한다는 뜻이니까.[4)]

2:7 생기를 그 코에 불어넣으시니 '생기'는 히브리어로 '니쉬마트 하임'(נשמת חיים)인데 직역하면 '생명의 숨'이다. 이 말은 인간은 하나님으로부터 직접 생명을 받은 존재로, 다른 동물들과는 구별되는 피조물이라는 뜻이다. 하나님은 다른 동물들 역시 흙으로 지으셨지만(2:19), 그들에게 생명의 숨은 주지 않으셨다. 그런 의미에서 2:7의 '생기'를 1:26-27의 '하나님의 형상'과 같은 의미로 볼 수도 있다.

2:7 사람이 생령이 되니라 생령이라는 말은 '네페쉬 하야'(נפש חיה)를 번역한 것이다. 네페쉬는 '영'(soul)으로 번역될 수도 있지만 '살아 있는 존재'(living being)로 번역될 수도 있다. 그러므로 2:7 후반은 '(흙으로 만든 사람에게) 하나님이 생명의 숨을 불어넣으시니, 그로 인해 사람이 생명을 가진 존재가 되었다'라는 의미다. '네페쉬 하야'는 '영을 가진 존재'보다는 '생명을 가진 존재'로 보는 것이 더 낫다. 그 이유는 앞에서 하나님이 '생명의 숨'을 불어넣으셨기 때문이다. '네페쉬 하야'는 '인간의 영'만이 아니라 '인간 전체'를 가리키는 말이다.

---

4) 루이스(C. S. Lewis), 『스크루테이프의 편지』, 김선형 옮김(서울: 홍성사, 2000), 52-53. 여기서 화자는 '스크루테이프'라는 이름의 악마이고, '원수'는 예수님이며, '우리 아버지'는 악마 중 가장 높은 존재를 가리킨다. 성서신학적으로 정확한 표현은 아니지만 일반적 용례를 따른다면, 여기에 나오는 '우리 아버지'를 '사탄'이라 해도 좋을 것이다.

■ 에덴 동산(2:8-17)

2:8 여호와 하나님이 동방의 에덴에 동산을 창설하시고 그 지으신 사람을 거기 두시니라

2:9 여호와 하나님이 그 땅에서 보기에 아름답고 먹기에 좋은 나무가 나게 하시니 동산 가운데에는 생명 나무와 선악을 알게 하는 나무도 있더라

2:10 강이 에덴에서 흘러 나와 동산을 적시고 거기서부터 갈라져 네 근원이 되었으니

2:11 첫째의 이름은 비손이라 금이 있는 하윌라 온 땅을 둘렀으며

2:12 그 땅의 금은 순금이요 그 곳에는 베델리엄과 호마노도 있으며

2:13 둘째 강의 이름은 기혼이라 구스 온 땅을 둘렀고

2:14 셋째 강의 이름은 힛데겔이라 앗수르 동쪽으로 흘렀으며 넷째 강은 유브라데더라

2:15 여호와 하나님이 그 사람을 이끌어 에덴 동산에 두어 그것을 경작하며 지키게 하시고

2:16 여호와 하나님이 그 사람에게 명하여 이르시되 동산 각종 나무의 열매는 네가 임의로 먹되

2:17 선악을 알게 하는 나무의 열매는 먹지 말라 네가 먹는 날에는 반드시 죽으리라 하시니라

2:8 동방의 에덴에 동산을 창설하시고 구약성서에서 '동방'[5]이라는 말은 이스라엘을 기준으로 동쪽이라는 뜻이다. 그래서 '동방'이라는 말에 기초해 에덴 동산의 위치를 메소포타미아 지역(대략 현재의 이라크)으로

5) 동방은 히브리어 케뎀(קדם)을 번역한 것인데, 케뎀은 '태고'라는 시간적 의미로 번역될 수도 있다. 그래서 그렇게 번역한 고대 번역본과 주석들이 있다. 케뎀을 '태고'로 이해할 경우, 2:8은 에덴 동산은 인간이 창조되기 전에 만들어졌다는 의미일 수 있다.

추측한다. 흔히 에덴 동산을 고유명사처럼 사용하지만 2:8에서는 '에덴 땅의 한 동산'이라는 말로 표현되었다. 하지만 2:15, 3:23, 24 등에서 '에덴 동산'으로 나타나므로 굳이 에덴 땅의 한 동산이라는 식으로 이해할 필요는 없다. 비슷한 예로 노아 방주가 머문 곳은 아라랏 산이 아니라 아라랏 산지의 한 봉우리이며(창 8:4), 아브라함이 이삭을 제물로 바치려고 한 곳은 모리아 산이 아니라 모리아 땅의 한 산이었다.(창 22:2)

히브리어 '에덴'(עדן)의 기원을 들판이라는 뜻을 가진 수메르어 *eden*[6] 또는 *edin*이나, 같은 뜻을 가진 아카드어 *edinu*에서 찾는다. 하지만 히브리어와 같은 서부 셈어(West Semitic)인 아람어 어근인 'dn에서 찾을 수도 있다. 후자의 경우 에덴은 '풍부함, 즐거움' 등의 뜻이 되는데, 이는 물이 풍부한 것과 관련이 있다고 볼 수 있다. 최근 들어 학자들은 후자의 설명을 더 선호하는 분위기다. 그 근거로 2:10을 드는데, 2:10은 에덴을 네 강의 발원지라고 한다.

2:8의 '동산'을 헬라어 성서인 '70인경'(the Septuagint)은 '파라데이소스'(*paradeisos*)로 번역했다. 파라데이소스는 고대 페르시아어에서 온 단어로 정원이나 공원을 가리키는 말이다.[7] 이 단어가 라틴어 성서(the

---

6) 수메르어 에덴은 유프라테스, 티그리스 강 주변의 도시와 도시 사이 지역으로, 들짐승이 살고 또 짐승을 기르는 들판을 뜻한다. 한편, 수메르 신화에는 거룩한 땅 '딜문'이 자주 나오는데, 딜문은 오늘날 바레인을 말한다. 딜문을 에덴 동산과 동일시하는 학자들이 있다. 딜문이 거룩하고 깨끗한 땅이기 때문이다. 딜문은 "까마귀가 까욱거리지 않고, 늑대가 양을 채어가지 않고, 할머니 할아버지가 나는 할머니요 할아버지요라고 말하지 않고, 노래꾼이 '일하러 가세'라는 노래를 하지 않고, 도시 변두리에서 곡을 하지도 않는 땅"이었다. 홍수에서 살아남은 지우쑤드라가 딜문에서 큰 신들의 축복을 받으며 그의 아내와 영원히 살았다. 고대의 딜문은 인도와 아프리카를 연결하는 해상무역 중개업이 활발했던 곳이다. 조철수, 『메소포타미아와 히브리 신화』(서울: 길, 2000), 107-108.

7) 파라데이소스에 대한 설명으로 N. Sarna, *Genesis*(Philadelphia: the Jewish Publication Society, 1989), 18과, Felix Porsch, *Exegetical Dictionary of the New Testament*, Vol. III, ed. by H. Balz and G. Schneider(Grand Rapids: Eerdmans, 1993), 17, '*paradeisos*' 참고.

Vulgate)에 채택되면서 다른 유럽 언어들에 알려져 오늘의 파라다이스(paradise)가 되었다. 파라데이소스는 신약성서에 3번 등장하는데(눅 23:42, 고후 12:4, 계 2:7), 신약성서에서 파라데이소스는 단순한 동산이 아니라 의롭게 죽은 자가 가는 낙원의 의미로 사용되었다. 하지만 구약성서의 에덴 동산은 죽은 자가 가는 낙원이라는 의미가 없다.

2:9 동산 가운데에는 에덴 동산은 물이 풍부하고 나무가 많았으며 하나님께서 보시기에 아름다운 곳이었다. 그리고 먹기에 좋은 과실나무가 풍성했다. 동산에 특별한 나무가 둘 있었는데, 하나는 '생명 나무'이고 다른 하나는 '선악을 알게 하는 나무'였다. 이 두 나무는 에덴 동산 가운데 있었다. '가운데 있었다'라는 말은 에덴 동산에서 가장 중요한 나무라는 뜻이다.

2:9 생명 나무 '생명 나무'는 단순히 수명을 연장시키는 나무가 아니라 사람을 영원히 살게 하는 나무다. 그것을 3:22에서 확인할 수 있다. 하나님은 선악과를 먹은 아담이 '이제 그의 손을 들어 생명 나무 열매도 따먹고 영생할 것'을 염려하시면서 아담과 하와를 에덴 동산에서 추방하셨다. 생명 나무 열매를 한 번 먹으면 영생하는지, 아니면 계속 먹어야 영생하는지 알 수 없지만 그것은 중요치 않다. 생명 나무에 대한 말씀은 인간이 원래 영원히 살 수 있는 존재였음을 암시한다. 생명 나무는 실제로 존재했던 나무라기보다는 인간의 영원한 생명에 대한 상징이다.

생명 나무는 고대 세계에 익숙한 주제여서 많은 고대 신화나 전설에 '생명 나무'(tree of life) 또는 '생명 식물'(plant of life)이 등장한다. 그러나 그것은 오래 살거나 영원히 살고 싶은 인간의 욕망이 투사된 이야기일 뿐 성서의 생명 나무에 담긴 것과 같은 계시적 의미는 없다. 잠언에도 생명 나무가 여러 번 등장하지만(잠 3:18, 11:30, 13:12, 15:4), 창세기 2:9나 3:22와는 달리 정관사가 없기 때문에 같은 의미로 볼 수 없다. 잠언의 생명 나무는 영원한 생명이 아니라 '지혜, 의, 소망, 온유' 등에 대한 비유이다.

2:9 선악을 알게 하는 나무 '선악을 알게 하는 나무'를 히브리어에서 직역하면, '선과 악에 대한 지식의 나무'(the tree of knowledge of good and bad)이다. '선과 악에 대한 지식'에 대해서는, '성적(性的) 욕망, 도덕적 양심, 일반적 인식, 반대 개념 인식' 등 여러 가지 설명이 있다.[8] 그러나 모두 부분적인 설명일 뿐 아담과 하와가 선악과를 먹은 사건 전체를 설명하기에는 부족하다. 선악과는 하나님의 뜻에 대한 인간의 순종 또는 불순종과 깊은 관계가 있다. 다시 말하면 '선과 악에 대한 지식'이란 '하나님의 뜻(명령)에 순종할 것인가 불순종할 것인가를 판단하는 자의식'이라는 뜻이다.(창 3:5 주석 참고) 그리고 이 인간의 '순종과 불순종'은 '인간의 영생과 죽음'과 깊은 관계가 있다.

생명 나무와 선악을 알게 하는 나무는, 인간이 하나님의 뜻에 순종하면 영생을 얻고 불순종하면 죽음을 얻게 된다는 사실에 대한 상징이다. 하나님은 이 사실을 생명 나무와 선악을 알게 하는 나무로 계시하신 것이다. 그런 의미에서 생명 나무와 선악을 알게 하는 나무는 서로 깊은 관계를 가진 나무들이다. 이것이 에덴 동산 가운데 두 나무가 함께 있었던 이유다. 하와는 선악과를 먹으면 죽는다는 것을 알고 있었고(창 3:3), 하나님은 선악과를 먹은 사람이 생명 나무 열매를 먹지 못하도록 하셨다.(창 3:22) 즉 선악과를 먹은 사람은 생명 나무 열매를 먹을 수 없다.

2:9의 생명 나무는 순종과 영생을, 선악을 알게 하는 나무는 불순종과 죽음을 상징한다. 최초의 사람이 살았던 에덴 동산 가운데 있었던 두

---

8) M. Buber, "The Tree of Knowledge(Genesis 3)," *On the Bible: Eighteen Studies*, ed. by N. N. Glatzer(New York: Syracuse University, 2000), 16-18. 엥그넬(I. Engnell)은 '선악과'를 인간의 생식 능력으로 설명한다. 인간은 선악과를 먹음으로 인해서 자손을 가질 수 있게 되었다는 것이다. I. Engnell, "Knowledge and Life in the Creation Story," *Wisdom in Israel and in the Ancient Near East*, Vetus Testamentum Supplements, vol. 3(1969), 115-116.

나무는 인간의 영생과 죽음에 대한 상징이다. 그것이 고대 근동의 신화적 모티브를 차용한 것이든, 원래 연관이 없던 두 주제가 하나로 연결된 것이든, 생명 나무와 선악을 알게 하는 나무는 사람의 영생과 죽음에 대한 가르침이다. 그런 의미에서 2:9에서 보는 두 나무는 성서 전체를 관통하는 주제라고 할 수 있다. 성서는 결국 인간의 타락과 죽음, 구원과 영생에 대한 이야기이다. 생명 나무와 선악을 알게 하는 두 나무는, 창조 이야기 가운데 그저 지나가는 이름 정도로 언급되었지만, 실은 인간의 운명에 대한 가장 핵심적인 교훈을 담고 있다. 창세기 1-11장 전체가 그렇다. 마치 앞뒤가 맞지 않는 옛날 이야기인 것처럼 보이지만, 실은 인류 전체에게 주는 영원한 진리가 담겨 있는 이야기다.

예레미야 21:8에 이런 말씀이 있다. "여호와께서 말씀하시기를 보라 내가 너희 앞에 생명의 길과 사망의 길을 두었노라 너는 이 백성에게 전하라 하셨느니라." 이 말씀에서 보는 생명의 길과 사망의 길이 바로 2:9의 두 나무가 상징하는 것이다. 그러므로 2:9를 읽는 사람은 예레미야의 말처럼 이 사실을 세상에 전할 의무가 있다.

2:10 강이 에덴에서 흘러 나와 에덴에서 한 강이 흘러 나와 동산을 적신 다음 거기서 갈라져 네 강의 근원이 되었다. 그 네 강은 하윌라 땅을 흐르는 비손과, 구스 땅을 흐르는 기혼과, 아시리아 땅을 흐르는 힛데겔과 유브라데다. 성서는 세계 전체를 가리킬 때 '하늘의 네 바람'(슥 6:5), '땅 네 모퉁이'(계 7:1) 같은 표현을 쓰는데, 이때 사용되는 '4'라는 숫자는 어떤 지역 전체를 가리킬 때 쓰이는 숫자다. 에덴 동산에서 발원하는 네 강도 그런 의미로 에덴 동산이 세상 모든 강의 기원이라는 뜻이다. 강은 인간이 모여 살면서 문명을 일으키는 곳이다. 에덴이 온 세상을 흐르는 네 강의 근원지라는 말은, 에덴이 이 세상 모든 인류의 삶의 근원지라는 말이다.

2:11 첫째의 이름은 비손이라 에덴에서 흘러나오는 네 강에서 힛데

겔과 유브라데의 위치 확인은 쉽다. 힛데겔은 티그리스 강, 유브라데는 유프라테스 강이 확실하다. 문제는 하윌라 땅을 흐르는 '비손 강'과 구스 땅을 흐르는 '기혼 강'이다. 학자들이 이 두 강의 위치를 알고자 애쓴 이유는, 이 두 강의 위치를 확인하면 에덴 동산의 위치를 알 수 있기 때문이다. 그러나 부단한 노력에도 불구하고 비손과 기혼의 위치는 여전히 불확실한 채로 남아 있다. 왜냐하면 두 강이 성서 전체를 통해 이곳에만 등장하며, 성서 외적 자료에는 전혀 등장하지 않기 때문이다. 비손과 기혼이라는 이름도 두 강의 위치를 확인하는 데 도움이 되지 않는다.[9] 다만 비손이 흐르는 하윌라 땅과 기혼이 흐르는 구스 땅이 두 강의 위치를 아는 데 실마리가 된다.

하윌라는 2:11 외에 구약성서에 모두 여섯 번 등장한다. 함의 자손 구스의 아들로 두 번(창 10:7, 대상 1:9), 셈의 자손 욕단의 아들로 두 번(창 10:29, 대상 1:23), 팔레스타인 남쪽 지역 지명으로 두 번 나온다.(창 25:18, 삼상 15:7) 이 중에서 비손의 위치를 파악하는 데 도움을 주는 것은 하윌라가 구스의 아들로 등장하는 구절이다. 하윌라가 지역적, 민족적, 정치적으로 구스와 밀접한 관계가 있다는 뜻이며, 하윌라는 구스의 남쪽 지역임이 분명하다. 그 말은 곧 하윌라 땅을 흐르는 비손 강은 구스와 가깝다는 뜻이다. 그렇게 볼 때 기혼 강 역시 구스 땅을 흐르고 있기 때문에, 비손과 기혼은 서로 가까운 곳에 있는 강으로 보인다. 힛데겔과 유브라데가 서로 가까이 있듯이 말이다. 성서의 구스는 현재의 이집트 남부, 에티오피아 북부 지역을 의미하므로 비손과 기혼은 이 지역의 강이 된다.

그런데 이렇게 되면 2:10-14에 큰 모순이 있는 것처럼 보인다. 왜냐하면 이집트-에티오피아 땅을 흐르는 비손, 기혼과, 이라크 땅을 흐르는 힛데겔, 유브라데가 같은 곳에서 흘러나온다고 보기에는, 네 강이 지리적

9) 비손과 기혼의 어원에 대해 Umberto Cassuto, *From Adam to Noah*(Jerusalem: The Magnes Press, 1989), part one, 116 참고.

으로 너무 멀리 떨어져 있기 때문이다. 이집트-에티오피아와 이라크를 흐르는 네 강이 에덴 동산이라는 동일한 근원에서 발원한다고 보기는 어렵다. 하지만 그것은 세계 지도에 익숙한 현대인의 생각일 뿐, 성서를 기록한 사람들에게는 그렇지 않았다.

에티오피아 지역의 두 강과 이라크 지역의 두 강이 에덴 동산에서 발원한다는 창세기 기자의 의도를 파악하기 위해서는, 구스와 하윌라 땅이 이집트를 흐르는 나일 강 상류 지역이라는 사실에 주목해야 한다. 나일 강은 에티오피아 지역에서 시작된다. 그런데 나일 강의 지류들 중에 '화이트 나일'(White Nile)과 '블루 나일'(Blue Nile)이라 불리는 강이 있다. 바로 구스와 하윌라 지역의 강인데, 2:11-13의 비손과 기혼은 바로 이 화이트 나일과 블루 나일을 의미하는 것 같다.[10] 그 말은 곧 창세기 기자는 비손과 기혼을 통해 나일 강을 말하고 있다는 것이다. 나일 강은 티그리스, 유프라테스 강과 더불어 고대 근동에 있어 풍요의 상징이었다.

고대 근동의 전통적 강국은 남쪽의 이집트와 북쪽의 아시리아와 바빌로니아였다. 이집트와 아시리아, 바빌로니아는 번영과 풍요의 대명사였다. 그런데 이집트에는 나일 강, 아시리아와 바빌로니아에는 티그리스와 유프라테스 강이 있었다. 그래서 나일 강과 티그리스, 유프라테스 강 역시 번영과 풍요를 상징했다. 창세기 기자는 고대 근동에서 풍요를 상징하는 강들이 모두 에덴 동산에서 발원한다는 사실을 강조하고 싶었던 것이다. 에덴 동산이야말로 세상 모든 나라의 풍요의 근원이라는 말이다. 그런데 나일, 티그리스, 유프라테스라고 말해서는 세 강밖에 되지 않는다. 그래서는 세상 전체를 의미하는 4라는 숫자가 되지 못한다. 세상 전체를 의미하기 위해서는 4라는 숫자가 필요한데, 나일 강을 직접 언급하면 3이 되니까, 나일 강의 가장 중요한 지류인 비손 강과 기혼 강을 언급함으로써 4를 맞춘 것이다.

10) Yohanan Aharoni and Michael Avi-Yonah, *The Macmillan Bible Atlas*, Revised Edition(New York: Macmillan Publishing, 1977), 21.

풍요의 상징인 네 강의 근원이 에덴 동산이라는 것을 강조하기 위해서는, 네 강이 두 강씩 지리적으로 멀리 떨어져 있는 것은 문제가 되지 않는다. 2:11-14는 일종의 신앙 고백이다. 세상의 모든 풍요로움이 하나님이 만드신 동산에서 유래했고, 하나님이 모든 풍요함의 근원이 되신다는 신앙 고백이다. 그 신앙이 현실적으로는 멀리 떨어져 있는 네 강이, 하나의 동산에서 발원하고 있다는 고백으로 나타난 것이다.[11)]

2:12 그 땅의 금은 순금이요 그 곳에는 베델리엄과 하윌라는 순금, 베델리엄, 호마노(에벤 하쇼함 אבן השהם)라는 보석이 나는 곳이라고 한다. 이집트 남쪽 누비아(Nubia) 지역이 바로 좋은 금이 나는 지역이었다. 고대로부터 베델리엄은 보석이라는 설명과 향료라는 설명 두 가지가 있었는데, 베델리엄이라는 이름의 향유는 누비아의 중요한 수출품이었다.[12)] 금이나 보석에 대한 이야기는 창조와 상관이 없고, 하윌라, 구스, 아시리아 같은 이름은 창조를 기준으로 볼 때 아주 후대의 나라들이다. 에덴 동산 이야기에서 이런 것들이 언급된 이유는, 나중에 태고 시대를 역사 시대와 연결시키기 위한 신학적 장치이다. 계시를 해석하는 열쇠 중 전환에 해당되는 것이다.

2:13 둘째 강의 이름은 기혼이라 2:11의 비손에 대한 설명을 참고하라.

---

11) 번즈(Burns)는 에덴 동산에서 발원하는 네 강을 티그리스, 유프라테스, 나일, 인더스 강이라고 하면서, 이 강들이 서로 수천 마일 떨어져 있는 사실을 기억할 때 지리적으로 한곳에서 시작될 수 없다고 한다. 그러면서 에덴 동산은 '신화적 세계'에서만 존재한다고 한다. D. E. Burns, "Dream Form in Genesis 2.4b-3.24: Asleep in the Garden," *Journal for the Study of the Old Testament 37* (Sheffield: University of Sheffield, 1987), 4-5.

12) Nahum Sarna, *Genesis* (Philadelphia: The Jewish Publication Society, 1989), 20. 표준새번역 성서가 베델리엄을 '향료'로, 호마노는 '홍옥수'로 번역하였다.

2:14 힛데겔이라 앗수르 동쪽으로 흘렀으며 힛데겔은 티그리스 강이다. 창조 시기에 비추어 훨씬 후대인 앗수르(아시리아)가 언급된 것은, 오경이 아주 후대에 지금과 같은 모습으로 편집되었음을 보여주는 증거다.

2:14 유브라데더라 유브라데는 유프라테스 강이다.

2:15 그것을 경작하며 지키게 하시고 하나님은 아담에게 에덴 동산에 살게 하신 후 그곳을 경작하며 지키게 하셨다. 개역성서의 '경작하다'라는 번역은 땅을 갈고 씨를 뿌리는 모습을 연상케 하지만, 히브리어로는 단순히 '일하다'라는 뜻의 동사 '아바드'(עבד)가 사용되었다. 아무튼 아담은 에덴 동산에서 편히 놀며 지낸 것이 아니라 일하며 동산을 지켰다. 이것은 노동이 창조 질서에 속함을 뜻한다. 인간은 일하는 존재로 지음 받았다. 노동은 인간이 해야 할 일 중의 하나로, 인간은 일하는 것을 즐거워하고 일할 수 있는 것에 감사해야 한다. 그것이 창조주 하나님의 뜻이다.

2:17 선악을 알게 하는 나무의 열매는 먹지 말라 … 반드시 죽으리라 하나님은 아담에게 선악과를 먹지 말라고 명령하셨다. 그리고 먹으면 반드시 죽으리라고 경고하셨다. 그러므로 선악과를 먹는다는 것은 먹지 말라고 하신 하나님의 명령에 대한 불순종이며, 그 결과가 죽음이라는 것을 알고도 먹는다는 것을 의미한다. 선악과는 불순종과 깊은 관계에 있으며, 그 불순종은 죽음과 연결되어 있다.

한편, 2:16에서 생명 나무 열매는 애초에 금지된 것이 아니었음을 알 수 있다. 각종 나무의 열매를 마음대로 먹으라는 2:16 말씀에는 생명 나무 열매도 포함되어 있었다. 그러나 아담과 하와가 선악과를 먹은 후에는, 생명 나무 열매는 인간이 먹기는커녕 가까이 갈 수조차 없는 금단의 열매가 되었다.(창 3:22)

■ 아담의 배필(2:18-25)

2:18 여호와 하나님이 이르시되 사람이 혼자 사는 것이 좋지 아니하니 내가 그를 위하여 돕는 배필을 지으리라 하시니라

2:19 여호와 하나님이 흙으로 각종 들짐승과 공중의 각종 새를 지으시고 아담이 무엇이라고 부르나 보시려고 그것들을 그에게로 이끌어 가시니 아담이 각 생물을 부르는 것이 곧 그 이름이 되었더라

2:20 아담이 모든 가축과 공중의 새와 들의 모든 짐승에게 이름을 주니라 아담이 돕는 배필이 없으므로

2:21 여호와 하나님이 아담을 깊이 잠들게 하시니 잠들매 그가 그 갈빗대 하나를 취하고 살로 대신 채우시고

2:22 여호와 하나님이 아담에게서 취하신 그 갈빗대로 여자를 만드시고 그를 아담에게로 이끌어 오시니

2:23 아담이 이르되 이는 내 뼈 중의 뼈요 살 중의 살이라 이것을 남자에게서 취하였은즉 여자라 부르리라 하니라

2:24 이러므로 남자가 부모를 떠나 그의 아내와 합하여 둘이 한 몸을 이룰지로다

2:25 아담과 그의 아내 두 사람이 벌거벗었으나 부끄러워하지 아니하니라

2:18 돕는 배필을 지으리라 하나님은 창조하시는 내내 기뻐하셨다. 하나님은 창조를 마치실 때마다 기뻐하셨으며 그 기쁨의 정점은 창조가 완성된 6일째였다. 완성된 피조 세계는 하나님이 보시기에 '심히' 좋았다.(창 1:31) 그러나 단 한 가지 좋지 못한 점이 있었는데 바로 사람이 홀로 지내는 것이었다.(창 2:18) 그래서 하나님은 아담의 짝을 만들어 주셨다. 그 짝은 단순한 친구가 아니라 배필이다. 히브리어로는 단순히 '돕는 자'(에제르 עזר)라는 뜻이지만, 그 돕는 자가 같은 남성이 아니라 여성이라는

점에서 개역성서처럼 배필이라고 번역해도 좋을 것이다.

'돕는 배필'에서 '돕는'은 히브리어 '케네게도'(כנגדו)를 번역한 것이다. '네게드'(נגד)라는 전치사는 기본적으로 '마주 선다'는 뜻이기 때문에, 이를 직역하면 '(a helper) as in front of him'이 된다. 카수토(U. Cassuto)가 '네게드'의 의미를 잘 살려서, '그를 닮은, 그에게 맞고, 그에게 가치 있고, 그와 동등한 조력자'라고 설명했다.[13] 하나님은 아담에게 종속되어 하인처럼 돕는 자를 생각하신 것이 아니라, 아담에게 마주 설 수 있는 동등한 입장의 조력자를 생각하신 것이다. 바퀴로 친다면 보조 바퀴가 아니라 꼭 필요한 다른 바퀴다. 그러므로 돕는 배필이라는 말에 기초해 여성을 '남성에게 종속된 존재, 남성을 위한 존재, 남성에게 속한 존재'로 보는 것은 무리가 있다. 하나님이 생각하신 아담의 짝은 남성과 대등한 관계에서 남성을 돕는 존재로, '돕는 배필'은 '파트너로서의 조력자'(a helper as his partner),[14] '적합한 조력자'(a fitting helper)[15] 등으로 번역할 수 있다.

2:19 흙으로 각종 들짐승과 공중의 각종 새를 지으시고 아담의 짝을 지으실 생각을 하신 하나님은 그보다 먼저 각종 들짐승과 새들을 흙으로 만드시고 아담으로 하여금 이름을 짓도록 하셨다.(창 2:19-20) 이 일은 이야기의 흐름상 앞의 이야기와 맞지 않는 것처럼 보인다. 하나님께서 아담을 돕는 배필을 지으리라 하셨는데, 이어서 들짐승과 새를 지으시고 그것들의 이름을 짓는 이야기가 나오기 때문이다. 이런 경우 학자들은 대부분 편집의 결과라고 설명한다. 아담의 짝이 생기는 이야기 사이에 동물을 만드시는 이야기가 편집되었다는 것이다. 물론 그런 식의 설명도 가능하다. 성서에 그런 경우들이 분명히 있기 때문이다. 그러나 이야기의 흐름

13) Umberto Cassuto, *From Adam to Noah* (Jerusalem: Magnes Press, 1989), part one, 127.
14) Bill T. Arnold, *Genesis* (Cambridge: Cambridge University Press, 2009), 59.
15) Nahum Sarna, *Genesis* (Philadelphia: Jewish Publication Society, 1989), 21.

이 끊어지는 듯 보인다고 해서 무조건 그런 식으로 설명할 이유는 없다. 있는 그 상태에서 본문의 의미를 깨닫는 것도 필요하다. 어떤 이유가 있기 때문에, 하나님이 아담의 배필을 지어야겠다고 생각하신 후에 흙으로 각종 들짐승과 새를 만드시는 이야기가 나오는 것으로 볼 수 있다.

2:20 모든 짐승에게 이름을 주니라 아담이 돕는 배필이 없으므로 이 구절에서 알 수 있는 사실은, 아담을 돕는 짝은 '흙으로 만든' 들짐승과 새 중에는 없다는 것이다. 비록 아담이 흙으로 만들어졌지만, 흙으로 만들어진 것 중에는 아담의 짝이 없다. 하나님은 아담을 돕는 배필을 지어야겠다고 생각하신 후에, '흙으로 만드신' 각종 들짐승과 새들을 아담에게 데려왔다. 그리고 아담으로 하여금 그것들의 이름을 짓도록 하셨다. 이름을 짓는다는 것은 그 대상을 다스린다는 뜻도 되지만(창 1:26), 그 대상과 관계를 맺는다는 뜻도 된다. 사람이 어떤 사물의 이름을 짓는다는 것은 그것과 개인적인 관계를 맺는다는 뜻이다. 하지만 아담이 모든 짐승에게 이름을 지어 주었지만 그 가운데 아담의 짝은 없었다. 아담이 모든 짐승과 개인적인 관계를 맺었지만, 하나님이 흙으로 만든 짐승 중에는 아담을 돕는 배필이 될 수 있는 것이 없었다. 그것들은 아담에게 맞지 않았고 어울리지도 않았으며, 아담을 닮지도 않았다.

2:21 아담을 깊이 잠들게 하시니 잠들매 콘스탄티노플의 대주교였던 크리소스토무스(345?-407)는 하나님이 아담을 '깊이 잠들게 하신 후'에 하와를 만드신 이유를 두 가지로 설명한다. 첫째는, 아담이 고통을 느끼지 못하도록 하기 위해서였으며, 둘째는, 하와가 자신의 갈빗대로 만들어지는 모습을 못 보도록 하기 위해서였다는 것이다.[16] 만약 그렇지 않았다면 아담은 하와를 볼 때마다 자신의 고통을 회상하고 또 갈빗대의 모습을

---

16) Andrew Louth, *Genesis 1-11. Ancient Christian Commentary on Scripture* (Downers Grove: InterVarsity Press, 2001), 67.

떠올렸을 것이라고 설명한다. 갈빗대를 아름답다고 할 수는 없다. 크리소스토무스의 설명에 의하면, 하나님께서 아담을 깊이 잠들게 하신 후 하와를 만드신 것은, 아담으로 하여금 하와를 깊이 사랑할 수 있도록 하신 배려였다.

2:22 그 갈빗대로 여자를 만드시고 흙으로 만든 모든 동물 중에 아담의 짝을 발견할 수 없었으므로, 하나님은 새로운 방법으로 아담을 돕는 배필을 만드신다. 그것은 아담의 갈빗대로 아담의 짝을 만드는 것이었다. 이를 위해 하나님은 아담을 깊은 잠에 빠지게 하셨다. 비록 아담은 흙으로 만들어졌지만, 그 돕는 배필은 흙이 아니다. 흙으로 만들어진 것은 아담의 짝이 될 수 없었다. 오직 생령이 된 아담에게 속한 것에서 아담의 짝이 나올 수 있었다. 여자가 만들어진 후 아담이, "내 뼈 중의 뼈요 살 중의 살"이라고 외친 것이 이것을 증명한다. 아담은 흙으로 만들어진 것 중에서는 아무리 이름을 지어주어도 자신의 짝을 찾을 수 없었고, 자신의 뼈로 만들어진 존재에서 비로소 짝을 찾을 수 있었다. 아담의 몸에서 나온 존재만이 아담의 짝이 될 수 있었던 것이다.

여자가 남자의 갈빗대로 만들어졌다는 것은, 여자가 남자의 일부라는 의미가 아니라 남자와 같은 본질이라는 뜻이다. 갈빗대는 여자에 대한 남자의 우월성을 밝히려는 말씀이 아니라, 남녀가 같은 본질, 동등한 존재라는 사실을 밝히려는 말씀이다. 하나님의 창조 질서에서 남자와 여자는 동등하다. 한 몸에서 만들어진 존재이기 때문이다. 후대에 주어진 모세의 율법에서는 남자와 여자는 분명히 차이가 있지만, 그것은 문화와 관습의 결과일 뿐 창조 질서에 해당되는 것이 아니다.

2:23 내 뼈 중의 뼈요 살 중의 살이라 아담이 자신의 갈빗대에서 만들어진 여자를 보고 외친 이 말은, 인간과 인간의 관계는 인간과 동물의 관계와 다르다는 것을 가르쳐준다. 전자는 '뼈와 뼈, 살과 살'의 관계지만, 후자는 '뼈와 흙, 살과 흙'의 관계다. 동물은 흙에서 만들어졌다. 2:19에

서 보는 '들짐승과 새들이 흙으로 지어졌다'는 말씀은, 아담과 동물 사이에 흙이라는 공통분모가 있음을 강조하는 것이 아니라, 동물과 여자는 근본적으로 다르다는 사실을 강조하는 것이다. 동물은 흙이지만 여자는 아담의 뼈와 살이며, 그래서 아담의 배필이 될 수 있다. 남자와 여자 사이의 사랑은, 인간과 동물 사이의 사랑과 같을 수 없다. 전자는 '뼈와 뼈, 살과 살'의 관계이지만, 후자는 '뼈와 흙, 살과 흙'의 관계이기 때문이다.

2002년 브로드웨이에서 "염소, 또는 누가 실비아인가?"(The Goat, or, Who Is Silvia?)라는 연극이 공연되어 굉장한 반응을 일으켰다고 한다. 건축가로 성공한 주인공이 자신이 누군가와 사랑에 빠졌다고 아내에게 고백하는데, 그 애정의 대상이 실비아라는 이름의 염소라는 것이 드러난다.[17] 이것은 진화론의 극단적인 결과다. 인간과 짐승이 한 뿌리이기 때문에, 인간이 짐승을 사랑할 수 있다는 말이다. 성서는 그와 같은 생각이 아예 근본부터 틀렸다는 것을 창세기 1장의 '하나님의 형상과 모양'에서 강조하고, 또 창세기 2장의 '아담의 갈빗대로 여자를 만드는 이야기'에서 강조한다. 인간은 짐승과 같은 피조물이긴 하지만 엄연히 다른 존재다. 그리고 인간 사이의 사랑은 인간과 동물 사이의 사랑과 근본적으로 다르다.

인간 역시 짐승처럼 흙으로 창조되었으나, 인간은 짐승과 달리 하나님의 형상과 모양을 따라 창조되고 하나님의 생기를 받았다. 그리고 짐승은 인간에게 '흙'이지만 인간은 인간에게 '뼈와 살'이다. 진화론에서는 짐승과 인간이 같은 뿌리라고 하지만, 성서는 이 둘이 근본적으로 다른 존재라고 한다. 이처럼 성서는 사람의 발견과 아주 다른 진리를 말한다. 전자는 하나님의 계시지만 후자는 사람의 지혜이기 때문이고, 전자는 영원하고 완전한 진리지만 후자는 일시적이고 부분적인 진리이기 때문이다.

---

17) 낸시 피어시, 『완전한 진리』(*Total Truth*), 황병룡 옮김(서울: 복 있는 사람, 2006), 402.

2:23 여자라 부르리라 아담은 "내 뼈 중의 뼈요 살 중의 살이라"고 외친 존재에게 '여자'라는 이름을 지어준다. 그 이름은 '남자'에서 유래한 것으로, 여자라는 이름 자체가 남자와 여자 사이의 깊은 친밀감을 보여준다. 그리고 이 친밀감은 그 다음 이야기인 선악과 사건의 중요한 주제가 된다. 한편, '여자'라는 이름을 히브리어로 보면 언어유희(word play)가 있다. '이쉬'(אִישׁ 남자)에게서 났으니 '이솨'(אִשָּׁה 여자)라고 한 것이다. 두 단어는 비슷한 발음으로 남자와 여자 사이의 밀접한 관계를 밝혀주지만, 실은 서로 다른 어근을 가지고 있다.[18)]

2:24 남자가 부모를 떠나 그의 아내와 합하여 2:24는 아담의 말이 아니라 하나님의 말씀이다.(또는 오경의 설명) 남자와 여자를 만드신 하나님은 곧이어서 남자와 여자가 합하여 한 몸을 이루라고 말씀하신다. 이 말씀은 분명히 결혼에 대한 이야기로 일부일처가 하나님의 뜻이라는 말이다.

남자가 부모를 떠난다는 말을 모계사회의 흔적으로 보는 것은 옳지 않다. 데릴사위를 가리키는 말은 더더욱 아니다. 3:16을 보면 남자가 여자를 다스릴 것이라는 말씀이 있다. 남자가 부모를 떠난다는 말은 결혼 전 남자와 결혼 후 남자가 아주 다르다는 뜻이다. 결혼 전 남자는 아버지 집에 속하지만 결혼 후 남자는 독립한다는 말이다. 그러므로 결혼 전 남자는 부모와 함께 살면서 부모를 사랑하고 부모를 위해야 하지만, 결혼 후 남자는 부모보다 아내 사랑을 우선해야 한다. 이것은 결혼한 후에는 부모에게 효도할 필요가 없다는 말이 아니다. 아내 사랑을 중요시하여 결혼으로 꾸린 자기 가정에 대한 책임을 다해야 한다는 뜻이다.

2:24 둘이 한 몸을 이룰지로다 이 말은 물리적인 한 몸을 말하는 것

18) '이쉬'(남자)의 어근은 '-w-sh(אושׁ), 또는 '-y-sh(אִישָׁה)이지만, '이솨'(여자)의 어근은 '-n-sh(אנשׁ)이다.

이 아니다. 결혼을 했다고 해서 두 몸이 하나가 되는 것은 아니기 때문이다. 하지만 이 말씀에 근거해 부부가 영적으로 한 몸이라는 사실을 믿는 것이 중요하다. 이 말씀은 부부가 가져야 할 서로에 대한 사랑을 극적으로 표현한 것이다. 세상에 자기 몸을 사랑하지 않는 사람은 없다. 부부 역시 한 몸이기 때문에 사랑하지 않을 수 없다. 부부 싸움에 승자와 패자가 없는 것은 부부가 한 몸이기 때문이다. 부부가 다툰 후 양쪽 모두 아픈 이유는 자기 몸에 상처를 주었기 때문이다.

2:25 벌거벗었으나 부끄러워하지 아니하니라 이 말씀을 아담과 그 아내가 서로 성(性)을 의식하지 못하고 성욕을 느끼지 못했다고 이해할 수도 있다. 그러나 그보다는 두 사람이 순수했으며 무엇보다 지극히 친밀했음을 의미하는 것으로 이해하는 것이 옳다. 사람이 벌거벗은 것을 서로 보면서 조금도 부끄럽지 않고 쑥스럽지 않다는 것은 그만큼 친밀하다는 뜻이다. 동성이 아니라 이성이라면 더더욱 그렇다. 아담과 하와가 벗었지만 서로 부끄러워하지 않았다는 것은, 두 사람이 아주 친밀했음을 말하는 것이다. 그런 친밀한 관계가 선악과 사건으로 인해 깨어진다.

■ 계시 이해: 은유, 상징, 전환

에덴 동산의 아담과 하와 이야기에서 은유와 상징, 그리고 전환을 볼 수 있다. 먼저 에덴 동산은 은유로 묘사된 이야기다. 에덴 동산 이야기를 문자 그대로 이해하면, 주전 몇천 년경에 이스라엘을 기준으로 동쪽 땅 어디에, 비손, 기혼, 힛데겔, 유브라데라는 네 강의 기원이 되며, 아름답고 먹기에 좋은 나무들이 많고 그 중앙에 생명 나무와 선악을 알게 하는 나무가 자라던 동산이 실제로 존재하다가, 노아 홍수 때 물에 휩쓸려 사라진 것이 된다. 그러나 이 이야기는 원래 인간이 아름다운 세상에서 평온하고 자유롭게 영원히 살 수 있었음을 은유적으로 밝혀준다. 만약 인간이 하나님의 명령에 순종하고 살면서 죄짓지 않았다면, 이런 세상에서 죽지 않고 영원히 살 수 있었음을 말한다. 그것이 바로 창조 질서였으며 하나님의 뜻이었다. 그러므로 에덴 동산의 실제 위치를 찾기 위해 노력하는 것은 무의미하다. 에덴 동산은 인간이 죄를 지어 잃어버린 곳으로, 모든 사람의 마음에 있는 영원한 고향 같은 곳을 말한다.

하나님께서 아담을 흙으로 지으시고, 아담의 코에 생기를 넣으시고, 하와를 아담의 갈빗대로 지으신 것도 모두 은유적 이야기다. 인간의 유한성과 인간의 영성, 남녀(부부) 관계와 가정에 대한 창조 질서가 흙, 생기, 갈빗대 등의 단어를 통해 은유적으로 표현된 것이다. 그러므로 남자의 갈비뼈 숫자가 여자보다 하나 적어야 한다는 생각이나, 여자는 남자의 갈빗대에 불과하다는 식의 생각은 모두 창세기 2장을 오해한 것이다. 그것은 창세기 2장이 은유로 주어진 계시라는 것을 모르고, 그 내용을 문자 그대로 이해한 결과다.

'아담과 하와, 생명 나무와 선악을 알게 하는 나무'는 상징이다. 아담은 주전 4000년경에 창조되어 930년을 살다 죽은 한 사람이 아니며, 하와는 그 아담의 실제 갈빗대로 만들어진 아내가 아니다. 아담은 인간을 나타내는 상징이다. 그러므로 모든 시대 모든 인간이 다 아담이다. 아담은 지금도 살고 있으며, 아담은 나이기도 하다. 한편, 아담은 남자를 상징하기도 한다. 최초의 인간이라는 의미에서 모든 인간을 상징하지만, 여자의 짝이라는 의미에서는 남자를 상징한다. 하와는 여자를 상징한다.

생명 나무는 인간의 순종과 영원한 생명을 상징하며, 선악을 알게 하는 나무는 인간의 불순종과 죽음을 상징한다. 인간이 하나님의 뜻에 순종하면 영원히 살고 불순종하면 죽음에 이르게 된다는 계시의 말씀이, 생명 나무와 선악을 알게 하는 나무를 통해 상징적으로 표현된 것이다. 그런 관점에서 볼 때 에덴 동산은 지금도 존재하며, 그 동산 중앙의 생명 나무와 선악을 알게 하는 나무 역시 지금도 존재한다. 에덴 동산은 오늘의 이야기이고, 나와 우리의 이야기인 것이다.

한편, 하윌라, 구스, 앗수르 등의 지명은 전환에 속한다. 태고적 이야기와 역사적 이야기를 연결시켜 주는 역할을 하는 것이다. 땅에 비가 없고 들에 초목이 없으며 밭에 채소가 없는 태고의 황무지 모습, 그리고 세상에 단 한 사람만 존재하는 에덴 동산 이야기를 하면서, 하윌라, 구스, 앗수르와 같은 나라들이 언급된 것은 앞뒤가 맞지 않는다. 성서가 후대에 기록되었다는 것을 감안하더라도 어울리지 않는 내용이다. 그것은 마치 단군신화를 이야기하면서, 단군이 평양(아사달)에 도읍을 정했는데 평양은 미국과 사이가 좋지 않다고 말하는 격이다. 그런데 만약 그런 이야기가 있다면, 그 이야기의 중요한 목적은 북한과 미국의 관계일 것이다. 단 한 사람이 사는 에덴 동산 이야기를 하면서 하윌라, 구스, 앗수르 등이 언급된 것은, 창세기 2장이 언젠가 역사적 이야기로 전환될 것이라는 암시다. 동시에 에덴 동산 이야기가 역사와 무관하지 않다는 암시이기도 하다.

2. 선악과 사건(3:1–24)

■ 뱀의 유혹(3:1–7)

3:1 그런데 뱀은 여호와 하나님이 지으신 들짐승 중에 가장 간교하니라 뱀이 여자에게 물어 이르되 하나님이 참으로 너희에게 동산 모든 나무의 열매를 먹지 말라 하시더냐

3:2 여자가 뱀에게 말하되 동산 나무의 열매를 우리가 먹을 수 있으나

3:3 동산 중앙에 있는 나무의 열매는 하나님의 말씀에 너희는 먹지도 말고 만지지도 말라 너희가 죽을까 하노라 하셨느니라

3:4 뱀이 여자에게 이르되 너희가 결코 죽지 아니하리라

3:5 너희가 그것을 먹는 날에는 너희 눈이 밝아져 하나님과 같이 되어 선악을 알 줄 하나님이 아심이니라

3:6 여자가 그 나무를 본즉 먹음직도 하고 보암직도 하고 지혜롭게 할 만큼 탐스럽기도 한 나무인지라 여자가 그 열매를 따먹고 자

기와 함께 있는 남편에게도 주매 그도 먹은지라
3:7 이에 그들의 눈이 밝아져 자기들이 벗은 줄을 알고 무화과나무
잎을 엮어 치마로 삼았더라

3:1 그런데 뱀은 하나님이 지으신 들짐승 중에 3:1에 갑자기 '뱀'(나하쉬 נחש)이 나타난다. 이야기의 흐름상 뱀이 나타날 특별한 이유가 없는데 뱀이 등장한 것은 새로운 이야기의 시작을 의미한다. 이 뱀은 얼핏 평범한 뱀처럼 보인다. 왜냐하면 하나님이 지으신 '들짐승'(하야트 하사데 חית השדה) 중의 하나라는 표현이 뒤따라 나오기 때문이다. 3:1의 '들짐승'은 2:19의 '들짐승'과 히브리어로 같기 때문에, 3:1의 뱀 역시 아담이 이름을 지어준 동물에 속한다고 볼 수 있다. 학자들은 3:1의 뱀을 해석하기 어렵다고 한다. 미스터리한 존재라고도 한다. 왜냐하면 들짐승 중 하나라고 하는데 하는 짓은 꼭 '악마'이기 때문이다. 창세기를 주석하는 많은 학자들이 이 뱀을 사탄과 동일시하기를 주저한다. 그런 해석은 소위 영적인 해석으로 학문적 설명이 아니며, 신앙적 교훈을 지나치게 의식한 교회의 해석일 뿐이라고 한다. 사실 구약성서의 뱀은 다른 곳에서는 항상 독사를 뜻할 뿐 악마를 의미하는 경우가 없다. 그뿐만 아니라 구약성서의 사탄은 오늘날 교회에서 일반적으로 사용하는 개념과 상당히 달라서, 마귀와 악마들의 총 우두머리가 아니라 단순히 적, 또는 반대자(adversary)라는 의미를 가지고 있다.

블레셋 왕들이 다윗을 가리켜 '사탄이 될 것'(삼상 29:4)이라고 한 경우, 아비새가 시므이를 고발할 때 다윗이 아비새에게 '내게 사탄이 되지 말라'(삼하 19:23)고 한 경우, 하나님이 '에돔 사람 하닷을 솔로몬의 사탄으로 일으키신 경우'(왕상 11:14) 등에서 사탄은 단순히 적이라는 뜻으로 사용되었다. 한편, 발람이 이스라엘 백성을 저주하러 갈 때 하나님의 명령을 받고 발람을 가로막은 천사는 스스로를 '사탄으로서' 발람을 막고 있다고 말한다.(민 22:22, 32) 여기서 사탄은 발람의 적, 또는 고발자(the accuser)를 의미한다. 욥기 1-2장의 사탄은 사탄 앞에 정관사가

붙어 있으므로 사탄은 고유명사(이름)가 될 수 없다.(14회) 그것은 사탄이 대제사장 여호수아를 고발하는 스가랴 3:1-2에서도 마찬가지다.(3회) 욥기와 스가랴서의 경우 사탄은 천상적 고발자다. 성서학자들은 이런 내용을 알고 있기 때문에 에덴 동산의 뱀을 쉽게 사탄이라고 하지 못한다.

그럼에도 불구하고 3:1의 뱀은 악한 영에 대한 상징으로 보는 것이 옳다. 본문에 들짐승 중의 하나로 등장하고, 그 배경을 알 수 없고, 성서신학적으로 사탄이라고 부를 수는 없을지 몰라도, 이 뱀이 악마 또는 마귀를 상징하는 존재인 것은 분명하다. 고대 근동의 문서나 그림, 조각에 '거룩한 뱀, 뱀 신, 신을 상징하는 뱀, 생명과 다산을 상징하는 뱀, 성소나 국경을 지키는 뱀'[19) 등 다양한 존재를 상징하는 뱀이 등장하듯이, 3:1의 뱀 또한 악한 영을 상징하고 있다. 인간을 유혹하는 악한 영이 있어서, 하나님께서 선하게 창조하신 존재, 친히 그 코에 생기를 불어넣어 준 존재를 타락시켰다는 것이다. 오늘날 인간의 본성 속에 악한 것이 분명히 있는 이유는 하나님의 창조가 잘못되었기 때문이 아니라, 인간을 유혹하는 악한 존재가 있기 때문이고, 인간이 그 유혹에 스스로 넘어졌기 때문이다.

이사야 27:1에 "그 날에 여호와께서 그의 견고하고 크고 강한 칼로 날랜 뱀 리워야단 곧 꼬불꼬불한 뱀 리워야단을 벌하시며 바다에 있는 용을 죽이시리라"라는 말씀이 있다.(시 74:14, 104:26의 리워야단과 시 87:4, 89:10의 라합 참고) 여기에 나오는 리워야단은 고대 근동 신화의 흔적이다. 그러나 창세기 3:1의 뱀은 이런 말씀보다 "죄를 짓는 자는 마귀에게 속하나니 마귀는 처음부터 범죄함이라"(요일 3:8)라는 말씀과, "큰 용이 내쫓기니 옛 뱀 곧 마귀라고도 하고 사탄이라고도 하며 온 천하를 꾀는 자라"(계 12:9)라는 말씀과, "또 내가 보매 천사가 무저갱의 열

19) Umberto Cassuto, *From Adam to Noah* (Jerusalem: Magnes Press, 1989), part one, 140. 뱀을 가나안 신화의 바알과 일치시키는 학자도 있다. 구약성서에서 바알이 야웨 하나님의 가장 큰 적이었으며, 바알은 유대교에서 악마와 깊은 관계가 있기 때문이다. Flemming Hvidberg, "The Canaanitic Background of Gen. I–III," *Vetus Testamentum X* (1960), 288.

쇠와 큰 쇠사슬을 그의 손에 가지고 하늘로부터 내려와서 용을 잡으니 곧 옛 뱀이요 마귀요 사탄이라"(계 20:1-2)라는 말씀과 연결시켜 이해해야 한다. 3:1의 뱀은 분명히 인간을 유혹해 죄짓게 하는 존재이다. 이 세상에 말할 줄 알면서 발 달린 뱀은 없다. 따라서 하나님의 저주를 받기 전에는 그런 뱀이 존재했다는 식으로 말하는 것은 본문을 오해한 것이다.

본문의 뱀을 신화의 흔적으로 보는 것은, 창세기 1-11장이 인류 전체를 위해 주어진 계시라는 사실을 외면한 것이다. 뱀은 악마에 대한 상징이며, '뱀이 배로 다니며 흙을 먹고 여자의 후손과 서로 상하게 할 것'이라는 하나님의 저주는 악한 영이 받을 형벌에 대한 은유다. 뱀이 악한 영의 상징으로 등장한 이유는 소리 없는 죽음과의 관련 때문일 것이다. 구약성서의 뱀은 곧 독사를 의미하는데, 독사는 대개 소리 없이 사람을 죽인다는 이미지를 가지고 있다. 뱀은 눈에 크게 띄지 않게 움직이며 요란스럽지 않게 행동하지만, 독사에 물리는 것은 치명적이다. 이처럼 소리 없는 살인자라는 이미지를 가지고 있는 뱀이 악한 영의 상징으로 사용된 것이다. 악한 영 역시 사람이 알지 못하는 사이에 사람을 죽음으로 몰아넣는다.

3:1 가장 간교하니라 '간교하니라'는 히브리어 '아룸'(ערום)을 번역한 것으로, '교활하고 간사한'이라는 뜻도 있지만 '영리하고 똑똑한'이라는 뜻도 있다. 아룸이라는 단어 자체가 부정적인 것은 아니다. 아룸은 잠언에 8번 나타나는데 모두 긍정적인 의미로 사용되었다. 예를 들면 잠언 12:16, 23 등에서 사용된 아룸은 슬기로운 자를 의미한다. 하지만 욥기 5:12, 15:5에서는 교활한 자, 간사한 자의 의미로 사용되었다. 뱀이 가장 간교했다는 말은, 악한 영의 거짓 지혜를 인간이 쉽게 파악할 수 없다는 경고일 것이다. 실제로 많은 사람이 악한 영의 지혜에 넘어가 하나님의 진리를 거부하면서도, 자신들이 속고 있다는 사실을 전혀 인식하지 못한다. 바울은 고린도후서 4:4에서 "그 중에 이 세상의 신(악한 영)이 믿지 아니하는 자들의 마음을 혼미하게 하여 그리스도의 영광의 복음의 광채

가 비치지 못하게 함이니 그리스도는 하나님의 형상이라"라고 말한다. 이 말씀에서 알 수 있듯이 창세기 3장에서 보는 '뱀의 유혹'은 오늘도 계속 일어나고 있다.

3:1 뱀이 여자에게 물어 뱀은 먼저 여자를 유혹한다. 이 말 때문에 여자는 본질적으로 유혹에 약한 존재라는 식으로 말하기도 하는데, 그보다는 뱀이 약한 상대를 고른 것으로 보아야 한다. 아담은 선악과를 먹지 말라는 명령을 하나님께로부터 직접 들었지만, 여자는 그 말을 아담에게 들었다. 그런 만큼 그 명령이 얼마나 엄중한 것인가를 아담보다 잘 몰랐을 것이다. 따라서 뱀은 유혹하기 쉬운 상대, 즉 좀 더 약한 상대를 고른 것이다. 악한 영의 '유혹의 기술'을 볼 수 있다.

3:1 참으로 너희에게 동산 모든 나무의 열매를 먹지 말라 하시더냐 뱀의 유혹은 우회적인 질문으로 시작된다. 뱀의 목적은 분명히 선악과에 있었지만, '선악과를 먹지 말라고 하셨느냐?'고 직접 묻지 않고 '모든 나무의 열매를 먹지 말라 하셨느냐'고 돌려서 묻는다. 목적을 이루기 위해 자신의 의도를 숨기면서, 하나님의 말씀을 교묘하게 왜곡해서 이용하는 또 다른 '유혹의 기술'을 볼 수 있다. 악한 영은 하나님의 말씀을 교묘하게 왜곡하기 때문에, 악한 영의 숨겨진 의도를 파악하기가 쉽지 않다. 악한 영은 피조물의 지혜를 하나님의 뜻을 어기는 일에 사용한다. 악한 영 역시 하나님의 피조물이다. 그러므로 그 지혜를 하나님께 받았다. 그렇게 하나님께 받은 지혜를 가지고 하나님의 뜻을 거스르며, 인간까지 죄짓도록 만들고 있다.

그리고 뱀의 질문은 하와가 의심을 갖게 만든다. 이야기의 진행으로 볼 때 뱀은 분명히 선악과에 대한 하나님의 명령을 알고 있었고, 아담과 하와도 마찬가지라는 것을 알고 있었다. 그렇기에 그 명령을 부정하도록 하지 않고 의심하도록 유도한다. '참으로'라는 부사가 그 역할을 하고 있다. '선악과를 먹지 말라는 하나님의 명령, 그게 과연 정말이냐?'고 묻는 것이다. 하나님 말씀에 대한 교묘한 왜곡은 하나님 말씀에 대한 '의심'으로 이어진다. 그것이 악한 영을 상징하는 뱀이 보여주는 또 하나의 유혹의 기술이다. 하나님 말씀에 대한 의심이 유혹의 시작이다.

3:3 동산 중앙에 있는 나무의 열매는 하와는 '동산 중앙에 있는 나무'라고 단수로 말하고 있다. 동산 중앙에는 두 나무가 있었는데, 하와는 선악을 알게 하는 나무 한 그루만 가리키고 있다. 생명 나무를 포함해 모든 나무 열매를 다 먹을 수 있지만, 선악과만은 먹지 말라고 하신 하나님의 명령을 정확하게 알고 있었다.

3:3 먹지도 말고 만지지도 말라 너희가 죽을까 하노라 하나님의 명령은 원래 먹지 말라는 것이었지 만지지도 말라는 것은 아니었다.(창 2:17) 그런데 하와는 '만지지도 말라'는 말을 덧붙였다. 하와는 '선악과를 절대 먹어서는 안 된다'라는 사실을 강조해서 말한 것이다. 선악과를 절대 먹지 말아야 하는 이유는 그 결과가 죽음이기 때문이다. 불순종은 죄이며 죄의 결과는 죽음이다.

3:4 결코 죽지 아니하리라 하와의 대답을 들은 뱀은 하와가 알고 있는 것과 달리 선악과를 먹어도 죽지 않을 것이라고 말한다. 물론 이 말은 거짓말이다. 이 거짓이 바로 악한 영의 본질이다. 요한일서 4:1-6은 성도들을 미혹하는 '거짓의 영'이 있다고 한다. 바로 창세기 3장의 뱀의 모습에서 그 거짓의 영을 볼 수 있다. 악한 영은 거짓말로 유혹할 뿐 아니라, 거짓된 것을 약속한다. 죄의 결과를 비참한 죽음이 아니라고 하면서, 자신이 줄 수 없는 것을 준다는 헛된 약속을 한다.

3:5 눈이 밝아져 이 말은 이전에 모르던 것을 새롭게 알게 된다는 말인데, 문제는 이 새롭게 알게 되는 것이 결코 인간에게 좋은 것이 아니라는 점이다. 실제로 선악과를 먹고 인간의 눈이 밝아지기는 했지만, 그 결

과 인간이 얻은 것은 전부 나쁜 것들이다. 하나님과 인간, 인간과 인간 사이의 관계가 깨어지고, 하나님으로부터 혹독한 벌을 받게 된다. 무엇보다 죽을 수밖에 없는 존재가 되었다. 인간은 눈이 밝아지는 대신 많은 것을 잃었다. 하나님은 인간을 위해 선악과를 먹지 말라고 말씀하신 것인데, 뱀의 유혹과 인간의 호기심, 그리고 불순종이 하나가 되어 참담한 결과를 가져왔다.

3:5 하나님과 같이 되어 선악을 알 줄 선악과를 먹은 인간이 하나님처럼 된다는 말은, 인간이 창조주처럼 전능한 존재가 된다든지, 모든 것을 아는 전지한 존재가 된다는 뜻은 아니다. 그것은 하나님의 명령을 자신이 판단해서 수용하거나 거부한다는 뜻이다. 하나님이 '하지 말라'고 명령하셨어도, 그 명령을 판단해서 하고 싶으면 한다는 의미다. 반대로 하나님이 '하라'고 명령하셨어도, 하고 싶지 않으면 하지 않는다는 것이다. 그것이 '하나님과 같이 되어 선악을 알게 된다'라는 말의 의미다. 선악을 안다는 말은-윤리-도덕적 판단을 할 수 있다는 뜻이 아니라, 하나님의 뜻을 자기 기준에 따라 판단한다는 말이다. 그것이 선악과로 인해 시작된 원죄의 핵심이다. 선악과는 불순종의 자아를 깨우는 열매이며, 자기중심의 자아를 자라게 하는 열매로서, 이를 먹은 인간은 하나님을 멀리하고 하나님과 상관없이 살려고 한다. 선악과는 한마디로 '하나님의 지혜와 뜻에 대한 인간의 자기중심적 가치 판단'이라고 정의할 수 있다. 그 판단은 인간의 이성적, 이기적, 경험적, 주관적 판단이다.

3:6 먹음직도 하고 보암직도 하고 지혜롭게 할 만큼 탐스럽기도 한 나무 뱀의 말을 들은 하와가 보니 선악과 열매는 과연 먹음직스럽고 보기에도 좋았으며, 사람을 충분히 지혜롭게 할 것처럼 보였다. 하나님의 명령을 자기 기준으로 판단하는 일은 사람에게 좋아 보인다. 자기 판단을 따라 사는 일은 인간을 주체적인 존재, 누구에게도 구속받지 않은 자유로운 존재로 만들어 주는 것처럼 보인다. 신의 명령조차 거부할 수 있는 대

단한 존재가 된 것처럼 보인다. 내가 나의 주인이 되어 내 뜻대로 사는 것이 선악과의 핵심인데, 과연 그 열매는 매력적으로 보인다.

그러나 그렇게 보일 뿐 실제로는 정반대의 결과를 가져온다. 그것이 창세기 3장을 통해 주시는 하나님의 교훈이다. 하지만 오늘날 수많은 사람이 본문의 아담과 하와처럼 살고 있다. 하나님의 명령을 어기고 보기에 좋은 선악과를 먹고 있다. 선악과 사건 역시 오늘의 일이며, 나와 우리가 그 열매를 먹는 주인공들이다. 선악과를 먹으라고 부추기는 악한 영 역시 인간들과 항상 함께 존재하면서, 인간들을 유혹하고 있다. 선악과 사건 역시 현재 진행 중인 사건이다.

3:6 남편에게도 주매 그도 먹은지라 하와만 선악과를 먹은 것이 아니라 아담도 먹었다. 아담 역시 뱀의 말에 솔깃하여 하와가 주는 선악과를 거부하지 않았다. 3:1-5에서 뱀이 여자하고만 대화하는 것처럼 보이지만, 3:1과 3:5에서 뱀이 사용하는 단어는 복수형이다. '하나님이 너희들에게 먹지 말라고 하셨느냐, 너희들이 먹으면 너희들의 눈이 밝아져 너희들이 하나님처럼 될 것이다'라고 말하고 있다. 그러므로 아담 역시 뱀의 말을 듣고 있었고, 그래서 하와는 아무 설명 없이 아담에게 선악과를 주었고, 아담 역시 거부하지 않고 먹었다. 그렇게 볼 때 아담도 선악과 사건의 적극적인 가담자라고 할 수 있다. 한편, 아담에게 선악과를 주는 하와의 행동에서, 다른 사람을 죄로 끌어들이는 죄의 속성을 볼 수 있다. 다른 사람도 함께 죄짓게 하는 것이 죄인의 보편적 모습이다.

3:7 눈이 밝아져 자기들이 벗은 줄을 알고 선악과를 먹고 난 뒤 아담과 하와가 가장 먼저 한 일은 무화과나무 잎을 엮어 자신들의 몸을 가린 일이다. 성서는 그들의 눈이 밝아져 자기들이 벗은 줄을 알게 되었다고 한다. 인간이 선악과를 먹은 후 최초로 일어난 일이 자신의 벗은 몸을 처음으로 인식하게 된 것이다. 이 말씀을 가지고 아담과 하와가 처음으로 성(性)을 의식하게 되었다고 설명하기도 하지만, 그보다는 두 사람 사이

의 친밀감이 깨어진 것으로 이해하는 것이 더 정확하다. 서로 벗은 몸으로 있어도 조금도 부끄럽지 않고 어색하지 않았던 친밀한 관계가, 선악과를 먹음으로 인해 자신의 벗은 몸을 보여주고 싶지 않은 타인의 관계가 되어버린 것이다. 하나님 말씀에 불순종함으로써 인간은 가장 먼저 인간관계의 파괴를 경험했다. 죄의 결과는 관계의 파괴다. 단순히 인간과 인간 사이의 관계뿐만 아니라, 인간과 하나님 사이의 관계도 파괴된다.(창 3:10)

■ 죄 지은 인간과 하나님의 만남(3:8-13)

3:8 그들이 그 날 바람이 불 때 동산에 거니시는 여호와 하나님의 소리를 듣고 아담과 그의 아내가 여호와 하나님의 낯을 피하여 동산 나무 사이에 숨은지라

3:9 여호와 하나님이 아담을 부르시며 그에게 이르시되 네가 어디 있느냐

3:10 이르되 내가 동산에서 하나님의 소리를 듣고 내가 벗었으므로 두려워하여 숨었나이다

3:11 이르시되 누가 너의 벗었음을 네게 알렸느냐 내가 네게 먹지 말라 명한 그 나무 열매를 네가 먹었느냐

3:12 아담이 이르되 하나님이 주셔서 나와 함께 있게 하신 여자 그가 그 나무 열매를 내게 주므로 내가 먹었나이다

3:13 여호와 하나님이 여자에게 이르시되 네가 어찌하여 이렇게 하였느냐 여자가 이르되 뱀이 나를 꾀므로 내가 먹었나이다

3:8 여호와 하나님의 낯을 피하여… 숨은지라 무화과나무 잎으로 몸을 가린 아담과 하와는, 하나님이 동산을 거니시는 소리를 듣고 동산 나무 사이에 몸을 숨겼다. 선악과를 먹음으로써 하나님과의 친밀감이 깨어져, 하나님을 두려워하는 존재가 되었기 때문이다. 죄를 지은 인간은 하나님 앞에 기쁨으로 나아갈 수 없다. 아담과 하와는 그런 모습을 보여주

고 있다. 이사야가 환상 중에 하나님의 보좌를 보고, '내가 여호와 하나님을 뵈었으니 내가 망하게 되었다, 내가 죽게 되었다'(사 6:5)라고 외친 것도 같은 모습이다. 아담과 하와의 죄로 인해 모든 인간이 이런 모습을 가지게 되었다. 죄는 하나님과의 친밀한 관계를 파괴한다. 그렇게 하나님과의 관계가 파괴된 인간은 하나님을 두려워하면서 하나님 앞에서 몸을 숨기는 존재가 된다. 그러나 죄가 더 깊어지면 더는 하나님을 두려워하지 않게 되고, 그보다 더 깊어지면 하나님을 조롱하고 멸시하기까지 한다.

3:9 네가 어디 있느냐 하나님은 아담에게 "네가 어디 있느냐"라고 물으신다. 죄를 지은 후 하나님을 피하려고 하는 인간을 찾으시는 하나님의 목소리다. 이처럼 하나님은 하나님의 명령을 어긴 죄인을 먼저 찾고 부르신다. 이 세상에 육신으로 오신 예수님도 죄인들을 찾고 부르셨다.(마 9:13, 눅 5:32) 하나님은 이렇게 몸을 숨기려고 애를 쓰는 인간을 몸소 찾고 부르신다.

3:10 내가 벗었으므로 두려워하여 숨었나이다 선악과를 먹기 전에 아담과 하나님은 무척 친밀한 관계였다. 아마도 하나님께서 동산을 거니실 때 아담도 동행하였을 것이다. 그러나 불순종의 죄를 지은 후 그 친밀감이 깨어져 아담은 하나님을 두려워하게 되었다. 벌거벗은 몸을 가리는 것만으로도 부족해서 나무 사이에 숨기까지 했다. 하나님은 이제 친밀한 아버지가 아니라 무서운 주인이 되었다. 죄로 인해 아담 자신이 변했기 때문이다. 하나님은 사람과 친밀한 관계를 원하셨지만, 그 일은 인간의 죄로 인해 깨어졌다. 죄의 일차적 결과는 관계의 상실이다. 인간은 하나님을 두려워하게 되었고, 하나님은 인간을 심판하실 수밖에 없는 관계가 되었다. 이는 모두 인간이 악한 영의 유혹에 스스로 넘어졌기 때문이다. 뱀이 선악과를 따서 건넨 것도 아니고 억지로 먹인 것도 아니다. 하와가 스스로 그 열매를 따먹고 아담에게 주었으며 아담은 이를 거부하지 않았다.

3:12 하나님이 주셔서 나와 함께 있게 하신 여자 3:12-13에서 죄의 중요한 속성 한 가지를 볼 수 있다. 그것은 책임을 회피하고 남에게 전가하는 것이다. 하나님이 선악과를 먹은 사실을 추궁하셨을 때, 아담은 하와가 주어서 먹었다고 말한다. 그런데 그것도 단순히 하와 탓이라고 하지 않고 '하나님이 주신 하와 탓'이라고 한다. 결국 하나님 때문에 이렇게 되었다는 뜻이다. 자신의 잘못을 하나님에게로 돌리는 것이 선악과를 먹은 인간의 모습이다.

아담은 이중으로 남에게 책임을 전가하고 있다. 선악과를 먹은 것이 전혀 자기 잘못이 아니라는 태도다. 자신의 잘못을 인정하지 않고 남 탓을 하다가, 결국은 하나님에게까지 책임을 돌리는 모습을 보이고 있다. 이처럼 죄인은 자신의 잘못을 인정하지 않고 남에게 책임을 전가한다. "뼈 중의 뼈요 살 중의 살"이라고 외쳤던 아내는 물론, 심지어는 자신에게 생명을 주신 하나님까지도 책임 회피와 책임 전가의 대상이 된다. 아담이 선악과를 먹기 전에는 상상도 못했을 일이다.

3:12 여자 그가 그 나무 열매를 내게 주므로 아담은 선악과를 먹은 잘못을 여자의 책임으로 돌리고 있다. 3:12는 선악과를 먹은 후 친밀했던 아담과 하와의 관계가 어떻게 깨어졌는가를 확실히 보여준다. 선악과를 먹은 벌은 죽음이었다. 아담은 죄를 하와에게 돌림으로써 자신은 살고 싶다는 말을 간접적으로 하고 있다. 자신만 살 수 있다면 다른 사람은 죽어도 좋다는 모습이다.

3:13 뱀이 나를 꾀므로 한편, 책임 회피와 전가는 하와도 마찬가지다. 하와는 뱀의 유혹 때문에 선악과를 먹었다고 한다. 뱀이 아니었더라면 선악과를 먹지 않았을 것이라는 말이다. 다만 아담과 달리 하와의 말에는 '하나님이 지으신 뱀'이라는 표현은 없다. 죄의 나쁜 결과를 남 탓으로 돌리는 경우가 있다면, 선악과를 먹은 아담과 하와의 말을 상기할 필요가 있다.

3:14 여호와 하나님이 뱀에게 이르시되 나무 사이에 숨은 아담에게 하나님이 '선악과를 먹었느냐?'라고 물으셨을 때 아담은 하와 탓이라고 변명한다. 하와에게 '어찌하여 먹었느냐?'라고 말씀하셨을 때 하와는 뱀이 꾀었기 때문이라고 말한다. 그런데 하나님은 뱀에게는 '왜 그랬느냐?'고 묻지 않으신다. 그럴 가능성을 미리 알고 계셨던 것처럼 말이다. 하나님께서 뱀에게 '왜 아담과 여자를 유혹하여 선악과를 먹게 하였느냐?'라고 묻지 않으신 이유가, 하나님은 뱀이라면 충분히 그런 일을 할 수 있는 존재라는 것을 아셨기 때문이라면, 어쩌면 뱀은 이미 선악과를 먹었기 때문이라고 가정해 볼 수 있다.

뱀과 하와의 대화를 잘 읽어보면, 뱀은 이미 선악과를 먹은 것 같은 분위기를 풍긴다. '선악과를 먹어도 죽지 않고 오히려 하나님과 같이 되어 선악을 알게 될 것'(3:4-5)이라는 말은, 뱀이 선악과를 먹은 결과를 알고 있는 것처럼 보인다. 뱀은 아담과 하와보다 먼저 선악과를 먹었기 때문에(천사가 하나님의 명령에 불순종하여 악한 영이 되었기 때문에), 인간이 선악과를 먹도록 유혹했고, 선악과를 먹어도 마치 독약을 먹은 것처럼 즉시 죽는 것은 아니라고 유혹할 수 있었을 것이다. 만약 그렇다면 이 가정(假定)에서 악의 기원을 찾을 수 있다. 그것은 선악과가 모든 피조물이 경험하고 행하는 악의 기원이라는 것이다. 즉 하나님의 뜻에 대한 불순종이 모든 악의 기원이다. 그것이 선악과라는 상징으로 표현되었다.

창세기 3장을 해석할 때 악의 기원은 알 수 없다고 설명한다. 뱀이 어디서 온 존재인지 알 수 없고, 뱀의 간교함이 어디서 나왔는지 알 수 없고, 뱀이 사람을 유혹한 이유를 알 수 없기 때문이다. 그래서 악의 기원에 대해서 알 수 없다고 말한다. 악의 기원 문제는 근본적으로 인간의 인식에 닫힌 문제라고 한다. 악이 인간에게 심각한 영향을 미치는 힘으로 분명히 존재하지만 그 기원은 알 수 없다는 것이다. 성서에 악의 기원에 대한 설명이 없기 때문이다.

그러나 3:14에 기초해서 악의 기원에 대해 설명할 수 있다. 하나님께서 뱀에게 사람을 유혹한 이유를 묻지 않으신 이유가, 뱀이 충분히 그럴 수 있는 존재라는 것을 알고 계셨기 때문이라면, 뱀이 이미 선악과를 먹었기 때문일 것이라는 설명이다. 뱀이 먼저 선악과를 먹었기 때문에 선악과를 먹으라고 인간을 유혹한 것이라면, 모든 악의 기원은 결국 선악과에 있다. 불순종의 자아를 깨우는 열매인 선악과, 자기중심의 자아를 자라게 하는 열매인 선악과가 모든 악의 기원이 된다. 선악과를 먹은 존재가 천사이든 인간이든 상관없이, 그것을 먹으면 누구든 악해지고 교만해진다. 피조물이 하나님의 뜻에 불순종하고 자기중심적으로 생각하고 행동하는 것, 그것이 악이고 죄이다. 성서는 선악과라는 상징으로 이 사실을 분명히 계시하고 있다.

선악과가 악의 기원이라는 설명은 성서의 다른 가르침과 위배되지 않는다. 오히려 어울리는 설명이다. 성서 전체를 통틀어 악령의 기원에 관해 알 수 있는 말씀은 베드로후서 2:4와 유다서 6절이 유일하다. 두 구절은 천사들의 범죄에 대한 말씀인데, 베드로후서 2:4는 '범죄한 천사들을 하나님께서 용서하지 않으셨다'라고 전할 뿐 다른 구체적인 설명이 전혀 없다. 그러나 유다서 6절은 "또 자기 지위를 지키지 아니하고 자기 처소를 떠난 천사들을 큰 날의 심판까지 영원한 결박으로 흑암에 가두셨으며"라는 말씀으로,[20] 천사들이 저지른 잘못에 대해 구체적으로 언급하고 있다. 이 말씀은 천사들 중 일부가 하나님 명령에 불순종하여, 자기 지위를 지키지 않고 자기 처소를 떠났다고 한다. 유다서 6절은 천사들 중에 하나님의 명령을 듣고도 자기 마음대로 행동한 천사들이 있었다고 말하는데, 이것이 곧 선악과의 내용이다. 유다서 6절을 단순히 당시 민간 신앙의 흔적으로만 여길 것이 아니라, 천사의 타락을 설명하는 성서의 유일한 구절로 이해하는 것이 좋다. 그렇게 볼 때 유다서 6절은 창세기 3장과

20) 보통 유다서 6절을 창세기 6:1-4와 관련시켜 천사들이 사람의 딸들과 결혼한 것으로 설명한다. James H. Charlesworth, *The Old Testament Pseudepigrapha*, vol. 1(Garden City: Doubleday, 1983), 5. 한편, 위경인 『에녹 1서』 6-36장에 타락한 천사들에 대한 설명이 있는데, 대부분의 주석들이 유다서 6절을 『에녹 1서』 6-36장과 연결하여 설명한다.

더불어 악의 기원을 설명하는 데 도움을 준다.

■ 하나님의 저주와 형벌(3:14-24)

3:14 여호와 하나님이 뱀에게 이르시되 네가 이렇게 하였으니 네가 모든 가축과 들의 모든 짐승보다 더욱 저주를 받아 배로 다니고 살아 있는 동안 흙을 먹을지니라

3:15 내가 너로 여자와 원수가 되게 하고 네 후손도 여자의 후손과 원수가 되게 하리니 여자의 후손은 네 머리를 상하게 할 것이요 너는 그의 발꿈치를 상하게 할 것이니라 하시고

3:16 또 여자에게 이르시되 내가 네게 임신하는 고통을 크게 더하리니 네가 수고하고 자식을 낳을 것이며 너는 남편을 원하고 남편은 너를 다스릴 것이니라 하시고

3:17 아담에게 이르시되 네가 네 아내의 말을 듣고 내가 네게 먹지 말라 한 나무의 열매를 먹었은즉 땅은 너로 말미암아 저주를 받고 너는 네 평생에 수고하여야 그 소산을 먹으리라

3:18 땅이 네게 가시덤불과 엉겅퀴를 낼 것이라 네가 먹을 것은 밭의 채소인즉

3:19 네가 흙으로 돌아갈 때까지 얼굴에 땀을 흘려야 먹을 것을 먹으리니 네가 그것에서 취함을 입었음이라 너는 흙이니 흙으로 돌아갈 것이니라 하시니라

3:20 아담이 그의 아내의 이름을 하와라 불렀으니 그는 모든 산 자의 어머니가 됨이더라

3:21 여호와 하나님이 아담과 그의 아내를 위하여 가죽옷을 지어 입히시니라

3:22 여호와 하나님이 이르시되 보라 이 사람이 선악을 아는 일에 우리 중 하나 같이 되었으니 그가 그의 손을 들어 생명 나무 열매도 따먹고 영생할까 하노라 하시고

3:23 여호와 하나님이 에덴 동산에서 그를 내보내어 그의 근원이 된
땅을 갈게 하시니라
3:24 이같이 하나님이 그 사람을 쫓아내시고 에덴 동산 동쪽에 그
룹들과 두루 도는 불 칼을 두어 생명 나무의 길을 지키게 하시
니라

3:14 더욱 저주를 받아 배로 다니고 살아 있는 동안 흙을 먹을지니라 하나님은 뱀을 저주하고 벌을 주셨다. 그것은 뱀이 배로 다니면서 흙을 먹고(창 3:14), 여자와 여자의 후손과 원수가 될 것이라는 저주다.(창 3:15) 그런데 그 저주의 내용은 실제 동물인 뱀을 연상케 한다. 배로 다니는 것은 뱀이 기어 다니는 모습이고, 흙을 먹는 것은 뱀이 땅을 기어 다니며 혓바닥을 날름거리는 모습이고, 사람과 원수가 된다는 말은 사람들이 뱀을 싫어하고 무서워하는 것을 말하는 것 같다. 학자들이 선악과 사건의 뱀을 미스터리한 존재로 보는 이유 중 하나가 뱀이 받은 저주의 내용 때문이다. 그렇다고 해서 이를 생물학적 뱀으로 이해하는 것은 문제가 있다. 말하는 뱀, 다리 달린 뱀은 없으며 실제로 흙을 먹고 사는 뱀도 없다. '고대의 뱀은 다리가 있었다, 홍수 이전에는 뱀이 말을 하고 흙을 먹고 살았다'라고 말하는 것은 설득력이 없다. 3:14-15의 저주는 일견 생물학적인 뱀의 모습을 그리고 있는 것처럼 보이지만, 실은 악한 영에 대한 저주가 은유적으로 표현된 것이다.

우선 뱀이 '가장 저주받은 존재가 되었다'라는 사실에 주목할 필요가 있다. 히브리어로 보면 여기에 또 한 번의 언어유희가 있다. 가장 '지혜로운'(아룸 ערום) 존재가 가장 '저주받은'(아루르 ארור) 존재가 되었다. 동물 중에서 뱀이 가장 지혜로운 것은 아니다. 뱀보다 지능이 높은 동물들이 분명히 있다. 또한 뱀이 가장 큰 저주를 받은 동물도 아니다. 땅을 기어 다니는 모습이나 생긴 모양이 그리 보기 좋은 것은 아니지만, 그렇다고 해서 가장 큰 저주를 받았다고 할 수는 없다. 그러므로 여기서 뱀은 생물학적 뱀이 아니라 다른 존재의 상징이다.

하나님이 여기서 악한 영을 가리켜 말씀하신 것이 분명하다. 천사였던 악한 영은 피조물 중에서 가장 지혜로운 존재였지만, 사람을 유혹하여 타락시킴으로써, 하나님 보시기에 가장 추악하고 더러운 존재가 되었다. 배로 다닌다는 말은 지극히 혐오스러운 모습에 대한 은유다. 레위기 11:42에 배로 기어 다니는 짐승을 가리켜 가증하다는 말씀이 있다. 뱀이 저주를 받아 배로 다니게 되었다는 말씀은, 악한 영이 지극히 혐오스럽고 가증스러운 존재가 되었다는 뜻이다.

한편, 흙을 먹는다는 것은 가장 비참한 존재가 되었음을 말한다. 하나님은 모든 생물에게 푸른 풀을 먹을거리로 주셨지만(창 1:30), 뱀은 그 푸른 풀 대신에 흙을 먹고 살아야 한다. 뱀은 다른 모든 생물이 받은 복으로부터 제외되었다. 하나님께 지음 받은 모든 동물은 흙을 먹지 않는다. 그러므로 흙을 먹고 산다는 말은 가장 비참한 상태에 처했음을 뜻한다. 발의 티끌을 핥는다는 것도 같은 의미다.(시 72:9, 사 49:23, 미 7:17) 악한 영은 모든 피조물 중에 가장 지혜로운 존재였지만, 인간을 타락시킴으로써 가장 저주받은 피조물, 지극히 혐오스럽고 가장 비참한 존재가 되었다. 그것이 바로 마귀의 모습이다. 3:14-15는 악한 영의 실제 모습에 대한 설명이다. 비록 그 모습이 사람 눈에 보이지는 않아도.

3:15 여자의 후손과 원수가 되게 하리니 교회는 보통 '여자의 후손'을 그리스도라고 설명한다. 초대교회 때부터 있었던 설명이 오늘날 교회 안에 널리 퍼져 있다.(유스티누스, 이레네우스 등이 주장) 이 설명의 근거가 되는 것은 '후손'(제라 זֶרַע)이라는 단어가 단수형이기 때문이다. 여자의 후손이 한 사람이라면, 그 한 사람은 그리스도일 수밖에 없다는 것이다. 그래서 3:15를 가리켜 '첫 번째 복음'(*protevangelium*, the first good news), 또는 '첫 번째 메시아 예언'이라고 부른다.[21] 그러나 '후손'이라는 단어의 형태는 분명히 단수형지만, 이를 집단 명사로 보면 인류를 말하는

21) Bill T. Arnold, *Genesis*(Cambridge: Cambridge University Press, 2009), 69.

것으로 이해할 수도 있다. 대부분의 구약학자들은 '여자의 후손'을 집단 명사로 보면서, 이를 그리스도로 해석하는 것을 경계한다. 만약 여자의 후손이 그리스도라면 악한 영이 그리스도의 발꿈치를 상하게 하는 것인데, 예수님의 십자가 죽음은 하나님의 뜻에 순종한 것이지 악한 영에 져서 돌아가신 것은 아니기 때문이다. 따라서 여자의 후손을 그리스도가 아닌 인간으로 보는 것이 '뱀이 그의 발꿈치를 상하게 할 것'이라는 말씀과 어울린다.

3:15 네 머리를 상하게 할 것이요 여자의 후손이 뱀의 머리를 상하게 하고 뱀은 그의 발꿈치를 상하게 한다는 말씀은, 뱀과 인간이 서로 원수가 될 것이라는 뜻이다. 악마는 인간을 파멸로 이끌고, 인간은 그런 악마를 원수로 생각한다는 말씀이다. 이것을 악마가 그리스도의 원수가 된다는 뜻으로 해석해서는 안 된다. 악마가 하나님의 상대가 될 수는 없기 때문이다. 악한 영은 하나님을 이기려는 세력이 아니라 인간을 유혹해 멸망으로 이끄는 존재일 뿐이다. 적그리스도라는 말도 그리스도의 적이라는 의미가 아니다. 그리스도의 일을 방해하는 존재라는 말이다. 악한 영은 항상 그리스도를 두려워한다. 그럴 수밖에 없는 것이 악한 영은 피조물이기 때문이다. 악한 영은 그리스도의 일을 훼방하는 존재일 뿐, 그리스도와 싸울 수 있는 존재가 아니라는 사실을 복음서 곳곳에서 발견할 수 있다.

3:16 임신하는 고통을 크게 더하리니 하나님께서 여자에게 주신 벌은 첫째 임신과 출산의 고통이다. 여자들이 겪는 임신과 출산의 고통에 대해서는 따로 설명할 필요가 없다. 포유류 중 인간만이 출산의 고통을 경험한다고 한다. 하지만 하와는 저주는 받지 않고 벌만 받았다. 뱀은 저주와 벌을 모두 받았지만, 하와와 아담은 저주 없이 벌만 받았다. 뱀의 죄질이 더 나쁘기 때문이다. 남을 유혹해 죄 짓게 하는 것은 자신만 유혹에 빠져 죄 짓는 것보다 더 무서운 죄이다.

저주와 함께 벌 받는 것과, 저주 없이 벌 받는 것은 다르다. 전자의 경우 가장 비참하고 혐오스러운 존재가 되는 동시에 하나님의 은총을 기대할 수 없지만, 후자는 실존적 차원에서 벌을 받는 정도에 그치며 하나님의 은총을 기대할 수 있다. 이것이 양자 간의 큰 차이다. 저주를 받은 뱀은 벌 받는 것으로 끝났지만, 저주 없이 벌을 받은 아담과 하와는 하나님께로부터 가죽옷을 받았다.(3:21) 불순종이라는 죄로 인해 벌을 받았지만 그런 중에서도 하나님의 자비로운 은총을 경험한 것이다. 이것으로 뱀의 죄가 얼마나 무서운 것인지 알 수 있다. 아담과 하와를 유혹한 뱀은 하나님의 은총을 기대할 수 없었다.

3:16 남편은 너를 다스릴 것이니라 여자가 받은 또 다른 벌은 남편의 지배를 받는 것이다. 그런데 "너는 남편을 원하고 남편은 너를 다스릴 것이라"라는 말씀은 다소 난해하다. '너는 남편을 원하고'라는 말씀과 '남편은 너를 다스릴 것이라'라는 말씀이 논리적으로 잘 연결되지 않기 때문이다. '원함'과 '다스린다' 사이에는 어떤 연관성이 없다. 이 구절이 어려운 이유는 히브리어 명사 '트슈카'(תשוקה)의 번역이 어렵기 때문이다.

트슈카는 '욕망, 갈망'(desire)을 뜻하는데, 명사형으로는 구약성서에 단 3번 나타난다.(창 3:16, 4:7, 아 7:11) 그런데 특이하게도 창세기 3:16과 4:7은 똑같이, '원함'(트슈카)이라는 명사가 '다스린다'라는 동사와 함께 사용되었다. 4:7은 "죄가 너를 원하나 너는 죄를 다스릴지니라"라는 말씀이다. 4:7에 비추어 볼 때 3:16의 '트슈카'도 긍정적인 의미보다는 부정적인 의미로 사용되었을 것이다. 여자가 남편을 사모하지만 남편이 여자를 다스린다는 뜻이 아니라, 여자가 남자를 조종하기 원하지만 실은 남자가 여자를 지배할 것이라는 의미다. 가톨릭의 공동번역이 이런 의미를 살려서 "(너는) 남편을 마음대로 주무르고 싶겠지만, 도리어 남편의 손아귀에 들리라"라고 번역했다. 원문에 없는 단어들을 사용했다는 의미에서는 상당한 의역이지만, 나름대로 주관을 가진 번역이라고 할 수 있다.

3:16은 남자와 여자 사이의 바람직한 관계, 돕는 배필로서의 이상적이고 동등한 관계, 창조 질서에 따르는 아름다운 관계가 완전히 무너졌음을 의미한다. 서로 경쟁하면서 서로 이기려고 하고 서로 지배하려고 하는 관계가 되었음을 뜻한다. 오늘날 많은 부부가 이런 관계 속에서 살고 있다고 할 수 있다. 서로 사랑하여 결혼했으면서도 막상 결혼 생활을 시작하면 가정의 주도권을 쥐기 위한 눈에 보이지 않는 갈등을 겪는다. 시대와 지역, 그리고 문화에 따라 차이가 있긴 하지만 많은 가정 안에 남편과 아내의 갈등이 있다. 그 갈등의 뿌리가 선악과 사건에 있다는 것이 3:16의 교훈이다.

3:17 땅은 너로 말미암아 저주를 받고 하와만 아니라 아담도 하나님의 벌을 받았다. 죄를 지은 자는 예외 없이 모두 벌을 받는다. 한 가지 흥미로운 것은 아담으로 인해 땅이 저주를 받았다는 사실이다. 인간의 죄로 인해 땅이 저주를 받았다는 것은, 인간으로 인해 인간과 자연의 조화로운 삶이 깨어졌음을 의미한다. 인간의 죄로 인해 인간과 하나님, 인간과 인간, 인간과 자연의 관계가 모두 깨어졌다. 하나님 보시기에 심히 좋았던 창조 질서가 인간의 죄 때문에 모두 무너져 내렸다. 인간의 불순종이 이만큼 무서운 결과를 초래한다는 것이 선악과 사건의 교훈이다. 땅이 받은 저주는 다시 남자의 고통으로 이어진다. 땅은 가시덤불과 엉겅퀴를 내어 남자로 하여금 더욱 많은 땀을 흘리게 만들고(창 3:18), 남자는 힘들게 수고해야만 겨우 먹을 것을 얻을 수 있게 되었다. 이것은 한 가정의 생계를 책임지는 남자의 모습을 연상케 한다. 하나님께서 땅을 저주하시되 인간을 저주하지 않으신 이유는, 인간에게 은총을 베푸실 여지를 남겨두시기 위해서였을 것이다. 여기서 인간에 대한 하나님의 자비와 사랑을 알 수 있다.

3:17 네 평생에 수고하여야 그 소산을 먹으리라 아담은 먹고 살기 위해 땀 흘리고 노력해야 하는 벌을 받았다. 가족을 먹여 살리기 위해 노

심초사 애쓰면서 모든 위험을 무릅쓰는 수고가 남자의 몫이 된 것이다. 이는 가정을 책임진 남자의 실존적 모습으로, 남자라면 누구도 그 굴레를 벗어날 수 없다. 아담이 스스로 선악과를 딴 것이 아니라 여자가 주는 것을 먹었다고 해서, 하나님의 벌을 면할 수는 없었다. 성서는 모르고 지은 죄도 죄라고 말한다. 알고 지은 죄만큼 무겁지는 않지만, 몰라서 그랬다는 말로 죄가 용서되는 것은 아니다. 대표적인 말씀이 누가복음 12:47-48의 "주인의 뜻을 알고도 준비하지 아니하고 그 뜻대로 행하지 아니한 종은 많이 맞을 것이요 알지 못하고 맞을 일을 행한 종은 적게 맞으리라"라는 말씀이다. 아담은 선악과를 먹어서는 안 된다는 것을 하나님께 직접 들었기 때문에, 하나님의 심판을 더더욱 피할 수 없었다.

3:18 가시덤불과 엉겅퀴 아담이 먹을 것을 얻기 위해 고통스럽게 일해야 할 것이라는 사실을 가시덤불과 엉겅퀴가 강조하고 있다. 땅이 가시덤불과 엉겅퀴를 낸다는 말은 땅이 아주 척박하다는 뜻이며, 아담은 그런 땅에서 먹을 것을 얻기 위해 가시덤불과 엉겅퀴와 싸우는 수고를 해야 한다.

3:19 너는 흙이니 흙으로 돌아갈 것이니라 그리고 아담은 흙으로 돌아가는 벌을 받았다. 이것은 인간의 유한성을 강조하는 말씀인 동시에 인간의 죽음을 뜻하는 말씀이다. 하나님은 선악을 알게 하는 나무의 열매를 먹으면 반드시 죽으리라고 말씀하셨다.(창 2:17) 이것은 여자의 말에서도 확인된 사실이다.(창 3:3) 그 죽음이 독약을 먹은 것처럼 즉시 죽는 것은 아니었지만, 인간은 선악과를 먹음으로써 영원히 살지 못하고 반드시 죽어야 하는 존재가 되었다. 하나님께서 아담과 하와를 에덴 동산에서 쫓아내신 이유도, 그들이 스스로 생명 나무 열매를 먹고 영생하는 일을 막기 위해서였다. 이제 인간은 영원히 살아서는 안 되는 존재가 된 것이다. 선악과 사건의 결과 아담은 흙으로 돌아가게 되었다. 인간은 하나님처럼 되기를 원했지만 오히려 흙으로 돌아가게 되었다는 것이 선악과 이야기

의 강조점이다.

3:20 하와라 불렀으니 하나님의 벌이 끝난 후, 아담은 동물들의 이름을 지어준 것처럼 여자의 이름을 지어준다. 아담이 여자의 이름을 지어주었다는 것은 남자가 여자를 지배한다는 상징적인 사건이다. '남편이 너를 다스릴 것이라'(창 3:16)는 여자에 대한 하나님의 벌이 벌써 이루어진 것이다. 그렇게 볼 때 하와가 하나님의 벌을 받기 전까지 단순히 여자 또는 아내로 불린 것은(창 3:1-19), 본래 남자와 여자는 동등한 관계였음을 말하려는 의도가 숨겨져 있다.

아담은 여자의 이름을 하와(חוה)라고 불렀는데 그 이유는 하와가 '모든 산 자의 어머니'가 되었기 때문이다. 하와라는 이름이 '살다'(חיי)라는 동사에서 유래한 것은 확실한 듯하지만, 이름의 의미가 명확한 것은 아니다. 하와는 '살아 있는 것'(living thing) 정도로 번역할 수 있는데, 그렇다면 하와는 삶을 의인화한 이름이다.[22] 한편, 유대인 학자 카수토(Cassuto)는 하와라는 이름의 어원을 '뱀'을 뜻하는 아람어 '히브야'(חויא)에서 찾는다.[23] 카수토는 하와가 아담의 유혹자였음을 상기시키는 이름이라고 한다. 그러면서 '모든 산 자의 어머니'라는 설명은 후대에 첨가된 것이라고 한다. 그러나 카수토의 견해는 그다지 큰 지지를 받지 못하고 있다.

3:21 가죽옷을 지어 입히시니라 선악과를 먹은 아담과 하와는 무화과나무 잎으로 몸을 가렸다. 무척 초라하고 어설픈 모습이다. 하나님은 그런 두 사람에게 가죽옷을 만들어 입히셨다. 그들이 생각지도 못한 은혜를 베푸신 것이다. 이것은 죄인들을 사랑하시는 하나님에 대한 상징적인 모습이다. 하나님은 이처럼 죄인들도 사랑하신다. 하나님의 이 사랑이 결

---

22) Nahum Sarna, *Genesis*(Philadelphia: Jewish Publication Society, 1989), 29.

23) Umberto Cassuto, *From Adam to Noah*(Jerusalem: Magnes Press, 1989), part one, 170.

국 "우리가 아직 죄인 되었을 때에 그리스도께서 우리를 위하여 죽으심으로 하나님께서 우리에 대한 자기의 사랑을 확증하셨느니라"(롬 5:8)라는 말씀의 기초가 되었다. 하나님께서 만들어 주신 가죽옷은 '크토네트'(כרוב)인데, 이는 무릎까지 내려오는 긴 옷으로 때로는 발목까지도 내려왔다.[24]

3:22 생명 나무 열매도 따먹고 영생할까 하노라 선악과를 따먹은 인간은 하나님의 벌을 받아 흙으로 돌아가는 존재, 즉 죽을 수밖에 없는 존재가 되었다. 하나님은 그런 인간이 생명 나무 열매를 먹는 것을 원치 않으셨다. 그래서 하나님은 아담과 하와를 에덴 동산에서 추방하기로 결심하셨다. 금지된 열매를 먹음으로써 영원한 생명이 금지된 것이다.

3:23 땅을 갈게 하시니라 에덴 동산에서 추방된 인간은 땅을 갈았다. 이 역시 인간에 대한 하나님의 벌이 이루어진 모습이다. 밭을 가는 아담의 모습에서 하나님께 불순종한 인간의 고달프고 비참한 삶을 본다. 하나님의 명령을 어긴 인간의 모습이 바로 그런 것이다.

3:24 그룹들과 두루 도는 불 칼을 두어 하나님은 인간을 에덴 동산에서 추방하신 후, 그룹들과 불 칼을 두어 생명 나무를 지키게 하셨다. 이는 죄지은 인간에게 영원한 생명이 금지된 사실을 이중으로 강조하는 것이다. 성서에는 '그룹'(כרוב 케룹)의 모습과 역할에 대한 자세한 설명이 없는데, 그 이유는 그룹이 이스라엘 사람들에게 익숙한 존재였기 때문일 것이다. 여기서는 그룹이 무엇을 지키는 존재로 등장하지만, 사무엘하 22:11, 시편 18:10, 에스겔 10장에서는 하나님이 타시는 병거로 등장한다. 언약궤를 덮은 금으로 만든 속죄소 위에 날개를 편 그룹이 있었으며(출 25:18-20), 지성소와 성소를 구분하는 휘장에도 그룹이 수놓여 있었다.(출 26:31) 또 솔로몬이 지은 성전의 지성소 안에는 감람나무로 만들

---

24) Nahum Sarna, *Genesis*(Philadelphia: Jewish Publication Society, 1989), 29.

어진 그룹이 있었는데, 그 높이와 날개 길이가 각각 십 규빗이었다.(왕상 6:23-26) 그리고 감람나무로 만든 성소 문짝에도 그룹들이 새겨져 있었다.(왕상 6:35) 이처럼 그룹은 성막이나 성소와 관련되어 등장한다. 고대 근동에서는 그룹이 날개 달린 사자 또는 날개 달린 황소 몸에 사람 머리를 한 반인반수의 모습으로 등장한다.[25]

'두루 도는 불 칼'이란 '빙빙 도는 불 칼'이라는 뜻으로, 그룹들이 손에 쥔 칼이 아니라 혼자서 움직이는 무서운 칼이다. 하나님은 생명 나무 열매를 인간들의 손에서 지키기 위해서, 그룹과 불 칼이 이중으로 지키게 하셨다. 두루 도는 불 칼 역시 그룹처럼 이스라엘 사람들에게 잘 알려진 이미지였을 것이다.[26] 그룹과 불 칼은 죄 지은 인간이 영원한 생명을 얻는 일은 절대 불가능하다는 사실을 강조한다.

3:24 생명 나무의 길을 지키게 하시니라 하나님은 그룹과 불 칼로 인간이 생명 나무에 접근하지 못하도록 하셨다. 그러나 생명 나무를 없애 버리지는 않으셨다. 그것은 영원한 생명의 가능성을 인간에게 남겨 놓으신 것을 말한다. 만약 하나님께서 그 가능성을 완전히 봉쇄하기 원하셨다면, 인간의 접근을 막을 것이 아니라 생명 나무 자체를 없애버렸으면 더 간단했을 것이다. 그러나 그렇게 하지 않으신 이유는 생명 나무가 존속되기를 원하셨기 때문이다. 그 결과 "하나님이 세상을 이처럼 사랑하사 독생자를 주셨으니 이는 그를 믿는 자마다 멸망하지 않고 영생을 얻게 하려 하심이라"(요 3:16)라는 말씀이 있게 되었다. 그리고 "오직 이것을 기록함은 너희로 예수께서 하나님의 아들 그리스도이심을 믿게 하려 함이요 또 너희로 믿고 그 이름을 힘입어 생명을 얻게 하려 함이니라"(요 20:31)라는 말씀이 있게 되었다. 생명 나무는 이렇게 예수님과 연결되어 있다.

25) Umberto Cassuto, *From Adam to Noah* (Jerusalem: The Magnes Press, 1989), part one, 175.

26) Nahum Sarna, *Genesis* (Philadelphia: Jewish Publication Society, 1989), 30.

■ 계시 이해: 은유, 상징

창세기 3장의 선악과 이야기는 은유와 상징으로 주어진 계시다. 선악과 이야기 전체는 은유이다. 인간의 실존과 본성에 대한 근본적 질문에 대한 답이 은유로 주어진 것이다. 선악과 이야기는 인간의 '악한 본성'에 대한 설명이며, 인간이 피할 수 없는 숙명인 '죽음'에 대한 설명이며, 고난과 고통이 끊이지 않는 '인생의 고달픔'에 대한 설명이다. 하나님의 형상과 모양을 따라 아름답고 선하게 창조된 인간이 어떻게 악한 본성을 가진 존재가 되었는지, 왜 인간은 고통스런 삶을 살다 결국 죽어야 하는 존재가 되었는지, 왜 인간은 스스로를 구원할 수 없는(스스로 영원한 생명을 얻을 수 없는) 존재인지를 선악과 이야기가 가르쳐 주고 있다.

한편, 선악과 이야기는 악한 영의 존재와 악한 영이 하는 일을 말해준다. 하나님의 뜻을 거스르는 악한 영이 존재하는데, 인간은 그 악마로 인해 하나님의 뜻에 불순종하고 또 감히 하나님의 뜻을 판단하는 존재가 되었다는 것이다. 그러므로 인간은 늘 악한 영을 주의하고 그 유혹에 넘어가지 말아야 한다. 그렇게 볼 때 선악과 이야기는 인간의 '영적 실존'에 대한 설명이기도 하다. 하나님과 악마와 인간을 둘러싼 종교적이고 초자연적인 질문에 대한 답들이, 선악과를 중심으로 한 짧고 단순한 이야기 속에 들어 있다. 이처럼 짧은 이야기에 그렇게 심오한 진리들을 담아 전하는 것은 오직 하나님의 지혜로만 가능한 일이다.

하나님의 명령에 대한 불순종이 곧 악이며 죄이다. 하나님의 뜻을 피조물이 자기의 가치로 판단하여 자기 마음대로 행동하는 것이 모든 죄의 근본이다. 선악과 이야기는 뱀, 아담, 하와, 선악과 등을 이용해서 이 사실을 계시하고 있다. 눈에 보이지 않는 악한 영의 유혹에 넘어간 결과, 인간은 하나님의 뜻을 자신의 주관적 가치에 따라 마음대로 판단하는 본성을 가지게 되었다. 악한 영은 오늘도 계속 인간을 그렇게 유혹하고 있다. 그 유혹은 몹시 달콤해서 인간이 거절하기 힘들며, 매우 교묘해서 인간이 알아차리기 어렵다. 그러므로 인간은 욕망, 욕정, 분노, 시기와 같은 자신의 내면적 죄도 극복해야 하지만, 무엇보다도 자신을 영원한 죽음으로 이끄는 악마의 유혹을 이겨야 한다.

선악과 이야기에는 인간의 영원한 생명에 대한 계시도 은유적으로 들어 있다. 하나님께서 생명 나무에 대한 인간의 접근을 막으셨음에도 불구하고 생명 나무를 없애지 않으신 것은, 인간이 영생을 얻을 수 있는 가능성을 열어두셨다는 말이다. 그리고 이 가능성은 예수님을 통해 현실이 되었다. 생명 나무의 길을 지키는 그룹들과 두루 도는 불 칼은, 예수님이 오시기 전까지 해당되는 이야기다. 예수님의 못 자국 난 손을 잡은 인간은, 그 그룹들과 불 칼을 피해서 생명 나무 열매를 먹을 수 있다. 창세기 3장을 쓴 기자는 예수 그리스도를 상상조차 할 수 없었지만, 성서의 참된 저자이신 하나님은 영원한 생명이라는 문제에 관해서 구약과 신약이 서로 모순되지 않도록 하셨다. 문화적 내용이 아닌 영원한 진리에 관한 한, 성서에는 자기모순이 없다.

선악과 이야기에는 상징도 있다. 뱀은 악한 영을 상징하며, 아담과 하와는 인간을 상징하면서 각각 남자와 여자를 상징한다. 선악과는 인간의 교만한 지혜와 자기중심적 판단을 상징한다. 그 지혜와 판단이 인간을 죽음으로 이끌었다. 한편, 에덴 동산은 하나님 나라를, 생명 나무 열매는 영원한 생명을 상징한다. 그리고 생명 나무를 지키는 그룹들과 불 칼은 인간이 자신의 힘으로는 영원한 생명을 절대로 얻을 수 없음을 상징한다. 그룹들과 불 칼이 지키는 생명 나무 열매는 예수 그리스도의 십자가 사건 이후 예수의 이름을 믿는 자들에게 다시 허락되었다. 예수께서 재림하시는 날 그 일이 완전히 이루어질 것이다.

선악과 이야기를 이렇게 은유와 상징이라는 열쇠로 해석할 때, 선악과 이야기는 오늘날에도 여전히 계속되는 이야기임을 알 수 있다. 악한 영은 여전히 인간을 유혹하면서 하나님께 도전하라고 달콤하게 속삭이고, 인간은 그 달콤한 속삭임에 속아 자신이 마치 하나님인양 행동하는 죄를 짓는다. 모든 인간이 가족 부양과 출산과 같은 실존적 고통을 겪고 있다. 그리고 죽음을 피할 수 있는 인간은 없다. 그런 인간에게 주어진 유일한 소망이 바로 그리스도의 몸 된 교회 안에서 자라고 있는 생명 나무다. 이 사실을 확신한 바울은 '아담으로 인해 죄가 세상에 들어오고 죄로 인해 사망이 들어와 모든 사람이 죄를 짓고 모든 사람이 죽게 되었다'(롬 5:12)라고 하면서, "아담 안에서 모든 사람이 죽은 것 같이 그리스도 안에서 모든 사람이 삶을 얻으리라"(고전 15:22)라고 한다.

4장_
홍수 전 세상

1. 가인과 그 자손(4 : 1-26)

■ 가인의 분노와 살인(4:1-8)

4:1 아담이 그의 아내 하와와 동침하매 하와가 임신하여 가인을 낳
고 이르되 내가 여호와로 말미암아 득남하였다 하니라
4:2 그가 또 가인의 아우 아벨을 낳았는데 아벨은 양 치는 자였고
가인은 농사하는 자였더라
4:3 세월이 지난 후에 가인은 땅의 소산으로 제물을 삼아 여호와께
드렸고
4:4 아벨은 자기도 양의 첫 새끼와 그 기름으로 드렸더니 여호와께
서 아벨과 그의 제물은 받으셨으나
4:5 가인과 그의 제물은 받지 아니하신지라 가인이 몹시 분하여 안
색이 변하니
4:6 여호와께서 가인에게 이르시되 네가 분하여 함은 어찌 됨이며
안색이 변함은 어찌 됨이냐
4:7 네가 선을 행하면 어찌 낯을 들지 못하겠느냐 선을 행하지 아니

하면 죄가 문에 엎드려 있느니라 죄가 너를 원하나 너는 죄를 다스릴지니라

4:8 가인이 그의 아우 아벨에게 말하고 그들이 들에 있을 때에 가인이 그의 아우 아벨을 쳐죽이니라

4:1 하와와 동침하매 에덴 동산에서 추방된 아담과 하와는 아들을 낳았다. 개역성서에서 '동침하매'로 번역된 동사는 히브리어로 '알다'(야다 ידע)라는 뜻이다. 그러므로 직역하면 '아담이 하와를 아니 하와가 임신했다'는 말이 된다. 이는 부부관계를 완곡하게 표현한 것인데, 성서에는 그렇게 직접적으로 언급하기 곤란한 말을 우회적으로 표현하는 경우가 자주 있다.

성서에는 성서의 거룩한 분위기를 훼손시키는 단어나 내용을 직설적으로 언급하지 않고 완곡하게 표현한 곳이 여러 군데 있다. 예를 들면 소변을 '다리 사이의 물'로 표현하는 것이나(왕하 18:27, 사 36:12), 대변보는 일을 '발을 가린다'로 표현한 것 등이다.(삼상 24:3) 이러한 완곡어법은 특히 성적(性的)인 묘사를 해야 하는 경우에 많이 사용되었는데, 직접적인 묘사가 성서의 거룩함을 해칠 수 있기 때문에 손이나 발로 대신했다. 사무엘하 11:8에서 다윗이 우리아에게 '집에 가서 발을 씻으라'고 한 말은 11:11에서 우리아가 다윗에게 '내가 어찌 내 처와 같이 자리이까'라고 한 것과 같은 말이다. 그리고 이사야 7:20에는 아시리아 왕이 쳐들어와서 이스라엘 백성의 머리털과 '발털'을 깎으리라는 말이 있는데 여기서의 '발털'은 '체모'를 의미한다. 역대하 16:12에는 유다 왕 아사가 발에 심한 병이 들었다고 되어 있는데 이 역시 성병을 의미하는 것일 가능성이 크다.

4:1 가인을 낳고 가인(카인 קין)이라는 이름의 뜻은 확실치 않다. 아랍어나 아람어에 기초해 '장인, 기술자, 숙련공'(craftsman, artificer) 등으로 설명하기도 하고, 사무엘하 21:16의 '무게가 삼백 세겔 되는 놋 창

(카인 קַיִן)을 들고'라는 말씀에 기초해 '무기'(weapon)로 설명하기도 한다.[1] 가인의 이름에서 언어유희를 보는 학자들도 있다. '가인을 득남하였다'는 말이 '카니티 카인'(קָנִיתִי קַיִן)이기 때문이다. 두 단어의 어근은 다르지만 발음이 유사하다.

4:1 여호와로 말미암아 득남하였다 '여호와로 말미암아'는 '여호와와 함께' 가인을 낳았다는 뜻으로, 출산에 하나님의 도우심이 있었음을 강조하는 표현이다. 이것은 하나님이 인간의 생명을 주신다는 뜻이다.(창 17:16, 삼상 1:11, 20) 하와는 여기서 가장 거룩한 이름인 '야웨'(יהוה)를 처음으로 불렀다. 그런데 '득남하였다'는 말이 히브리어로 다소 어렵다. '아이'를 얻었다가 아니라 '남자'(אִישׁ 이쉬)를 얻었다고 되어 있기 때문이다. 히브리어 '이쉬'는 2:23에서 볼 수 있듯이 '장년 남자'를 의미하는 것으로, 성서 다른 곳에 출산을 이렇게 표현한 곳은 없다.

4:2 아벨 아담과 하와는 두 번째 아들을 얻고 그 이름을 '아벨'이라 불렀는데 이름에 대한 설명이 없다. 아벨의 히브리어 발음은 '헤벨'(הבל) 이며, 그 어근의 뜻은 '증기, 숨'이다. 여기서 '허무'라는 추상적 의미가 유래했다. 전도서 1:2의 '헛되고 헛되며'를 히브리어로 읽으면 '하벨 하발림'(הבל הבלים)이다. 아벨은 이름처럼 허무하게 생을 마쳤다. 하나님께서 가인의 제사를 받지 않으신 이유로 형에게 살해당했는데, 아벨로서는 무고한 죽음을 당한 셈이다. 가인이 농사짓는 자가 된 것과 달리 아벨은 양치는 자가 되었다.

4:4-5 아벨과 그의 제물은 받으셨으나 가인과 그의 제물은 받지 아니하신지라 아벨과 가인은 똑같이 제물을 드렸지만, 하나님은 아벨의 제

1) Umberto Cassuto, *From Adam to Noah* (Jerusalem: Magnes Press, 1989), part one, 197.

물은 받으시고 가인의 제물은 거절하셨다. 본문에 하나님께서 왜 가인의 제물을 받지 않으셨는지, 가인은 그 사실을 어떻게 알았는지에 대한 설명은 없다. 그 이유는 아마 그것이 이야기의 초점이 아니기 때문일 것이다. 하지만 학자들은 하나님께서 가인의 제물을 거절하신 이유를 알고 싶어 하는데, 그 일이 인류가 최초로 행한 살인의 원인이 되었기 때문이다.

하나님이 아벨의 제물은 받고 가인의 제물은 받지 않으신 이유에 대해서 대략 다음과 같은 설명이 있다. 첫째, 4절의 '처음'이라는 형용사에 주목해 아벨은 제물을 드리되 첫 번째 난 것으로 드렸으나, 가인은 첫 소산이 아니라 보통의 것을 드렸기 때문이라는 설명이다. 이는 아벨의 제물에는 '양의 첫 새끼'라는 말이 있는 반면, 가인의 제물에는 그런 말이 없고 그저 '땅의 소산'이라고 한 것에 주목한 설명이다. 이 말은 곧 아벨은 하나님을 거룩하게 여겨 제물을 성별하여 바쳤으나, 가인은 하나님께 드리는 제사를 대수롭지 않게 여겨 아무것이나 드렸다는 의미로, 그랬기 때문에 하나님께서 아벨의 제물은 받으셨으나 가인의 제물은 받지 않으셨다는 것이다. 가장 보편적인 설명이라고 할 수 있다.

둘째, '제물의 내용'에 주목하는 설명이 있다. 가인은 땅에서 나는 곡식을 제물로 드린 반면, 아벨은 짐승을 드린 사실에 주목하는 것인데, 하나님께서 곡식 제사보다 동물 제사를 더 선호하셨기 때문에 아벨의 것은 받으시고 가인의 것은 받지 않으셨다는 설명이다. 이 설명은 가인 편에서 볼 때 억울한 면이 있다. 가인이 짐승을 아낀 것이 아니라 농부로서 땅의 소산을 드린 것뿐인데, 하나님이 동물 제사를 더 좋아하신다는 이유로 가인의 제물을 받지 않으셨다면 가인으로서는 억울한 일이다. 그래서 이 사건은 농경 사회와 목축 사회의 충돌을 의미하는 것으로, 하나님께서 목축 사회를 이상적인 사회로 택하셨다는 것을 의미한다고 설명하는 학자들도 있다. 히브리 조상들이 반(半) 유목민이었다는 사실을 염두에 둔 설명이다.

셋째, 이유를 묻는 것 자체가 옳지 않다는 입장도 있다. 성서가 그 이유를 설명하지 않는 경우 굳이 그 이유를 밝히려는 것은 옳지 않으며, 이를 하나님의 자유로우신 결정으로 설명하는 것이 더 낫다는 입장이다. 하나님이 원하시면 받고, 원치 않으시면 받지 않을 수 있기 때문에 인간이 그 이유에 대해 왈가왈부하는 것은 옳지 않다는 것이다.

넷째, 신약에 기초해 '믿음'이 이유라는 설명이 있다. 히브리서 11:4에 "믿음으로 아벨은 가인보다 더 나은 제사를 하나님께 드림으로 의로운 자라 하시는 증거를 얻었으니"라는 말씀이 있다. 아벨은 믿음으로 제사를 드렸고, 가인은 그렇지 못했다는 설명이다. 신약의 눈으로 구약을 볼 수는 있지만, 창세기 본문에 '믿음'이라는 단어가 등장하지 않기 때문에 이는 지나치게 신앙적인 해석이라고 할 수 있다.

다섯째, '제물보다 사람'에 주목하는 설명이 있다. '첫 소산이냐 아니냐, 동물이냐 곡식이냐'가 중요한 것이 아니라, '아벨이 바쳤느냐, 가인이 바쳤느냐'가 중요하다는 말이다. 이것은 제물 앞에 '사람'(아벨과 그의 제물, 가인과 그의 제물)이 언급된 사실에 주목한 설명이다. 하나님은 아벨이 무엇을 바쳤든지 아벨의 제물은 받으시고, 가인이 무엇을 바쳤든지 가인의 제물은 받지 않으셨을 것이라는 설명이다. 그 이유는 아벨은 하나님께서 기뻐하시는 사람이었고 가인은 그렇지 않았기 때문이다. 실제로 하나님이 자신의 제물을 받지 않으시는 것을 보고 가인은 몹시 분하여 안색이 변했다. 가인의 성품을 알 수 있는 대목이다. 만약 가인이 하나님을 두려워하는 사람이었다면, 분노하기보다는 자신을 돌아보면서 하나님께서 자기 제물을 받지 않으신 이유를 발견하려고 했을 것이다. 그렇게 하지 않고 분노한 가인에게서 죄의 속성을 볼 수 있다. 그것은 자신의 죄를 깨닫기보다는 남의 탓을 하는 모습이다. 이는 3장에서 아담과 하와가 보인 모습이기도 하다. 이유가 무엇이든지 간에 하나님께 드린 제사가 원인이 되어 인류 최초의 살인이 일어났다는 사실은 아이러니하다.

4:5 가인이 몹시 분하여 안색이 변하니 가인은 질투에 눈이 멀어 극도로 분노했다. 잠언 27:4에 "분은 잔인하고 노는 창수 같거니와 투기 앞에야 누가 서리요"라는 말씀이 있다. 분노는 잔인하고 화는 사람을 삼키

지만 질투가 더 무섭다는 말로, 질투가 가장 파괴적이라는 뜻이다.

4:7 죄가 너를 원하나 너는 죄를 다스릴지니라 4:7은 번역하기 어렵다. 구약성서에서 가장 난해한 본문 중 하나로, 학자들이 한목소리로 해석하기 어렵다고 하는 구절이다. 개역성서의 4:7 번역이 어색한 이유는 우선 원문이 간략하기 때문인데, 그런 원문을 직역하다 보니 더욱 어색하게 되었다. 따라서 4:7은 의미를 살리는 의역이 이해하기에 훨씬 나을 것이다.

4:7은 '죄는 항상 사람을 노리고 있다, 문 앞에 도사리고 있으면서 기회만 있으면 집안으로 침입하려는 그런 존재다, 더군다나 사람 마음속에는 죄를 짓고자 하는 강한 속성이 있다, 그러니 죄 짓지 않는 일은 무척 어렵다, 죄의 속성을 강하게 다스려라'는 의미다. '선한 마음을 품지 않으면 죄가 사람을 다스리게 된다, 악한 마음을 가지고 있으면 결국 죄를 짓게 된다'라는 말로서, 마음에 품고 있는 생각이 말이나 행동으로 표현된다는 뜻이다. 그러나 가인은 하나님의 말씀을 무시했으며, 그 마음속에 있는 죄의 속성을 이기지 못했다. 자신의 마음 문 앞에 도사리고 있던 죄에게 마음 문을 활짝 열어 죄에 굴복했고, 결국은 아벨을 죽이고 말았다. 가인은 하나님의 말씀을 무시하고 자신의 마음을 다스리지 못해 살인죄를 짓고 말았다. 이것은 모든 인간에게 일어날 수 있는 일이다.

4:8 그의 아우 아벨을 쳐죽이니라 가인은 하나님의 말씀을 듣고 하나님의 뜻을 알았지만, 그 뜻을 무시하고 자기 하고 싶은 대로 아우 아벨을 죽였다. 이것이 선악과를 먹은 인간의 전형적인 모습인, 바로 원죄의 모습이다.

하나님의 경고를 무시하고 아벨을 죽인 가인에게서 죄의 유전과 성장을 볼 수 있다. 가인은 선악과를 직접 먹지 않았고, 그의 부모가 먹었다. 그러나 아담과 하와가 먹은 선악과의 죄가 두 사람의 첫 아들인 가인에게 그대로 유전되었다. 이 사실을 밝히는 것이 가인과 아벨 이야기의 진짜 목적일 것이다. 선악과의 죄는 유전되는 것으로, 인류의 조상인 아담과 하와가 이를 먹었으므로 그 자손들은 선악과의 죄로부터 자유로울 수 없다. 한편, 가인과 아벨 이야기에서 죄의 성장을 볼 수 있다. 선악과를 먹은 아담과 하와는 여전히 하나님을 두려워했다. 비록 죄의 책임을 남에게 전가하기는 했지만, 하나님께 분노하거나 하나님께 대항하지는 않았다. 하나님의 명령을 무시하지 않았고 하나님을 두려워하며 숨었다. 그러나 가인은 하나님께 분노하고 하나님께 대항하면서 그 명령을 무시했다. 아담과 하와에 비해 죄의 정도가 더욱 커지고 강해진 것이다. 가인과 아벨 이야기는 이 사실도 함께 전하고 있다.

그런 의미에서 '가인과 아벨 이야기'의 초점은 최초의 살인에 있다기보다는, 선악과로 인한 원죄의 유전과 죄의 성장에 있다고 볼 수 있다. 다시 말해 선악과를 먹은 죄는 아담과 하와에서만 그치는 것이 아니라, 아담과 하와가 낳은 자식들 모두, 즉 인류 전체에 해당된다는 것이다. 그렇게 볼 때 가인은 원죄를 물려받은 인간을 상징한다. 선악과를 먹은 죄인의 모습, 하나님께 불순종하고, 하나님께 분노하는 인간의 모습이 가인에게 투영되어 있다. 그 원죄로 인해 모든 인간의 마음속에 질투와 분노와 불순종과 같은 악한 본성이 들어오게 되었다.

그리고 가인과 아벨 이야기는 하나님의 벌이 실현되는 모습을 보여준다. 아벨은 죽어 흙으로 돌아갔다. 인류 최초의 죽음이 자연사가 아니라 살인에 의한 것이라는 사실은, 앞으로 인간들이 이루어갈 가정과 사회 안에 갈등과 다툼이 있을 것을 미리 보여주고 있다. 한 부모 밑에서 태어난 형제끼리 질투와 분노로 인해 서로 죽일 수 있다면, 남들끼리는 말할 필요도 없다. 물론 모든 인간이 가인처럼 살인하는 것은 아니지만, 모든 인간의 본성 안에 가인의 모습이 들어 있다는 사실은 부인할 수 없다.

■ 하나님의 벌(4:9-15)

4:9 여호와께서 가인에게 이르시되 네 아우 아벨이 어디 있느냐 그

가 이르되 내가 알지 못하나이다 내가 내 아우를 지키는 자니이
까

4:10 이르시되 네가 무엇을 하였느냐 네 아우의 핏소리가 땅에서부
터 내게 호소하느니라

4:11 땅이 그 입을 벌려 네 손에서부터 네 아우의 피를 받았은즉 네
가 땅에서 저주를 받으리니

4:12 네가 밭을 갈아도 땅이 다시는 그 효력을 네게 주지 아니할 것
이요 너는 땅에서 피하며 유리하는 자가 되리라

4:13 가인이 여호와께 아뢰되 내 죄벌이 지기가 너무 무거우니이다

4:14 주께서 오늘 이 지면에서 나를 쫓아내시온즉 내가 주의 낯을 뵈
옵지 못하리니 내가 땅에서 피하며 유리하는 자가 될지라 무릇
나를 만나는 자마다 나를 죽이겠나이다

4:15 여호와께서 그에게 이르시되 그렇지 아니하다 가인을 죽이는
자는 벌을 칠 배나 받으리라 하시고 가인에게 표를 주사 그를
만나는 모든 사람에게서 죽임을 면하게 하시니라

4:9 내가 알지 못하나이다 하나님께서 가인에게 "네 아우 아벨이 어디 있느냐?"라고 물으셨을 때, 가인은 아벨이 어디 있는지 모른다고 대답한다. 가인의 살인을 알고 계셨던 하나님이 그렇게 물으신 이유는, 가인에게 죄를 고백할 수 있는 기회를 주신 것이다. 그러나 가인은 자신의 죄를 고백하기는커녕 도리어 "내가 내 아우를 지키는 자니이까?" 하고 반문한다. 하나님을 두려워하기는커녕 오히려 하나님을 가볍게 여기는 태도이다. 가인의 이 대답을 선악과를 먹은 후 아담의 대답과 비교해 볼 수 있다.(3:9-12) 아담은 하나님께 거짓말하지 않았지만 가인은 거짓말을 하고 있다. 아담은 하나님을 두려워하였지만, 가인은 하나님을 가볍게 여기고 있다. 이는 아담에게서는 볼 수 없었던 죄로, 가인에게 와서 죄가 더 커지고 있음을 알 수 있다.

4:10 네가 무엇을 하였느냐 질문이 아니라 질책으로, 하나님께서 가인을 강하게 꾸짖으시는 말씀이다.

4:11 땅이 그 입을 벌려 이와 같거나 비슷한 표현을 성서 다른 곳에서도 볼 수 있다.(민 16:30, 32, 신 11:6, 시 106:17)

4:10 네 아우의 핏소리가 … 호소하느니라 아벨의 피가 하나님께 부르짖고 있다는 뜻인데, '호소하느니라'(쪼아킴 צֹעֲקִים)는 동사는 히브리어에 드문 분사형(participle)이다. 아벨의 피가 계속 부르짖고 있다는 뜻이다. 하나님은 아벨의 피가 부르짖는 소리를 들으시면서 가인에게 "네 아우 아벨이 어디 있느냐?"라고 물으신 것인데, 가인은 그렇게 뻔뻔한 대답을 했다. 아무리 인간이 자신의 죄를 숨기려 해도, 하나님을 속이는 일은 불가능하다는 것이 성서의 일관된 가르침이다.(렘 17:10, 시 139편, 잠 24:12, 마 10:30, 42, 12:36, 25:31-46)

4:11 네가 땅에서 저주를 받으리니 가인도 하나님께 벌을 받는다. 죄인은 누구나 벌을 받는다. 뱀이 벌을 받았고, 아담과 하와가 벌을 받았다. 가인도 예외가 아니다. 그러나 하나님은 가인을 저주하지는 않으셨다. 대신 땅으로 하여금 가인을 저주하게 하신다. 아담의 죄로 인해 땅이 저주를 받았는데, 가인은 그렇게 저주받은 땅으로부터 저주를 받는다. 가인의 죄가 그만큼 무겁기 때문이다. 후에 하나님은 가인에게 살해당하지 않는 은총을 베푸셨다.(창 4:15) 이것은 저주도 하시고 은총도 베푸시는 모순된 모습이 아니다. 가인은 하나님이 아니라 땅으로부터 저주를 받았다. 하나님으로부터 직접 저주를 받은 뱀은 아무런 은총을 받지 못했다.

4:12 땅이 다시는 그 효력을 … 유리하는 자가 되리라 가인은 땅이 다시는 효력을 주지 아니하는 벌과, 땅에서 피하며 유리하는 자가 되는 벌을 받았다. 아담은 땀을 흘리며 노력하면 땅이 주는 소산을 얻을 수 있

었고 또 땅에 정착해 살 수 있었지만, 가인은 땀을 흘려도 소산을 얻을 수 없고 또 끊임없이 유리해야 하는 훨씬 무거운 벌을 받았다. 여기서 유리한다는 말은 '하나님의 곁을 떠나 하나님을 뵙지 못함'을 의미하는 것으로(창 4:14, 16), 하나님의 돌보심과 보호하심을 얻을 수 없음을 말한다. 아담은 에덴 동산에서 추방당했어도 하나님의 보호 아래 있었다. 그러나 가인의 경우 죄와 함께 벌도 점점 더 무거워지는 것을 볼 수 있다. 가인은 아담과 달리 아무리 수고해도 땅에서 대가를 얻지 못하고, 하나님의 보호하심을 더는 기대할 수 없게 되었다. 이것이 가인이 받은 벌이다. 그런데 가인은 이 두 가지 벌 중에서 하나님의 보호를 받지 못하게 된 것을 더 두려워한다.(창 4:14)

4:13 내 죄벌이 지기가 너무 무거우니이다 가인은 자신의 죄짐이 너무 무겁다고 호소한다. 죄짐은 히브리어로 '아본'(עָוֹן)인데, 아본은 죄(sin)와 벌(punishment)을 모두 의미한다. 죄를 지었으면 벌을 받아야 하며 벌은 죄로부터 나온다는 뜻이다. 여기서 가인이 너무 무겁다고 호소한 것은 땅의 저주보다는 땅에서 유리하는 자가 되는 것이다. 하나님을 멀리 떠나 살면 곧 살해당할 것이라고 두려워한다.

4:14 나를 만나는 자마다 해석하기 곤란한 내용 중 하나다. 인간이라고는 아담, 하와, 가인밖에 없는 상황에서, "나를 만나는 자마다 나를 죽이겠나이다"라고 가인이 염려하고 있다. 기독교 학자들은 주로 따로 존재하던 '가인과 아벨 이야기'가 '아담과 하와 이야기' 뒤에 편집되면서 일어난 현상이라고 설명한다. 원래 가인과 아벨 이야기의 배경은 이미 사람들이 많이 존재하던 상황이었다는 말이다.

그런가 하면 유대인 랍비들은 가인이 동생들을 염두에 두고 한 말이라고 설명한다. 아담과 하와가 앞으로 가인의 동생들을 더 낳을 것인데, 그 동생들이 장성한 후에 가인이 저지른 악행을 듣고 가인에게 피 값을 치르게 한다는 설명이다. 고대 이스라엘에는 한 개인에게 저지른 죄는 그 사람의 친족 전체에게 죄를 지은 것과 같다는 생각이 있었다. 비슷한 이야기가 요압의 요청을 받은 드고아의 여인이 다윗에게 한 말에 있다.(삼하 14:5-7) 실제로 아담은 자식들을 더 낳았기 때문에(창 5:3-4), 가인의 두려움을 그렇게 설명할 수도 있다. 하지만 가인이 한 말의 초점은 이제는 하나님의 보호를 받지 못하는 자의 두려움과 절망이다. 가인을 죽일 자가 누구인가는 부차적인 문제다.

4:15 가인에게 표를 주사 가인의 호소를 들으신 하나님은 가인에게 자비를 베푸신다. 가인이 살해당하지 않을 것이라고 약속하시고, 가인을 죽이는 자는 벌을 일곱 배나 받을 것이라고 한다. 이 일곱이라는 숫자를 문자적으로 이해하기도 하고 의미로 이해하기도 한다. 문자적 이해는 가인을 죽인 자의 가족은 일곱 명이 죽을 것이라는 것이고, 의미적 이해는 가인을 죽인 자는 반드시 철저하게 벌을 받을 것이라는 것이다. 그러면서 하나님은 가인에게 '표'(오트 אות)를 주신다. 그것은 죄 지은 자를 수치스럽게 만드는 표가 아니라 가인을 해치지 말라는 자비의 증표다. 가인은 하나님께 벌을 받고 땅으로부터 저주를 받을 정도로 큰 죄를 지었다. 그러나 하나님은 그런 가인에게도 은혜와 자비를 베푸신다. 아담과 하와의 경우와 마찬가지로 죄 지은 자에 대한 하나님의 은혜가 강조되고 있다. 가인의 경우 호소가 하나님의 은혜와 자비를 얻는 데 중요한 역할을 했다.

■ 가인의 자손(4:16-24)

4:16 가인이 여호와 앞을 떠나서 에덴 동쪽 놋 땅에 거주하더니
4:17 아내와 동침하매 그가 임신하여 에녹을 낳은지라 가인이 성을 쌓고 그의 아들의 이름으로 성을 이름하여 에녹이라 하니라
4:18 에녹이 이랏을 낳고 이랏은 므후야엘을 낳고 므후야엘은 므드사엘을 낳고 므드사엘은 라멕을 낳았더라

4:19 라멕이 두 아내를 맞이하였으니 하나의 이름은 아다요 하나의 이름은 씰라였더라
4:20 아다는 야발을 낳았으니 그는 장막에 거주하며 가축을 치는 자의 조상이 되었고
4:21 그의 아우의 이름은 유발이니 그는 수금과 퉁소를 잡는 모든 자의 조상이 되었으며
4:22 씰라는 두발가인을 낳았으니 그는 구리와 쇠로 여러 가지 기구를 만드는 자요 두발가인의 누이는 나아마였더라
4:23 라멕이 아내들에게 이르되 아다와 씰라여 내 목소리를 들으라 라멕의 아내들이여 내 말을 들으라 나의 상처로 말미암아 내가 사람을 죽였고 나의 상함으로 말미암아 소년을 죽였도다
4:24 가인을 위하여는 벌이 칠 배일진대 라멕을 위하여는 벌이 칠십칠 배이리로다 하였더라

4:16 에덴 동쪽 놋 땅에 가인은 여호와 앞을 떠나 놋(노드 נוד) 땅에 거주했다. 여기의 놋은 상징적인 이름일 것이다. 히브리어 '노드'는 유리한다는 뜻으로, 4:12에서 하나님이 가인에게 벌주실 때 사용하신 단어다.

4:17 아내와 동침하매 이 구절은 '가인의 아내가 누구인가?'라는 의문을 갖게 한다. 그것은 4:14에서 언급한 '가인을 죽일 자'와 같은 맥락의 의문이다. 그래서 그 설명도 같은 방법으로 할 수 있다. 문제를 성서 안에서 해결하려고 하는 입장은, 가인이 나중에 태어난 누이와 결혼했다고 한다. 다른 사람이 있을 수 없기 때문이다. 문제를 성서 밖에서 해결하려는 입장은, 원래 다른 자료에서 온 이야기로 본다. 주로 유대인 학자들이 전자를 지지하고, 기독교 학자들이 후자를 지지한다. 이러한 의문은 본문을 해석하는 과정에서 자연스럽게 제기되는 것이기는 하지만, 본문을 계시로 보고 이를 '은유, 상징, 압축, 전환'으로 해석할 때는 문제가 되지 않는다. 계시의 본질적 요소가 아니기 때문이다.

4:17 가인이 성을 쌓고 가인은 놋 땅에서 성을 쌓고 그 성 이름을 에녹이라고 불렀다. 에녹은 가인의 아들 이름이다. 가인이 성을 쌓았다는 말은 가인이 농경 문화가 아닌 도시 문명을 일으켰음을 의미하는데, 그 이유는 가인과 땅의 관계 때문일 것이다. 가인은 땅에서 저주를 받아 밭을 갈아도 땅에서 아무것도 얻지 못하는 벌을 받았다.(창 4:11-12) 그래서 가인은 자신에게 소용없는 '밭가는 일'보다 '성을 쌓는' 새로운 일을 모색했을 것이다. 그 성으로 인해 문명이 발달했으며 후에 가인의 자손들은 각종 문명의 조상들이 되었다.(창 4:20-22)

4:17의 히브리어 구문을 이야기하면서 가인이 성을 쌓은 후 아들 이름을 따라 에녹이라 부른 것이 아니라, 에녹이 성을 쌓았는데 가인이 그 이름을 에녹이라 부른 것이라는 학자들이 있다.[2] 그러나 꼭 그렇게 봐야 하는 확실한 이유는 없다. 오히려 가인이 성을 쌓았다고 보는 것이 더 자연스럽다. 성의 이름을 '아들의 이름'을 따라 에녹이라고 불렀다는 부분 때문이다.

4:18-22 가인의 자손들 가인의 자손은 '가인-에녹-이랏-무흐야엘-므드사엘-라멕-야발, 유발, 두발가인'으로 모두 7대가 언급되었다. 그리고 7대째 인물인 야발, 유발, 두발가인이 문명의 조상이 되었다.(창 4:20-22) 여기서 7이라는 숫자는 '완성, 전체'를 의미하는 의도적인 숫자로, 가인으로부터 오랜 세월이 지난 후 가인의 자손들이 문명을 일으켰다는 의미다. 창세기 1-11장에 언급된 모든 족보는 '압축'된 것이다. 가인의 자손들에 대한 족보도 마찬가지다. 이 사실은 두발가인의 경우에서 확실히 알 수 있다. 두발가인은 구리와 쇠로 여러 가지 기구를 만들었는데(창 4:22), 이는 청동기시대와 철기시대를 의미한다. 성서는 두발가인과

2) Umberto Cassuto, *From Adam to Noah*(Jerusalem: The Magnes Press, 1989), part one, 229-230. 이희학, 『인간의 죄악과 하나님의 구원행동』(서울: 대한기독교서회, 2003), 169, 주(註) 17 참고.

함께 구리와 쇠를 언급함으로써 단번에 석기시대에서 철기시대로 도약하고 있다. 가인의 자손에 대한 족보는 인류의 등장에서 철기시대까지를 단 7대 안에 압축하고 있다고 말할 수 있다.

가인의 자손 족보에 등장하는 이름의 의미를 파악하려는 연구도 있다. 수메르어, 아카드어, 우가리트어, 아랍어, 심지어 이집트어 등을 총동원해서 비슷한 어원을 찾고, 그를 통해 성서의 이름의 의미를 밝히려고 노력하는 것이다. 카수토(U. Cassuto)가 대표적인 학자다.[3] 그러나 그런 노력에도 불구하고 이름의 의미를 파악하기는 어려우며, 또 본문을 이해하는 데도 큰 의미가 없다.

4:19 라멕이 두 아내를 맞이하였으니 가인의 자손 족보는 에녹, 이랏, 무흐야엘, 므드사엘의 경우 이름만 언급하고 지나가지만, 6대째인 라멕에 대해서는 상세히 언급하고 있다. 라멕의 두 아내는 문명의 조상이 된 아들들을 낳았는데, 라멕의 노래(창 4:23-24)에 두 아내의 이름이 다시 등장한다.

4:20 야발, 가축을 치는 자의 조상 라멕의 아들 야발은 '유목'을 하면서 가축을 치는 자의 조상이 되었다. '장막에 거주하며'라는 말이 유목민임을 가리킨다. 가인의 동생 아벨은 '양'(쫀 צאן)을 치는 자였지만 유목민은 아니었다. 히브리어 '쫀'은 양이나 염소같이 크기가 작은 가축을 의미한다. 그러나 야발은 '쫀'이 아니라 '미크네'(מקנה)를 치는 자였다. '미크네'는 모든 종류의 가축(소, 낙타, 나귀, 염소, 양 등)을 의미한다. '가축을 치는 자의 조상'이라는 말은 야발이 거의 모든 가축을 큰 규모로 길렀다는 의미로서 인류가 육축의 중요성을 알게 되었다는 뜻이다.

4:21 유발, 수금과 퉁소를 잡는 모든 자의 조상 라멕의 아들 유발은

---

3) Umberto Cassuto, *ibid.*, 231-233.

수금과 통소를 잡는 자의 조상이 되었다. 이는 인류 역사 초기부터 음악이 발달했으며 음악이 중요한 의미를 가졌음을 말한다. 수금은 히브리어로 '키노르'(כנור)이며 하프 같은 악기이고, 통소는 '우가브'(עוגב)로 피리 종류의 악기를 말한다.

4:22 두발가인, 구리와 쇠로 여러 가지 기구를 만드는 자 라멕의 아들 두발가인은 구리와 쇠로 여러 가지 기구를 만드는 자가 되었다. 앞 구절로 미루어보아 그런 자들의 조상이 되었다는 의미일 것이다. 두발가인을 히브리어로 보면 '두발'과 '가인'이 합쳐진 이름으로, '두발가인'으로 붙은 것이 아니라 '두발 가인'으로 띄어져 있다. 사르나(N. Sarna)는 '두발'은 아카드어, 수메르어로 '금속공'(metalworker)이며, '가인'은 셈어로 '대장장이'(smith)로서, 셈어 '가인'이 외래어 '두발'을 설명한다고 말한다.[4] 두발가인은 인류가 청동기시대와 철기시대에 들어서 있음을 보여준다. 두발가인이 다룬 '구리'는 히브리어로 '느호셰트'(נחשת)인데, 느호셰트는 실제로 구리와 주석이 합쳐진 청동(bronze)을 의미한다.[5]

야발, 유발, 두발가인에게서 보는 것처럼 가인의 자손이 문명의 조상으로 등장하는 사실이 흥미롭다. 가인이 성을 쌓아 도시 문명을 일으켰다는 이야기 속에는, 문명과 죄의 관계가 암시되어 있다고 볼 수 있다. 가인은 하나님의 경고를 무시하고 무서운 죄를 지었다. 그런 가인의 자손이 문명을 일으켰다는 말은, 문명의 발달과 더불어 죄의 확산이 있을 것을 짐작케 한다. 4:25-26에 아담의 또 다른 자식 '셋'(셰트 שת)이 등장하는데, 만약 문명과 죄가 무관하다면 셋의 자손 역시 문명의 조상으로 언급되었어야 할 것이다. 실제로 야발, 유발, 두발가인을 낳은 '라멕'이 부른 노래에서 가인에 이어 또다시 죄가 자라고 있음을 볼 수 있다.(창 4:23-24)

---

4) Nahum Sarna, *Genesis*(Philadelphia: Jewish Publication Society, 1989), 38. '두발은 곧 가인이다'라는 뜻.

5) Nahum Sarna, *ibid.*, 38.

4:22 나아마 두발가인에 대한 설명 후 두발가인의 누이 나아마의 이름이 등장한다. 그런데 나아마에 대해서는 아무 설명이 없기 때문에, '왜 이름이 언급되었을까?' 하는 의문이 든다. 이에 대해 나아마는 당시 누구나 다 아는 유명한 인물이어서 따로 설명할 필요가 없었을 것이라는 견해가 있다. 나아마의 어근이 '선한, 기쁜, 사랑스러운'이기 때문에, 그녀의 성격이나 아름다움 때문에 유명한 인물이었을 것이라는 설명도 있고,[6] 또 어근에 '노래하다'라는 의미도 있기 때문에 노래로 유명한 인물이었을 것이라는 설명도 있다.[7] 그러나 어느 것도 확실치는 않다. 다른 설명으로 아다의 자식으로 두 명(야발, 유발)이 언급되었으므로, 씰라의 자식도 두 명(두발가인, 나아마)이 언급되었다는 견해도 있다.[8]

4:23 라멕이 아내들에게 이르되 4:23-24는 성서에 처음 등장하는 시(詩)로 '라멕의 노래'라고 불린다. 히브리 시(詩)의 두드러진 특징은 '병행'(parallelism 對句法)인데, 앞 소절과 뒷 소절이 같은 내용의 다른 단어로 반복되는 것이다. 이 라멕의 노래에는 그런 히브리 시의 특징이 잘 나타나 있다.

(1) 아다와 씰라여 내 목소리를 들으라
(2) 라멕의 아내들이여 내 말을 들으라

(3) 나의 상처로 말미암아 내가 사람을 죽였고
(4) 나의 상함으로 말미암아 소년을 죽였도다

(5) 가인을 위하여는 벌이 칠 배일진대

6) Nahum Sarna, *Genesis*(Philadelphia: Jewish Publication Society, 1989), 38.
7) Umberto Cassuto, *From Adam to Noah*(Jerusalem: The Magnes Press, 1989), tr. by Israel Abrahams, part one, 238.
8) Umberto Cassuto, *ibid.*, 238.

(6) 라멕을 위하여는 벌이 칠십칠 배이리로다

1, 2소절의 '아다와 씰라여/라멕의 아내들이여', '내 목소리를 들으라/내 말을 들으라', 3, 4소절의 '나의 상처로 말미암아/나의 상함으로 말미암아', '내가 사람을 죽였고/소년을 죽였도다', 5, 6소절의 '가인을 위하여는/라멕을 위하여는', '벌이 칠 배일진대/벌이 칠십칠 배이리로다' 등이 병행의 예다. 그렇게 볼 때 3, 4 소절의 '사람을 죽였고'와 '소년을 죽였도다'는 같은 사건일 수 있다. 라멕은 자기가 죽인 사람을 어린 애라고 비꼰 것이다.

4:24 칠십칠 배이리로다 라멕의 노래는 원래 따로 존재하던 독립된 노래였다는 견해도 있다. 예를 들면, 전쟁에 출전하는 병사들을 위한 노래였을 것이라는 설명이다. 그런데 지금은 본래의 상황을 알 수 없기 때문에 해석이 어렵다고 한다. 그러나 그런 견해와 상관없이 라멕의 노래에서 볼 수 있는 사실은 죄의 성장이다. 라멕은 자기가 받은 상처를 살인으로 갚았다고 자랑하고 있다. 당한 만큼 복수한 것이 아니라 훨씬 더 심하게 복수한 것을 자랑하고 또 정당화하고 있다. 더군다나 하나님이 정하신 '복수의 정도'인 7배(창 4:15)보다 11배나 큰 것을 자랑하고 있다. 이것은 인간이 하나님을 뛰어넘는 모습으로, 라멕의 노래에 나타난 '분노와 복수와 교만'을 통해 하나님보다 더 높아진 인간의 모습을 볼 수 있다. 라멕의 노래는 세월이 흐르면 흐를수록 선악과의 죄가 점점 더 깊어지고 광범위해지고 있음을 보여준다.

■ 셋과 에노스(4:25-26)

4:25 아담이 다시 자기 아내와 동침하매 그가 아들을 낳아 그의 이름을 셋이라 하였으니 이는 하나님이 내게 가인이 죽인 아벨 대신에 다른 씨를 주셨다 함이며

4:26 셋도 아들을 낳고 그의 이름을 에노스라 하였으며 그 때에 사람들이 비로소 여호와의 이름을 불렀더라

4:25 아담이 히브리어 성서를 보면 지금까지 아담의 이름 앞에 있던 히브리어 정관사 '하'(ה)가 없어졌다. 4:1의 아담도 히브리 성서에서는 '하아담'(האדם the Adam)으로 되어 있다. 지금까지의 아담이 '인류, 사람, 남자'를 의미했다면 여기서부터 아담은 한 개인이 된 것이다. 따라서 4:25의 아담은 개인의 이름으로서, 5장에서 보는 '아담의 족보'를 준비하는 기능을 가지고 있다.

4:25 그의 이름을 셋이라 하였으니 가인으로 인해 아벨을 잃은 아담은 다시 아내와 동침하여 또 다른 아들 '셋'(셰트 שת)을 얻었다. 가인을 얻었을 때는 하와가 자랑스러워했는데(창 4:1), 셋을 얻었을 때는 아담이 하나님께 감사하고 있다. 하와의 목소리가 들리지 않는 이유는 가족이 경험한 불행한 사건 때문일 것이다. 실제로 아담은 '하나님이 내게 가인이 죽인 아벨 대신에 다른 씨를 주셨다'라고 말한다. 셋이라는 이름에는 언어유희가 있다. 하나님께서 '다른 씨를 내게 **샤트**(שת)하셨으므로 내가 그를 **셰트**(שת)라 부르리라'는 것이다.

셋이라는 이름의 어근이 '놓다, 두다'이므로, 셋은 '기초'(foundation)를 의미할 수도 있다. 창세기에 대한 랍비들의 구전해석을 편집한 책인 *Genesis Rabba*(AD 425년경 편집) 20:29는 '셋과 함께 세상의 기초가 새롭게 놓였다'라는 식으로 설명한다.[9]

4:26 에노스라 하였으며 셋은 아들을 낳은 후 그 이름을 에노스라 했다. 에노스라는 이름의 뜻은 아담과 같은 '사람'이다. 이 이름 역시 '아담'(흙)처럼 인간의 약함을 강조하고 있다. 그 어근(אנש)이 '약하다, 아프

9) Nahum Sarna, *Genesis*(Philadelphia: Jewish Publication Society, 1989), 39.

다'라는 뜻이기 때문이다. 그래서 에노스라는 이름은 '죽을 운명의 인간'(mortal man)을 강조하는 것이라는 설명이 있다.[10)]

4:26 여호와의 이름을 불렀더라 셋의 자손들은 여호와(야웨)의 이름을 불렀다. 여호와께 기도했다는 의미일 것이다. 라멕의 노래에서 보듯이 가인의 자손들이 '분노와 살인과 복수와 교만'을 노래했다면, 셋의 자손은 하나님께 기도했다. 죄가 성장하고 확산되는 세상 가운데서도 하나님을 찾은 사람들이 있음을 보여준다. 결국 셋의 자손인 노아가 인류의 구원에 결정적인 역할을 했다. 사르나는 "여호와의 이름을 불렀더라"라는 부분을 해석하면서, '기도는 제사와 별도로 발전했으며, 약한 인간이 기도로 하나님을 의지한 것이며, 유일신론이 인류의 본래 종교였다'라고 말한다.[11)]

■ 계시 이해: 은유, 상징, 압축, 전환

4장의 가인과 아벨 이야기에는 은유와 상징과 압축과 전환이 들어 있다. 가인이 아벨을 죽인 일은 모든 인간은 악한 본성을 가지고 있으며, 누구나 가인처럼 잠재적 살인자라는 사실에 대한 은유적인 가르침이다. 이것을 성서의 용어로 표현하면 아담이 먹은 선악과의 죄가 모든 인간에게 유전된다는 것이다.(롬 5:12, 17-19) 하나님은 가인이 아벨을 죽인 이야기를 통해 인간의 본성에 대한 가르침을 주신다. 학자들은 성서를 해석하면서 하나님께서 가인의 제물을 받지 않으신 이유에 관심을 가지지만, 하나님은 이 이야기를 통해 다른 중요한 가르침을 주신다. 그것은 '하나님의 선택'에 대해 피조물인 인간이 분노하는 모습으로, 바로 그것이 선악

10) Leon R. Kass, *The Beginning of Wisdom*(Chicago: The University of Chicago Press, 2006), 149.
11) Nahum Sarna, *Genesis*(Philadelphia: Jewish Publication Society, 1989), 40.

과를 먹은 인간의 모습이라는 것이다. 하나님이 하시는 일에 인간이 좋고 나쁨을 느끼는 것, 하나님이 하시는 일에 인간이 옳고 그름을 판단하는 것이 바로 원죄다. 그런데 모든 인간이 가인처럼 원죄를 가지고 태어난다는 것이 가인과 아벨 이야기 속에 들어 있는 가르침이다.

가인이 하나님의 경고를 무시한 일이야말로 선악과를 먹은 인간, 원죄에 물든 인간이 보이는 가장 전형적인 모습이다. 사람을 살리려는 하나님의 명령을 무시하고 자기 하고 싶은 대로 하면서 멸망의 길로 가는 인간의 모습이 가인에게 투영되어 있다. 그런 의미에서 가인은 선악과를 먹은 인간에 대한 상징이다. 가인은 모든 인간이 선악과를 직접 먹은 아담의 죄를 이어받아, 선악과를 먹은 자와 같은 모습으로 태어난다는 사실을 보여준다. 한편, 라멕은 하나님보다 높아지려고 하는 인간에 대한 상징이다. 라멕은 하나님이 정하신 벌보다 11배가 되는 벌을 정했다. 하나님께 순종하고자 하는 마음, 하나님을 두려워하는 마음은 조금도 없다. 그는 하나님을 무시하면서 스스로 자기의 주인이 되어 사는 인간의 모습이다. 라멕은 죄의 성장을 상징하는 인물로 볼 수도 있다.

가인이 받은 벌은 원죄에 물든 인간의 또 다른 모습에 대한 은유다. 선악과를 먹은 인간은 점점 더 죄를 지으면서 점점 더 하나님과 멀어진다. 그러면서 점점 더 고통스럽게 살고 두려움에 떨게 된다. 가인의 "나를 만나는 자마다 나를 죽이겠나이다"라는 외침은, 바로 하나님의 보호를 받지 못하는 인간의 두려움을 말하는 것이다. 오직 하나님을 만나는 자만이 그 두려움을 이길 수 있다.

가인의 자손이 문명의 조상이 되었다는 사실은, 인간의 문명 속에 죄의 속성이 숨어 있다는 은유적 가르침이다. 인간이 문명이나 문화를 떠나서 살 수 없고 또 그것이 필요하지만, 그 안에는 하나님께 대적하는 것이 있음을 알아야 한다. 세상 문화가 하나님께 대한 믿음을 생기게 하거나 믿음을 강하게 하는 경우는 없다. 반대로 세상 문화에 빠지면 빠질수록 믿음에 무관심해지거나 믿음이 약해진다.

한편, 가인의 자손 이야기는 전환의 기능도 가지고 있다. 이 이야기를 읽다보면 이들이 신화적 인물들이 아니라 역사적 인물들이라는 생각이 든다. 야발과 유발과 두발가인은 신화 속의 가공인물이 아니라 세상에 실제로 살았던 인물로 생각되는 것이다. 그들이 그렇게 역사적 인물이 되면서 '은유와 상징과 압축'을 통해 주어진 4장의 계시 역시 역사적 사실이 된다. 그것이 창세기 12장 이후 자연스럽게 역사적 이야기로 넘어가게 된다. 그렇게 볼 때 야발, 유발, 두발가인에 대한 이야기는 먼 훗날 아브라함의 등장을 준비하는 기능을 가지고 있다.

가인의 자손에 대한 족보는 압축된 것이다. 인류가 이 땅에 존재한 그 순간부터 청동기, 철기시대까지 백만 년이 더 넘는 장구한 시간을 단 7대의 족보로 압축한 것이다. 그 족보에 등장하는 가인, 에녹, 이랏 등의 인물은 모두 상징적인 인물들이다. 그러므로 그들의 나이를 계산해 아담의 창조 연대를 계산하는 것은 무의미하다. 과학이 발달되지 않아 세상의 참모습을 알지 못하고, 그저 눈에 보이는 세계만 이해할 수 있었던 고대 사람들이 쉽게 이해할 수 있도록, 하나님은 압축이라는 지혜로 영원한 진리를 계시해 주셨다.

2. 아담의 족보와 인간의 수명(5:1-6:4)

■ 아담에서 야렛까지(5:1-20)

5:1 이것은 아담의 계보를 적은 책이니라 하나님이 사람을 창조하실 때에 하나님의 모양대로 지으시되
5:2 남자와 여자를 창조하셨고 그들이 창조되던 날에 하나님이 그들에게 복을 주시고 그들의 이름을 사람이라 일컬으셨더라
5:3 아담은 백삼십 세에 자기의 모양 곧 자기의 형상과 같은 아들을 낳아 이름을 셋이라 하였고
5:4 아담은 셋을 낳은 후 팔백 년을 지내며 자녀들을 낳았으며

5:5 그는 구백삼십 세를 살고 죽었더라
5:6 셋은 백오 세에 에노스를 낳았고
5:7 에노스를 낳은 후 팔백칠 년을 지내며 자녀들을 낳았으며
5:8 그는 구백십이 세를 살고 죽었더라
5:9 에노스는 구십 세에 게난을 낳았고
5:10 게난을 낳은 후 팔백십오 년을 지내며 자녀들을 낳았으며
5:11 그는 구백오 세를 살고 죽었더라
5:12 게난은 칠십 세에 마할랄렐을 낳았고
5:13 마할랄렐을 낳은 후 팔백사십 년을 지내며 자녀들을 낳았으며
5:14 그는 구백십 세를 살고 죽었더라
5:15 마할랄렐은 육십오 세에 야렛을 낳았고
5:16 야렛을 낳은 후 팔백삼십 년을 지내며 자녀를 낳았으며
5:17 그는 팔백구십오 세를 살고 죽었더라
5:18 야렛은 백육십이 세에 에녹을 낳았고
5:19 에녹을 낳은 후 팔백 년을 지내며 자녀들을 낳았으며
5:20 그는 구백육십이 세를 살고 죽었더라

5:1 이것은 아담의 계보를 적은 책이니라 창세기 5장은 '아담의 족보'다. 아담에서 노아까지 이르는 '홍수 전 십대(十代)' 족보로서, 이 10대를 인류의 조상이라고 할 수 있다. 한편, 창세기 11장에는 노아의 아들 셈에서 아브라함의 아버지 데라까지 이르는 '홍수 후 십대(十代)'에 대한 족보가 있다.[12] 그렇게 볼 때 창세기 5장의 족보는 창세기 11장의 족보와 짝을 이룬다고 할 수 있다. 아담의 족보는 매우 규칙적인 틀을 가지고 있다. 십대(十代) 모두 '누가 몇 살에 장남을 낳고, 장남을 낳은 후 몇 년을 더 살다가 몇 살에 죽었다'라고 되어 있다. 아담의 족보는 온 세상 사람이

12) 십대(十代) 족보의 또 다른 예를 룻기 4:18-22에 있는 베레스에서 다윗까지의 족보에서 볼 수 있다.

같은 조상에서 나왔다는 사실을 밝히고 있다. 이것은 창세기 1-2장에서 보는 내용을 다시 한 번 확인시켜 주는 것이다.

아담의 족보에서 보는 특징 중 하나는 사람들의 수명이 무척 길다는 것이다.(평균 908살) 일반적으로 그들이 아주 이상적인 시대를 살았기 때문에 그렇게 오래 살 수 있었다고 설명한다. 아담의 자손들이 신화적 인물이나 신적인 존재여서 수명이 긴 것이 아니라, 그들이 살았던 시대에는 누구나 오래 살았다는 것이다. 1922년 바빌론에서 발견된 '수메르 왕 계보'에 따르면, 홍수 이전에 다섯 도시가 세워져 모두 여덟 명의 왕이 수메르를 다스렸는데 그 통치 기간을 합치면 24만 1200년이나 된다.[13] 주전 3세기에 살았던 바빌로니아 사제 베로수스(Berossus)가 헬라어로 쓴 '바빌로니아 역사'를 보면, 홍수 이전에 바빌로니아를 다스린 열 명의 왕은 모두 합쳐서 43만 2000년을 다스렸다.[14] 홍수 이전에 사람들의 수명이 아주 길었다는 생각이 메소포타미아에 퍼져 있었음을 알 수 있는 내용이다.

하지만 아담 자손들의 경우는, 사람들이 오래 살면서 많은 자녀를 낳았음을 강조하기 위한 것으로 설명할 수 있다. 이것은 "생육하고 번성하여 땅에 충만하라"(창 1:28)는 하나님의 명령에 근거한 것이다. 땅에 충만할 정도로 번성하기 위해서는 자손을 많이 낳아야 하고, 자손을 많이 낳아 기르기 위해서는 오래 살아야 한다. 그러므로 아담의 족보에서 보는 긴 수명을 "생육하고 번성하여 땅에 충만하라"는 하나님의 명령과 관계된 것으로 보는 것이 좋다. 사람이 오래 살면서 자식을 많이 낳아야 세상의 인구가 많이 증가할 수 있기 때문이다. 실제로 아담의 족보가 끝난 후 사람들이 땅 위에 번성했다는 말이 나온다.(창 6:1) 사람의 수명은 6:3에 이르러 비로소 120년이 된다.

13) Michael Kerrigan, *The Ancients in Their Own Words*(London: Amber Books, 2009), 16-17. '에리두(Eridu)에는, 알룰림(Alulim)이 왕이었다. 그는 2만 8800년을 다스렸다. 알라가르(Alagar)는 3만 6000년을 다스렸다.'

14) Nahum Sarna, *Genesis*(Philadelphia: Jewish Publication Society, 1989), 40-41.

참고로 말하면, 아담의 족보에 나오는 이름은 가인의 족보에서 보는 이름과 상당히 비슷하다.(게난-가인, 마할랄렐-므후야엘, 야렛-이랏, 에녹-에녹, 므두셀라-므드사엘, 라멕-라멕)

가인 족보		아담 족보
가인	————	게난
에녹		마할랄렐
이랏	————	야렛
므후야엘		에녹
므드사엘		므두셀라
라멕		라멕
야발		노아

5:2 그들에게 복을 주시고 그들의 이름을 사람이라 일컬으셨더라 학자들은 창세기 1장을 '제사 문서'(P), 2장을 '야웨 문서'(J)라고 한다. 그런데 창세기 5:1-2에서 두 문서가 연결된 것을 볼 수 있다. 5:1-2에서 '하나님이 사람을 하나님의 모양대로 창조하시고 그들에게 복을 주셨다'라는 것은 1:26-27에서 보는 제사 문서의 내용이고, '하나님께서 남자와 여자의 이름을 사람이라고 하셨다'라는 것은 2:7에서 보는 야웨 문서의 내용이다. 창세기 기자는 5:1-2에서 제사 문서와 야웨 문서를 연결하고 있다.

5:3 자기의 모양 곧 자기의 형상과 같은 아들을 낳아 아담은 자기와 같은 모양과 형상을 가진 아들 '셋'(셰트 שׁת)을 낳았다. 자기를 꼭 닮은 아들을 낳았다는 말로서, 셋을 보면 아담의 아들이라는 것을 알 수 있다는 뜻이다. 이 말이 단순히 아담과 셋의 외모가 닮았음을 강조하는 것은 아닐 것이다. 왜냐하면 하나님이 인간을 창조하실 때 쓰신 '모양과 형상'이라는 똑같은 단어가 사용되었기 때문이다. 셋이 아담의 형상과 모양을

가졌다는 말은, 셋이 하나님의 형상과 모양을 가졌음을 강조하는 내용으로 보인다. 아담이 하나님의 형상을 가졌고, 셋이 아담의 형상을 가졌으므로, 셋은 결국 하나님의 형상을 가진 것이다. 그러므로 5:3은 모든 인간 속에 하나님의 형상과 모양이 있음을 말하고 있다. 바울은 로마서 1:19에서 '하나님을 알 만한 것이 모든 사람들 속에 있다'라고 말한다.

셋에게서 보듯이 모든 인간은 아담처럼 하나님의 형상과 모양을 가지고 있다. 동시에 인간은 가인에게서 보듯이 선악과를 먹은 죄인의 속성도 가진 존재다. 다시 말해서 모든 인간은 하나님의 형상을 가진 존재인 동시에 선악과를 먹은 죄인이다.

5:4 팔백 년을 지내며 자녀들을 낳았으며 아담은 셋을 낳은 후 800년을 더 살면서 자녀들을 낳았다. 이 '자녀들을 낳았다'는 말은 창세기 5장에서 무려 9번이나 반복된다.(창 5:4, 7, 10, 13, 16, 19, 22, 26, 30) 창세기 5장을 읽는 사람은 자연스럽게 사람들이 많이 늘어난 세상을 상상하게 된다. 이처럼 아담의 자손들이 홍수 이전에 장수한 이유는, 자녀들을 많이 낳는 일과 관계가 있다.

5:6-20 셋, 에노스, 게난, 마할랄렐, 야렛 셋에서 야렛까지 5세대는 '누가 몇 살에 장남을 낳고, 장남을 낳은 후 몇 년을 더 살다가 몇 살에 죽었다'는 전형적인 틀 외에는 다른 내용이 없다. 이름의 어원을 설명하거나 수명의 숫자적 의미를 찾아보려는 노력도 있지만 거기에 큰 의미는 없다. 바울은 디모데에게 '신화와 족보에 끝없이 몰두하지 말 것'을 권면한다.(딤전 1:4) 이 말은 구약성서에 등장하는 인물에 대한 후대의 전설이나 족보로 인한 논쟁을 피하라는 말이지만, 아담의 족보에 등장하는 이름의 뜻과 수명의 의미를 찾으려는 지나친 노력에도 해당된다고 할 수 있다.

■ 에녹에서 노아까지(5:21-32)

5:21 에녹은 육십오 세에 므두셀라를 낳았고
5:22 므두셀라를 낳은 후 삼백 년을 하나님과 동행하며 자녀들을 낳았으며
5:23 그는 삼백육십오 세를 살았더라
5:24 에녹이 하나님과 동행하더니 하나님이 그를 데려가시므로 세상에 있지 아니하였더라
5:25 므두셀라는 백팔십칠 세에 라멕을 낳았고
5:26 라멕을 낳은 후 칠백팔십이 년을 지내며 자녀를 낳았으며
5:27 그는 구백육십구 세를 살고 죽었더라
5:28 라멕은 백팔십이 세에 아들을 낳고
5:29 이름을 노아라 하여 이르되 여호와께서 땅을 저주하시므로 수고롭게 일하는 우리를 이 아들이 안위하리라 하였더라
5:30 라멕은 노아를 낳은 후 오백구십오 년을 지내며 자녀들을 낳았으며
5:31 그는 칠백칠십칠 세를 살고 죽었더라
5:32 노아는 오백 세 된 후에 셈과 함과 야벳을 낳았더라

5:21 에녹은 육십오 세에 아담으로부터 일곱 번째 세대인 에녹의 경우, 다른 인물들과 다른 점이 몇 가지 있다. 첫째, 그의 수명은 상당히 짧아서 365세를 살았으며, 둘째, 그는 하나님과 동행하는 사람이었으며, 셋째, 하나님께서 그를 데려가셨다는 것이다. 이는 모두 다른 인물들에게서 볼 수 없는 내용이다.

학자들은 에녹을 '수메르 왕 계보'에 나오는 홍수 전 일곱 번째 왕 '엔멘두르안나'(Enmenduranna)와 비교하기도 한다. 엔멘두르안나는 시파르(Sippar)의 왕으로서, 메소포타미아 전승에 의하면 태양신(Shamash) 앞에 앉을 수 있는 사람이었다. 태양신과 긴밀한 관계를 가졌다는 뜻으

로, 엔멘두르안나는 태양신으로부터 점치는 법과 점성술, 수학 등을 전수 받았다.[15)]

5:23 삼백육십오 세를 살았더라 에녹은 365년을 살았다. 이를 태양력 1년과 연관짓는 것은 지나친 해석이다. 고대 이스라엘은 월력(月曆)을 사용했기 때문이다. 그리고 에녹이라는 인물을 태양신과 연관시키기 어려운 이유는, 창세기 1-11장에서 태양은 그저 하나의 피조물이기 때문이다.

5:24 하나님과 동행하더니 에녹은 하나님과 동행하는 사람이었다. 이것은 하나님과 특별히 가까운 사람이었음을 나타내는 말로서, 하나님의 뜻에 온전히 순종하는 사람이었다는 뜻이다. 6:9에 "노아는 의인이요 당대에 완전한 자라 그는 하나님과 동행하였으며"라는 말씀이 있는데, 이 말씀에 기초해 '하나님과 동행하는 사람'은 의인 또는 완전한 자를 가리키는 말이라고 할 수 있다. 말라기 2:6에 "그(레위, 참 제사장)의 입에는 진리의 법이 있었고 그의 입술에는 불의함이 없었으며 그가 화평함과 정직함으로 나(하나님)와 동행하며"라는 말씀이 있다. 말라기 2:6의 '나와 동행하며'와 창세기 5:24의 '에녹이 하나님과 동행하더니'가 히브리어로 조금 다르긴 하지만 그 의미는 같다.

5:24 하나님이 그를 데려가시므로 다른 인물과 달리 에녹은 죽었다는 표현이 없다. 대신 하나님이 그를 '데려가셨다'(라카흐 לקח)라고 한다. 이 말의 사전적 의미는 '취하다'(take)인데, 사르나(W. Sarna)는 이 말을 죽음에 대한 완곡한 표현으로 생각한다.[16)] 다른 여러 곳에서 '라카흐'가 죽음을 의미하는 것으로 사용되었기 때문이다. 에스겔 24:16에 "인자야

15) Nahum Sarna, *Genesis*(Philadelphia: Jewish Publication Society, 1989), 43.
16) Nahum Sarna, *Genesis*(Philadelphia: Jewish Publication Society, 1989), 43.

내가 네 눈에 기뻐하는 것을 한 번 쳐서 빼앗으리니"라는 말씀이 있는데, 여기서 '빼앗으리니'라는 말이 히브리어로 '라카흐'다. 하나님께서 에스겔에게 '내가 네 아내를 데려가겠다'고 말씀하신 것이다. 그리고 그날 저녁에 에스겔의 아내가 죽었다.(겔 24:18) 이처럼 하나님이 데려가신다는 표현이 사람의 죽음을 의미하는 경우가 있다.

요나 4:3에서도 같은 경우를 볼 수 있다. 니느웨 성에 대한 하나님의 자비를 몹시 싫어한 요나는 하나님께, "내 생명을 거두어 가소서"라고 요청한다. 여기서 '거두어 가다'라는 말이 '라카흐'다. 요나는 '라카흐'라는 동사를 이용해서 죽음을 요청한 것이다. 그렇게 보면 '에녹이 죽었다'라는 말 대신에 '하나님이 에녹을 데려가셨다'라는 말이 사용된 이유는, 에녹이 갑작스럽게 죽었거나 또는 상대적으로 일찍 죽은 이유가 하나님의 벌이 아니었음을 설명하기 위한 표현일 수 있다. 에녹이 하나님과 동행하는 사람이었다는 말이 두 번이나 있는 것이 그것을 뒷받침한다.

그러나 이 말이 에녹이 죽지 않고 승천했음을 밝히는 표현이라는 주장에도 성서적 근거가 있다. 열왕기하 2장에서 엘리야가 승천한 것처럼 에녹도 승천했다는 것이다. 열왕기하 2:10에서 엘리야는 엘리사에게, "나를 네게서 데려가시는(라카흐) 것을 네가 보면 그 일이 네게 이루어지려니와"라고 말한다. 이 말은 엘리사가 엘리야에게 요청한 '두 몫'(장자의 몫, 신 21:17)에 대한 대답이다. 이때 엘리야가 사용한 단어도 '라카흐'다. 엘리야는 죽지 않고 승천한 것이 분명하므로(왕하 2:11, 16-17), 같은 '라카흐'라는 동사에 근거하여 에녹도 엘리야처럼 승천했다는 설명도 가능하다. 실제로 유대인 전승에서 에녹은 신비한 인물로 인식되어, 제1 에녹서, 제2 에녹서같이 에녹의 이름을 가진 묵시문학 책들이 생겨났다.

'하나님이 데려가셨다'는 말의 의미와 상관없이, '에녹이 죽었다'는 표현이 없음에 주목할 필요가 있다. 성서가 하나님과 동행하며 살았던 에녹의 특별한 운명을 밝히고 있기 때문이다. 성서는 에녹을 통하여 하나님과 동행하는 자가 경험하는 특별한 은총을 강조한다. 그것은 죽음에 대한 초월로, 이는 예수 그리스도의 부활과 승천을 통해 온전히 이루신 일이다. 그렇게 볼 때 하나님께서 에녹에게 하신 일은 장차 그리스도를 통해 이루실 일의 모형으로 이해할 수 있다. 물론 유대인들은 이렇게 생각하지 못한다. 그들은 구약성서만 믿기 때문이다. 그러나 신구약성서 전체가 한 권의 책이며 한 분 하나님의 말씀임을 믿는 사람은, 에녹과 예수 그리스도를 연결할 수 있다. 알파와 오메가이신 하나님의 뜻 안에서 성서의 모든 사람과 모든 사건이 서로 연결되기 때문이다.

5:25 므두셀라는 에녹은 가장 짧게 살았지만 에녹의 아들 므두셀라는 가장 오래 살았다. 므두셀라의 수명은 969년이다.

5:28 라멕은 라멕은 므두셀라의 아들로 아담의 9대째 후손이 된다. 가인의 자손 중 6대째 후손인 라멕과 이름이 같다. 라멕은 홍수 전 십대(十代)의 마지막 인물인 노아를 낳았으며, 777년을 살았는데 에녹 다음으로 짧게 산 것이다.

5:29 이름을 노아라 하여 라멕은 아들을 낳아 노아라고 불렀다. 노아는 '안식, 위로'라는 뜻이다. 라멕은 아들을 낳은 후 '땅에서 수고스럽게 일하는 우리를 이 아들이 위로할 것이라'는 의미로 노아라고 불렀다.

5:29 여호와께서 땅을 저주하시므로 라멕은 노아의 이름을 지어주면서, 땅이 하나님께 저주받은 사실을 언급한다.(창 3:17) 콤즈(E. Combs)는 창세기 1-5장에서 하나님이 가혹한 분이라는 인상을 가지는 것은 옳지 않다고 하면서, 라멕의 말을 글자 그대로 이해할 것이 아니라 인간의 죄로 인해 땅이 저주받은 사실을 기억할 필요가 있다고 한다.[17]

17) E. Combs, "Has YHWH Cursed the Ground? Perplexity of Interpretation in Genesis 1-5," *Ascribe to the Lord*(Sheffield: JSOT Press, 1988), 286.

5:32 셈과 함과 야벳을 낳았더라 노아는 셈과 함과 야벳을 낳았고, 이들은 홍수 후에 온 세상 사람들의 조상이 되었다.(창 10장)

■ 인간 수명의 단축(6:1-4)

6:1 사람이 땅 위에 번성하기 시작할 때에 그들에게서 딸들이 나니

6:2 하나님의 아들들이 사람의 딸들의 아름다움을 보고 자기들이 좋아하는 모든 여자를 아내로 삼는지라

6:3 여호와께서 이르시되 나의 영이 영원히 사람과 함께 하지 아니하리니 이는 그들이 육신이 됨이라 그러나 그들의 날은 백이십 년이 되리라 하시니라

6:4 당시에 땅에는 네피림이 있었고 그 후에도 하나님의 아들들이 사람의 딸들에게로 들어와 자식을 낳았으니 그들은 용사라 고대에 명성이 있는 사람들이었더라

6:1-4 사람이 땅 위에… 명성이 있는 사람들이었더라 6:1-4는 난해한 구절이다. 많은 주석이 '창세기에서 가장 어려운 구절, 수수께끼 같은 구절, 어렵기로 악명 높은 구절'이라고 할 정도다. 어쩌면 성서 전체를 통틀어 가장 해석하기 어려운 말씀일 수도 있다. 이 구절의 해석이 어려운 이유는, 우선 6:2와 6:4의 '하나님의 아들들'과 '사람의 딸들'이 누구인지 확실치 않기 때문이다. 그리고 이 구절의 핵심을 알기 어렵기 때문이다. 죄악이 가득한 사실에 대한 이야기인지, 인간의 수명에 대한 이야기인지, 네피림의 기원에 대한 설명인지, 타락한 천사 이야기인지 확실치 않다. 그리고 노아 홍수와의 관계도 명확치 않다.

6:1-4에 대한 해석으로 대략 다음과 같은 견해들이 있다. 첫째, 이 구절이 고대 신화의 흔적이라는 것이다.[18] 이 구절은 마치 홍수 이야기의

18) 남성 신들과 인간 여성들이 결혼하는 이야기는 고대 신화에서 많이 발견된다. 우

서언처럼 보이는데, 그 안에 '신과 인간의 결혼'이나 '거인족 용사의 탄생' 같은 고대 신화에 흔한 주제가 들어가 있다는 것이다. 그래서 해석이 어렵다는 설명이다. 그러나 이 구절을 고대 신화의 흔적이라는 달로 쉽게 지나갈 수는 없다. 이 구절 역시 하나님의 계시로 영원한 진리가 들어 있기 때문이다.

둘째, 6:1-4의 말씀이 세상에 죄악이 만연한 사실을 강조한다는 것이다. 이 견해의 근거는 6:2의 "하나님의 아들들이 사람의 딸들의 아름다움을 보고 자기들이 좋아하는 모든 여자를 아내로 삼은지라"라는 말씀이다. 하나님의 아들들이 '아름다움'을 보고 사람의 딸들을 아내로 삼은 것은 욕정을 따라 결혼한 것이며, '좋아하는 여자'를 취했다는 것은 자기 마음대로 결혼했다는 것이다. 이 설명은 '신적 존재'와 '인간적 존재'의 결혼은 금지된 일이라는 전제가 깔려 있다. 6:1-4는 그렇게 금지된 결혼, 욕정에 따른 무질서한 결혼으로 인해 온 세상에 죄가 퍼졌음을 강조하는 이야기라는 설명이다. 6:5의 "여호와께서 사람의 죄악이 세상에 가득함과 그의 마음으로 생각하는 모든 계획이 항상 악할 뿐임을 보시고"라는 말씀을 볼 때, 이 견해는 어느 정도 설득력이 있다.

셋째, 6:1-4의 말씀이 네피림의 기원에 대한 설명이라는 것이다. 이 견해의 근거는 6:4의 "당시에 땅에는 네피림이 있었고 그 후에도 하나님의 아들들이 사람의 딸들에게로 들어와 자식을 낳았으니 그들은 용사라 고대에 명성이 있는 사람들이었더라"라는 말씀이다. 네피림의 갑작스런 등장이 바로 이야기의 핵심이라는 것인데, 이 설명의 단점은 네피림이 그 다음에 나오는 홍수 이야기와 무관하다는 것이다. 또 그들이 세상에 만연한 죄악과 관련된 존재였다는 근거도 없다. 성서 전체를 통틀어 네피림이

가리트 신화에 '엘'(El)이 인간의 딸 둘을 신부로 삼고 아들들을 낳는 이야기가 있다. 우가리트는 시리아에 있으며 엘은 우가리트 신화의 최고신이다. 엘이 인간 여성들을 통해 낳은 아들들도 후에 신이 되었다. 페니키아 신화에도 비슷한 내용이 있으며, 그리스 신화에 특히 이런 이야기가 많다. 거인족 용사의 탄생 역시 고대 메소포타미아에서 보편적인 이야기였다.

직접 언급된 경우는, 가나안 땅을 정탐한 자들이 '가나안 땅에서 네피림의 후손인 아낙 자손의 거인들을 보았는데 그들과 비교할 때 우리는 스스로 보기에도 메뚜기와 같았다'라고 말하는 민수기 13:33뿐이다.

하지만 6:1-4를 인간 수명에 대한 설명으로 보는 것이 제일 타당할 것이다. 그 이유는 바로 앞 5장에서 천년 가까이 산 사람들이 언급되어 있는데, 사람들이 계속 천년 가까이 살 수는 없기 때문이다. 이 견해의 근거는 6:3의 "여호와께서 이르시되 나의 영이 영원히 사람과 함께하지 아니하리니 이는 그들이 육신이 됨이라 그러나 그들의 날은 백이십 년이 되리라 하시니라"라는 말씀이다. 실제로 홍수 후에 사람들의 수명이 급격히 줄었다. 그래서 창세기 11장에 있는 '셈의 후손 십대(十代)'(셈에서 아브라함까지)의 평균 수명은 317세에 불과하다. 이것은 창세기 5장에 있는 '아담의 후손 십대'(아담에서 노아까지)의 평균 수명 908세에 비해 아주 짧은 것이다. 아브라함의 할아버지 나홀은 148세(11:24-25), 아버지 데라는 205세(11:32), 아브라함은 175세에 죽었다.(창 25:7-8)

창세기 1-11장은 세상을 크게 홍수 이전과 홍수 이후로 구분하면서 양자 간에 큰 차이가 있음을 강조한다. 그 중 하나가 인간의 수명이다. 홍수 이전 사람들은 천년 가까이 살았지만 홍수 이후 사람들은 그보다 훨씬 짧게 살았다. 6:1-4는 그에 대한 설명이다. 만약 이 구절이 없었다면 창세기 1-11장을 읽는 사람들은 홍수 후에 사람의 수명이 급격히 짧아진 것에 대해 의문을 가졌을 것이다. 또는 홍수 이전 사람들이 그렇게 오래 살았던 것을 비현실적이라고 생각했을 것이다. 홍수 이전과 이후 사람들의 수명이 너무 차이가 나기 때문이다.

6:1-4는 이와 같은 의문점을 해소하기 위한 장치로, 이 구절을 이해하는 중요한 열쇠는 6:3의 '하나님의 영'이다. 6:3은 하나님의 영이 사람과 함께 하느냐 아니냐에 따라 인간의 수명이 크게 차이가 난다고 한다. 이 말씀은 지나가는 이야기처럼 슬쩍 언급되었지만, 홍수 이전과 이후 인간 수명의 큰 차이를 분명하게 설명하고 있다. 6:1-4를 읽은 사람은 홍수 이후 사람의 수명이 짧아진 것에 의문을 가지지 않는다. 그렇게 된 이

유가 6:1-4에서 설명되었기 때문이다.

6:2 하나님의 아들들이 사람의 딸들의 아름다움을 보고 '하나님의 아들들'과 '사람의 딸들'에 대해 다음과 같은 견해들이 있다. 첫째, 하나님의 아들들은 '천사들'이라는 것이다. 이 견해는 욥기 1:6, 2:1, 38:7, 시편 29:1, 89:7 등에서 보는 '하나님의 아들들, 신들의 아들들'이라는 용어에 기초한 것이다. 그러나 그렇게 볼 때 심각한 문제가 있다. 성서 다른 곳에서 천사들이 인간과 결혼한다는 내용을 전혀 볼 수 없기 때문이다. 그 비슷한 내용조차 발견할 수 없다.

둘째, 하나님의 아들들은 하나님께 반란을 일으킨 '타락한 천사들'이라는 것이다. 이것은 신구약 중간기 문학, 외경, 위경 등에서 볼 수 있다. 에녹 1서(1 Enoch) 6-19장을 보면 반란을 주도하는 타락한 천사들이 언급되어 있는데, 특히 6장은 천사들, 곧 하늘의 아들들이 사람의 딸들을 보고 '이들을 부인으로 취하자'고 말하는 것으로 시작된다. 이 구절은 창세기 6:1-4의 영향을 받은 것이 분명하다. 에녹 1서는 주전 2세기에서 주후 1세기 사이에 에티오피아어로 기록된 묵시문학이다.

셋째, 하나님의 아들들은 '지배자들'이라는 것이다. 성서에는 '엘로힘'(하나님)이 지배자의 뜻으로 사용된 곳이 있다. 예를 들면 출애굽기 4:16에서 하나님은 모세를 아론에게 '엘로힘' 같이 되게 하시는데, 여기서 엘로힘은 '지배자, 주인'(ruler, master)의 의미다. 그리고 출애굽기 7:1에서 하나님은 모세를 바로에게 '엘로힘' 같이 되게 하시는데, 여기서 엘로힘은 '지배력'(rulership)을 의미한다. 이런 말씀에 근거해서 6:2의 하나님의 아들들을 지배자들로 보면서(삼하 7:14, 시 2:7 참고), 그들이 욕망에 따라 강제로 많은 부인을 두었다고 설명하는 것이다. 이것은 전통적으로 하나님의 아들들을 사람으로 보는 유대인들의 주석이다. 그들은 천상적 존재가 인간과 결혼하는 일은 있을 수 없다고 믿었기 때문에, 6:2, 4의 하나님의 아들들을 아예 '지배자의 아들들'(the sons of the rulers)로 번역하기도 한다.[19] 이 설명의 약점은 하나님의 아들들을 지배자로 본다면 '사람의 딸들'은 피지배자나 평민의 딸이 되는데, 여기에 대한 성서적 근거가 매우 약한 것이다.

넷째, 하나님의 아들들은 셋의 후손이며, 사람의 딸들은 가인의 후손이라는 것이다. 경건한 셋의 후손들이 타락한 가인의 후손들과 결혼함으로써, 점차 죄를 짓게 되고 결국 세상이 죄악으로 물들게 되었다는 설명이다. 이전에는 많은 기독교 주석가들이 이 견해를 지지했지만 오늘날은 그렇지 않다. 한편, 이와는 반대로 '하나님의 아들들'은 가인의 후손을, '사람의 딸들'이 셋의 후손을 의미한다는 주장도 있다.[20)]

다섯째, 하나님의 아들들과 사람들의 딸들은 '거인족 신화의 흔적'이라는 것이다. 이것은 신과 인간이 결혼해 거인족이 생겼다는 고대 근동의 신화가, 창조 질서가 무너진 예로 사용되었다는 설명이다. 오경에는 질서를 중시하여 혼합을 금하는 명령들이 있다. 가축을 다른 종류와 교미시킬 수 없고(레 19:19), 여자는 남자의 의복을 입지 못하고 남자는 여자의 의복을 입지 못하며(신 22:5), 포도원에 두 종자를 섞어 뿌리지 못하며(신 22:9, 레 19:19), 소와 나귀를 겨리하여 갈지 못하며(신 22:10), 양 털과 베 실로 섞어 짠 것을 입을 수 없었다.(신 22:11, 레 19:19) 이런 말씀에 비추어 볼 때 하나님의 아들들과 사람의 딸들이 결혼한 것은 창조 질서의 타락이 분명하다. 천상적 존재와 인간이 결혼하는 것은 노아시대의 타락상을 보여주는 명백한 증거인데, 고대 근동의 거인족 신화가 그 목적으로 사용되었다는 것이다.

그러나 6:1에서 살펴본 설명에 기초해서 하나님의 아들들과 사람의 딸들을 다르게 설명할 수도 있다. 그것은 하나님의 아들들이 6:3에서 보는 '하나님의 영이 함께하는 자들', 즉 수명이 긴 사람들이라는 것이다. 구체적으로 말하면 하나님의 아들들은 창세기 5장에 있는 아담의 족보 중 그 이름이 나타난 십대(十代)를 의미한다. 그렇게 본다면 사람의 딸들

19) Meir Zlotowitz, *Bereishis*(Brooklyn: Mesorah, 1986), vol. 1(a), 181, 187.

20) 이희학, 『인간의 죄악과 하나님의 구원행동』(서울: 대한기독교서회, 2003), 206.

이란 아담의 자손 중 창세기 5장에 이름이 없는 다른 자손들의 딸들을 의미한다. 다시 말하면 하나님의 아들들과 사람의 딸들이 결혼했다는 말은, 창세기 5장에서 이름이 언급된 아담의 직계 자손들이, 이름을 모르는 방계 자손의 딸들을 아내로 취했다는 것이다.

창세기 5장을 보면 아담은 셋을 낳은 후에 다른 자식들도 더 낳았다.(창 5:4) 130세에 셋을 낳고 800년을 더 살면서 자식들을 낳았으므로 이름을 알 수 없는 자녀들을 더 많이 낳은 것이 분명하다. 그리고 아담은 딸들도 낳은 것이 분명하다. 개역성서는 5:4를 그저 "팔백 년을 지내며 자녀들을 낳았으며"라고 번역했지만, 히브리어로는 '아들들'(바님 בנים)과 '딸들'(바노트 בנות)을 낳았다고 되어 있다. 단순히 자녀들이 아니라 아들들과 딸들을 낳은 것이다. 아담만 아들들과 딸들을 낳은 것이 아니라, 아담의 직계 후손들 모두가 아들들과 딸들을 낳았다. 그래서 5장에는 '아들들과 딸들을 낳았다'는 표현이 무려 9번이나 등장한다.(창 5:4, 7, 10, 13, 16, 19, 22, 26, 30) 그러므로 히브리어 성서를 읽으면 6:1의 '딸들'이라는 표현이 낯설지 않다. 앞에서 이미 많은 딸들이 태어났기 때문이다. 이것은 6:1-4가 그 뒤에 나오는 방주 이야기의 시작이 아니라 그 앞에 나오는 아담의 족보의 마무리라는 설명이다. 성서의 장이 주후 13세기에 나누어진 것을 생각하면 이것은 무리한 설명이 아니다.

6:3 육신이 됨이라 육신이라는 말은 히브리어 '바사르'(בשר flesh)를 번역한 것으로, 여기서는 인간의 유한성, 연약함을 의미한다. 인간이 육신이 되었기 때문에 수명이 120년이 될 수밖에 없다는 말이다. 현대 히브리어의 '바사르'는 주로 쇠고기를 의미한다.

6:3 백이십 년이 되리라 120년은 인간의 육신과 관계된 수명으로 홍수 후에 사람의 수명이 급격히 줄어들 것을 시사하고 있다. 900년 이상 살았던 인간의 수명이 이제 곧 급격히 줄어들 것이라는 암시이다. 족장들까지는 대부분 120세 이상을 살았으나(아브라함 175세, 사라 127세, 야곱

147세, 요셉 110세), 그 후의 인물들은 거의 120세를 넘지 못했다.(모세 120세, 여호수아 110세, 아론 123세) 피터센(D. L. Petersen)은 “백이십 년이 되리라”라는 말씀에 기초해서, 6:1-4의 중요한 기능은 인간의 수명이 120년이 되었다는 ‘인간의 질서’(human cosmos)를 밝히는 것이라고 한다.[21]

6:4 네피림 네피림은 특별한 신체 조건을 가진 인물들로서 용사, 또는 거인을 뜻한다.[22] 여기서 네피림을 언급한 것은 홍수 이전 시대의 신비감을 보여주기 위한 의도로 보인다. 네피림의 어원을 히브리어 ‘나팔’(נפל 떨어지다)에서 찾기도 하는데, 그렇다면 네피림의 의미는 ‘떨어진 자, 쓰러진 자’(the fallen ones)가 된다. 그러나 본문의 흐름상 좋은 설명으로 보기는 어렵다.

6:4 그들은 용사라 하나님의 아들들과 사람의 딸들이 결혼하여 낳은 자식들은 용사들이 되었다. 이 역시 홍수 이전 시대의 신비감을 보여주는 내용인 듯하다.

■ 계시 이해: 압축, 상징, 전환

아담의 족보를 이해하는 열쇠는 압축이다. 아담에서 노아에 이르는 10세대는, 대략 인류의 선사시대(先史時代)를 압축한 것으로 이해할 수 있다. 선사시대란 인류가 문자를 발명해 역사를 기록하기 전 시대를 의미한다. 창세기 1-11장을 읽으면 홍수 이전 시대와 이후 시대가 아주 다르다는 것을 알 수 있다. 홍수 이전 이야기에는 개인이 주인공으로 등장하

---

21) D. L. Petersen, Genesis 6:1-4, “Yahweh and the Organization of the Cosmos,” *Journal for the Study of the Old Testament*, vol. 13(1979), 55.

22) 요르단 동쪽에 살았던 거인족의 이름을 민수기 13:33, 신명기 2:10-11, 20-21, 3:11에서 확인할 수 있다.(네피림, 아낙 자손, 에밈, 르바임, 삼숨밈)

고 태고의 신비로운 분위기가 나타난다. 사람들이 천년 가까이 살고, 하나님의 아들들, 사람의 딸들, 네피림 등과 같이 신화에나 나올 듯한 단어들이 등장한다.(창 2-6장을 생각해 보라.) 그러나 홍수 이후 이야기는 분위기가 아주 다르다. 70개에 이르는 나라와 민족들이 등장하고 사람들의 수명이 줄어들면서 태고의 신비한 분위기가 사라진다. 그러면서 성서를 읽는 독자들은 신비로 가득 찬 아득히 먼 옛 시대가 끝나고, 현실적인 나라와 민족들이 등장하는 새로운 시대가 시작됨을 자연스럽게 알게 된다. 편의상 홍수 전 시대를 선사시대, 홍수 후 시대를 역사시대(약 BC 3000년경 이후)로 이해할 수도 있을 것이다.

아담의 족보는 인류가 등장한 이래 나라와 민족들이 생기기까지의 시간을 압축한 것으로, 대략 인류의 등장부터 청동기시대에 이르는 시간이 압축된 것이다. 인류의 등장을 플라이오세(Pliocene 약 500－180만 년 전) 시기로 보든지, 현생 인류의 직계라는 '호모 사피엔스 사피엔스'가 등장했다는 3만 5000년 전으로 보든지 상관없이, 아담의 족보는 인류의 선사시대를 담고 있다. 인류의 기원에 대한 과학적 지식이 전혀 없었던 구약시대 사람들을 위해서 그런 식으로 설명한 것이다. 하나님은 구약시대 사람들이 이해할 수 있도록 설명하셨다. 하나님은 인류가 등장한 이래 나라가 등장하기까지의 장구한 세월을 단 10세대로 압축하는 지혜를 보여주셨다.

인류 기원에 대한 탐구는 19세기 중엽까지 거의 형이상학적 범주에 속한 일이었다. 좋게 말하면 철학적 사안이었고 나쁘게 말하면 상상이었다는 뜻이다. 19세기 중엽까지 고고학이 발달되지 않았기 때문에, 인류의 화석에 대한 과학적 연구가 불가능했다. 과학적 근거가 없는 인류의 기원에 대한 탐구는, 철학이나 상상이 될 수밖에 없다. 인류 기원에 대한 과학적 연구는 19세기 후반에 들어 비로소 시작되었으며, 그 후 고고학의 발전과 더불어 많은 화석이 연구되었다. 그러나 고고학적, 과학적 지식이 많이 쌓였음에도 불구하고, 지금까지 인류의 기원은 상당 부분 가설로 남아 있다. 확실한 이론을 세우기에는 그 증거가 아직 많이 부족하기 때문이다.

현대인이 그럴진대 구약시대 사람들은 말할 것도 없다. 그들은 인류의 기원에 대해 아무것도 알 수 없었다. 누가 알려주었다고 해도 이해하지 못했을 것이다. 과학적 차원의 인류학적, 고고학적 지식이 없었기 때문이다. 그들에게 인류의 기원에 대해 과학적으로 설명하는 것은 아무런 의미가 없다. 연못에 사는 개구리가 바다를 이해할 수 없는 것처럼 이해할 수 없는 설명은 무의미하다. 그래서 하나님이 고대인이 이해할 수 있는 수준으로 인류의 기원을 설명하신 것이 창세기 5장이다. 하나님은 수십만 년 내지 수만 년에 해당되는 시간을 단 10세대로 압축하는 지혜를 보이셨고, 구약시대 사람들은 이를 잘 이해했다. 아담의 족보에 나타난 숫자에 의하면 아담부터 노아 홍수까지는 1656년에 불과하다. 이 숫자를 기초로 인류의 선사시대를 1656년간이라고 말하는 것은 성서의 계시를 오해한 것이다. 창세기 5장은 이 시대 사람들이 거의 천년 가까이 살았다고 한다. 그 말의 의미는 사람들이 숫자 그대로 천년 정도 살았다는 것이 아니라, 홍수 이전 시대, 즉 인류의 선사시대에 해당되는 기간이 상상할 수 없을 정도로 길었다는 말이다. 그 말을 창세기 5장은 사람들이 상상할 수 없을 정도로 오래 살았다는 말로 표현한 것이다.

한편, 아담의 족보는 모든 인류가 하나의 조상, 한 뿌리에서 나왔음을 밝히고 있다. 흑인종, 황인종, 백인종 할 것 없이 그 조상은 같다는 것이다. 피부 색깔에 따른 인종의 구분은 나중에 생긴 일이며, 원래 인류의 뿌리는 하나다. 이 사실은 많은 것을 시사한다. 그 중 하나가 인종 차별이 있을 수 없다는 것이다. 모든 인종이 같은 조상을 가지고 있기 때문에 인종 차별이란 결국 가족을 미워하는 것이다. 그것은 하나님이 세우신 창조 질서가 아니다.

아담과 그 자손들은 인류의 아주 먼 조상을 상징한다. 민족과 국가가 형성되기 이전 시대, 즉 선사시대 사람들을 말하는 것이다. 노아 홍수가 선사시대와 역사시대를 구분하는 기준이다. 그리고 에녹은 구원에 대한 상징이다. 에녹은 하나님과 동행하는 자는 죽음을 피한다는 사실을 가르쳐준다. 에녹은 하나님과 동행하는 자, 즉 신앙의 인물을 상징하면서 구원의 길을 보여준다. 에녹을 통해 인류 구원에 대한 하나님의 계획이 태고에 이미 존재하고 있었음을 알 수 있다.

사람의 수명이 120년이 될 것이라는 내용은 전환이다. 이제 신비롭고 비역사적인 고대가 끝나고, 현실적이고 역사적인 시대가 곧 시작될 것을 암시한다. 이 말씀은 '홍수 이전' 선사시대에서 '홍수 이후' 역사시대로의 전환을 준비하는 것이다. 창세기 1-11장에는 전환이라는 장치가 여기저기 들어 있다. 이것은 태초라는 신비롭고 아득히 먼 옛날과 아브라함이라는 후대의 역사적 인물을 자연스럽게 연결하기 위한 방법이다.

창조라는 태초와, 인간의 등장이라는 태고와, 아브라함의 선택이라는 후대 역사를 잇는 이런 전환의 장치가 없었다면, 창세기 1-11장은 역사와 무관한 신화 같은 이야기가 되어 버렸을 것이다. 만약 그랬다면 창조주 하나님과 역사를 주관하시는 하나님 사이에 단절이 일어났을 것이다. 창세기 1-11장이 아브라함이 등장하는 창세기 12장 이후와 연결될 수 없다면, 창조와 구원이 분리되어 창조주가 역사를 주관하면서 인간을 구원한다는 신앙이 성립되기 어려웠을 것이다. '하나님이 누구시기에 우리를 구원하시느냐? 하나님이 과연 우리를 구원할 수 있느냐?'와 같은 질문들이 제기되었을 것이다. 전환의 개념을 통해 창조가 역사와 연결되었기 때문에, 창조주가 구원하신다는 믿음과 창조주이기 때문에 구원하실 수 있다는 믿음이 하나가 될 수 있었다. 그런 의미에서 전환은 창세기 1-11장을 이해하는 데 반드시 필요한 개념이다.

5장_ 홍수와 그 결과

1. 사람의 죄악과 노아 방주(6:5-22)

■ 죄악의 만연(6:5-8)

6:5 여호와께서 사람의 죄악이 세상에 가득함과 그의 마음으로 생각하는 모든 계획이 항상 악할 뿐임을 보시고
6:6 땅 위에 사람 지으셨음을 한탄하사 마음에 근심하시고
6:7 이르시되 내가 창조한 사람을 내가 지면에서 쓸어버리되 사람으로부터 가축과 기는 것과 공중의 새까지 그리하리니 이는 내가 그것들을 지었음을 한탄함이니라 하시니라
6:8 그러나 노아는 여호와께 은혜를 입었더라

6:5 사람의 죄악이 세상에 가득함과 6:5-8은 홍수 이야기의 서론에 해당된다. 홍수 이야기는 사람들의 악한 생각과 행동이 세상에 널리 퍼졌다는 말로 시작된다. 이것은 홍수가 사람의 죄악에 대한 하나님의 심판이라는 것을 미리 말하는 것이다. 하나님은 사람의 죄악이 세상에 가득하고, 사람이 생각하는 모든 것이 악한 것을 보셨다. 선악과를 먹은 아담의

후손들이 시간이 흐르면 흐를수록, 그 수가 많아지면 많아질수록 더 큰 죄를 짓는 모습을 보셨던 것이다. 이것은 창조 후에 '모든 것이 하나님 보시기에 심히 좋았더라'(창 1:31)는 말씀과 크게 대조된다. 사람의 악한 생각과 행동은 아담과 하와의 불순종과 책임전가, 가인의 질투와 반항과 살인, 라멕의 보복과 교만 등으로 드러났다.

6:6 한탄하사 마음에 근심하시고 하나님은 사람의 죄가 나날이 자라가고 사람이 나날이 악해지는 것을 보고 한탄하시고 근심하셨다. 인간에 대해 철저히 실망하고 슬퍼하시면서, 인간을 멸하기로 결심하신다. 하나님을 근심하시게 한 인간은 결국 그 죄로 인해 하나님의 심판을 받게 되었다.

6:7 지면에서 쓸어버리되 하나님은 인간을 지면에서 쓸어버리기로 결심하셨다. 여기서 '쓸어버리되'는 히브리어 동사 '마하'(מחה wipe)를 번역한 것으로, 마하는 '닦다, 지우다'라는 뜻이다. 이 말에서 멸망시킨다는 의미가 나왔다. '쓸어버리되'는 닦아서 완전히 없애버린다는 말로서, 홍수를 염두에 둔 단어라고 할 수 있다. 이 말에서 심판에 대한 하나님의 단호한 의지를 볼 수 있다.

6:8 노아는 여호와께 은혜를 입었더라 그러나 노아만은 하나님의 마음에 들었다. 그는 하나님의 뜻을 따라 사는 의로운 사람이었기 때문이다.(창 6:9) 노아와 은혜라는 단어에는 언어유희가 있다. 히브리어로 '노아'(노아흐 נח)의 자음을 거꾸로 하면 '은혜'(헨 חן)가 된다.

■ 노아의 방주(6:9-22)

6:9 이것이 노아의 족보니라 노아는 의인이요 당대에 완전한 자라 그는 하나님과 동행하였으며

6:10 세 아들을 낳았으니 셈과 함과 야벳이라
6:11 그 때에 온 땅이 하나님 앞에 부패하여 포악함이 땅에 가득한지
라
6:12 하나님이 보신즉 땅이 부패하였으니 이는 땅에서 모든 혈육 있
는 자의 행위가 부패함이었더라
6:13 하나님이 노아에게 이르시되 모든 혈육 있는 자의 포악함이 땅
에 가득하므로 그 끝 날이 내 앞에 이르렀으니 내가 그들을 땅
과 함께 멸하리라
6:14 너는 고페르 나무로 너를 위하여 방주를 만들되 그 안에 칸들을
막고 역청을 그 안팎에 칠하라
6:15 네가 만들 방주는 이러하니 그 길이는 삼백 규빗, 너비는 오십
규빗, 높이는 삼십 규빗이라
6:16 거기에 창을 내되 위에서부터 한 규빗에 내고 그 문은 옆으로
내고 상 중 하 삼층으로 할지니라
6:17 내가 홍수를 땅에 일으켜 무릇 생명의 기운이 있는 모든 육체를
천하에서 멸절하리니 땅에 있는 것들이 다 죽으리라
6:18 그러나 너와는 내가 내 언약을 세우리니 너는 네 아들들과 네
아내와 네 며느리들과 함께 그 방주로 들어가고
6:19 혈육 있는 모든 생물을 너는 각기 암수 한 쌍씩 방주로 이끌어
들여 너와 함께 생명을 보존하게 하되
6:20 새가 그 종류대로, 가축이 그 종류대로, 땅에 기는 모든 것이 그
종류대로 각기 둘씩 네게로 나아오리니 그 생명을 보존하게 하
라
6:21 너는 먹을 모든 양식을 네게로 가져다가 저축하라 이것이 너와
그들의 먹을 것이 되리라
6:22 노아가 그와 같이 하여 하나님이 자기에게 명하신 대로 다 준행
하였더라

6:9 노아는 의인이요 당대에 완전한 자라 노아는 '의로운'(짜딕 צדיק) 사람이었으며 '완전한'(타밈 תמים) 사람이었다. 히브리어 '짜딕'은 '의로움'을 뜻하고 '타밈'은 '흠이 없음'을 뜻한다. 이 의롭고 완전함으로 인해 노아는 '하나님과 동행하는 자'로 표현되었는데, 이것은 5:24에서 에녹에게 주어진 표현과 같다. 노아를 제외한 다른 사람들은 모두 부패하고 포악했다.(창 6:11)

6:10 셈과 함과 야벳이라 셈, 함, 야벳은 노아의 세 아들로, 5:32에서 이미 언급되었다. 이들은 홍수 후에 모든 나라와 민족의 조상이 된다.(창 10장)

6:11 온 땅이 하나님 앞에 부패하여 사람들이 죄를 지어 땅에 죄악이 만연한 상태를 땅이 부패했다는 말로 표현한다. 부패라는 말은 히브리어 '샤하트'(שחת)를 번역한 것인데 6:11-12에서 세 번이나 사용되었다. 이는 땅이 철저하게 부패하였음을 강조하는 것이다. 부패하고 썩은 것을 그냥 둘 수는 없다.

6:11 포악함이 땅에 가득한지라 여기서 '포악함'(하마스 חמס)은 폭력이 난무했다는 의미로, 무법천지가 되어 아름다웠던 창조 질서가 완전히 무너졌음을 의미한다.

6:12 모든 혈육 있는 자의 행위가 부패함이었더라 노아가 살던 시대는 하나님의 형상과 모양을 따라 창조된 인간의 본성이 극도로 부패한 때였다. 그래서 하나님은 세상을 쓸어버리기로 결심하셨다. 땅의 부패와 인간의 부패가 하나님께서 행하신 심판의 이유다. 이 시대 사람들의 행위가 부패했다는 말은, 노아가 '하나님과 함께 길을 걷는 자였다'라는 것과 대비되는 표현이다. '혈육 있는 자'는 6:3의 '육신'과 같은 단어다.(창 6:3 참고) 개역성서가 '바사르'를 6:3에서는 '육신'으로, 6:12-13에서는 '혈

육 있는 자'로 번역했다.

6:13 끝 날 히브리어 '케츠'(קֵץ end)를 번역한 것이다. 정해진 시간의 끝이라는 의미로, 구약성서에 많이 사용된 단어이며 후에 종말론에서 중요한 단어가 되었다.

6:14 고페르 나무 하나님은 노아에게 '고페르'(גפר) 나무로 방주를 만들라고 명령하셨다. 고페르는 내구성이 강해 배를 만들기에 좋은 나무였을 것이다. 고페르가 어떤 나무인지 확실히 모르기 때문에, 삼나무(아람어 번역), 잣나무(개역한글), 전나무(공동번역) 등으로 번역하기도 하지만 고페르(개역개정)라고 음역하기도 한다.[1)]

6:14 방주를 만들되 방주는 히브리어로 '테바'(תבה)인데, 테바는 상자 또는 궤를 말한다. 모세의 어머니 요게벳이 모세를 '갈대 상자'에 담아 나일 강가 갈대 사이에 두었는데, 이 갈대 상자가 바로 히브리어로 '테바'다. 그래서 노아의 방주는 엄격하게 말해 배가 아니라 커다란 상자 모양이라는 주장도 있다. 구약성서에서 방주라는 말은 노아 홍수 이야기와 모세 이야기에만 등장한다.(출 2:3, 5) 노아가 방주를 얼마동안 만들었다는 이야기는 성서에 없다.

6:15 네가 만들 방주는 이러하니 노아가 만든 방주는 3층 구조로(창 6:16), 길이가 약 150m(삼백 규빗), 너비가 약 25m(오십 규빗), 높이가 약 15m(삼십 규빗)였다. 1 규빗은 약 45-50cm이다.

---

1) '고페르'를 사이프러스(cypress) 나무로 생각하는 학자들도 있다. 고대에 사이프러스로 배를 많이 만들었기 때문이다. 그러나 사이프러스는 히브리어로 '베로쉬'(ברוש)라는 단어가 따로 있으므로, 고페르를 사이프러스로 보기는 어렵다.(베로쉬에 관해 삼하 6:5, 호 14:9 참고)

6:16 거기에 창을 내되 여기서 창은 히브리어로 '쪼하르'(צהר)인데, 구약성서 전체를 통틀어 여기에만 등장하는 단어다. 쪼하르는 '창문' 또는 '지붕'이라는 뜻인데 지붕이라는 번역을 선호하는 학자들도 있다.[2] 그러나 8:6에 근거하면 '창문'이라고 번역하는 것이 옳다. 8:6에서는 분명히 창문을 뜻하는 '할론'(חלון)이 사용되었기 때문이다. 8:6의 '할론'에 의하면 6:16의 '쪼하르'는 지붕이 아니라 창문이다.

6:17 내가 홍수를 땅에 일으켜 6:17에 처음 등장하는 홍수라는 단어는 히브리어로 '마불'(מבול)이다. 마불은 구약성서에 모두 열세 번 등장하는데, 열두 번이 창세기 6-11장에 나오며 나머지 한 번은 시편 29:10에 있다.("여호와께서 홍수 때에 좌정하셨음이여") 마불은 엄청나게 큰 홍수를 의미한다. 창세기 7:11의 '하늘의 창문들이 열린다'라는 표현을 1:7의 '궁창 위의 물'과 연결시켜서, 마불은 천상의 물이 쏟아지는 우주적인 사건을 의미하는 특별한 용어라고도 한다. 하나님은 엄청나게 큰 우주적 홍수를 통해 땅 위에 있는 모든 생물을 멸하기로 작정하셨다. 히브리어로 단순한 홍수를 의미하는 단어는 '셰테프'(שטף) 또는 '셰쩨프'(שצף)다. 개역성서는 '셰테프'를 잠언 27:4에서 '창수', 시편 32:6에서 '홍수', 나훔 1:8에서 '범람하는 물'로 번역했다.

6:18 내가 내 언약을 세우리니 언약이라는 말은 히브리어로 '브리트'(ברית)다. 홍수가 시작되기 전에 하나님은 노아와 더불어 언약(계약)을 맺고, 노아와 그 가족들을 홍수에서 구원하실 것을 약속하신다. 하나님께서 노아와 맺으신 언약은 성서에 처음 나오는 언약이다. 하나님은 홍수가 그치고 나서 노아와 그 아들들과 언약을 맺으시며 무지개를 그 증거로 주셨다.(창 9:8-13) 이렇게 노아와 첫 언약을 맺으신 하나님은 후에 아브라

2) J. F. Armstrong, "A Critical Note on Genesis VI 16aα," *Vetus Testamentum 10* (1960), 332-333.

함, 모세와도 언약을 맺으시고 이스라엘을 '언약 백성'으로 만드셨다. 하나님은 다윗과도 언약을 맺으셨다.(삼하 23:5)

6:18 너는 네 아들들과 네 아내와 네 며느리들과 함께 노아와 더불어 방주에 들어간 사람은 노아의 아내, 세 아들과 며느리들이었다. 하나님은 노아의 가족 여덟 명만 구원하신 것이다. 5장의 족보를 계산해 보면, 노아의 아버지 라멕은 홍수가 나기 5년 전에 죽었으며, 노아의 할아버지 므두셀라는 홍수가 나던 해에 죽었다. 그리고 노아의 세 아들은 홍수가 날 때 거의 100살에 가까웠으나 자식이 있었다는 말이 없다. 이것은 노아의 가족 외에 옛 사람들은 모두 죽고 홍수 이후에 새로운 사람들이 세상을 이루었음을 암시한다.

6:19 암수 한 쌍씩 방주로 이끌어들여 노아의 가족과 함께 모든 생물이 암수 한 쌍씩 방주에 들어갔다. 새와 가축과 땅에 기는 모든 것이 암수 한 쌍씩 들어갔다.(창 6:20) 그러나 이어지는 7:2에서는, 정결한 짐승은 암수 일곱씩, 부정한 것은 암수 둘씩 방주에 들어갔다고 한다. 앞으로 살펴볼 홍수 이야기의 두 자료설이 여기에서 시작된다.

6:21 먹을 모든 양식을 네게로 가져다가 저축하라 하나님은 노아에게 사람과 짐승들이 먹을 양식을 준비하라고 명령하셨다. 이때까지는 식물이 사람과 짐승들의 음식이었다.(창 1:29-30, 9:3) 노아는 하나님의 명령을 따라 가족과 동물들이 먹을 양식을 마련했다.

6:22 명하신 대로 다 준행하였더라 아직 비가 내리지도 않고 비가 올 것 같지도 않은 상황에서, 홍수에 대비해 거대한 방주를 만들라는 하나님의 명령에 순종하기는 쉽지 않은 일이다. 그러나 노아는 하나님의 명령에 의문을 가지지 않고 순종함으로써, '의인이요 당대에 완전한 자며 하나님과 동행한 자'(창 6:9)임을 증명했다.

■ 계시 이해: 상징

창세기 6장에는 상징이 들어 있다. 홍수는 심판에 대한 상징이며, 방주는 구원에 대한 상징이다. 노아와 그 가족은 구원받는 자들에 대한 상징이다. 인간의 죄는 반드시 벌을 받는다는 사실은 창세기 3장 '선악과 사건' 때부터 분명하게 밝혀져 있다. 그 사실이 홍수 사건을 통해 완벽하게 드러난다. 하나님께서 인간의 죄를 심판하신다는 것은 의심의 여지가 없으며, 홍수는 그 심판을 상징한다.

방주는 구원에 대한 상징이다. 하나님의 심판은 심판으로 끝나지 않는다. 하나님의 심판에는 반드시 구원이 함께한다. 하나님은 의인을 죄인과 함께 심판하시는 분이 아니시다. 죄인에 대한 심판이 선악과 사건 때부터 강조되었지만, 죄인에 대한 은총 또한 그때부터 똑같이 강조되었다. 하나님은 에덴 동산에서 쫓겨나는 아담과 하와에게 가죽옷을 지어 주심으로써, 죄인에 대한 사랑을 보여주셨다. 죄인에게 은총을 베푸시는 하나님께서 의인이 멸망하도록 두실 리 없다. 의인을 구원하시려는 하나님의 사랑이 방주라는 구원의 도구를 통해 확실히 드러난다. 하나님은 인간의 죄를 그냥 버려두지 않으시고 심판하시거나 구원하신다. 그러므로 심판이 있다면 반드시 구원도 있다. 홍수가 심판에 대한 상징이라면 방주는 구원에 대한 상징이다. 이 세상 모든 공동체 중에서 구원을 줄 수 있는 곳은 단 한 곳 교회뿐이다. 그런 의미에서 방주는 교회를 상징한다고 할 수 있다.

노아와 그 가족들은 구원받는 의인들에 대한 상징이다. 노아시대에 땅 위에 많은 사람이 있었지만 구원받은 사람들은 겨우 여덟 명이었다. 이것은 구원받는 자들이 소수라는 사실을 암시한다. 세상 사람 모두가 구원의 대상이지만, 세상 사람 전부가 구원받지는 않는다. 오히려 의인은 언제나 소수다. 그럼에도 불구하고 의인은 항상 있다. 노아 가족의 구원 이야기 속에는 의인은 있다는 사실이 암시되어 있다. 의인은 소수의 남은 자들이지만 항상 존재한다. 가장 대표적인 구절이 열왕기상 19:14-18이다. 엘리야는 의인이 한 명도 없다고 부르짖었지만 하나님은 무려 7,000 명이나 있다고 말씀하신다. 그런 일은 오늘날에도 일어나고 있다. 노아의 가족에게서 보는 소수의 의인들에 대한 생각이 '남은 자' 사상이 되어 성서 전체로 이어진다.

2. 홍수의 시작과 끝(7:1-8:22)

■ 하나님 말씀을 준행한 노아(7:1-5)

7:1 여호와께서 노아에게 이르시되 너와 네 온 집은 방주로 들어가라 이 세대에서 네가 내 앞에 의로움을 내가 보았음이니라
7:2 너는 모든 정결한 짐승은 암수 일곱씩, 부정한 것은 암수 둘씩을 네게로 데려오며
7:3 공중의 새도 암수 일곱씩을 데려와 그 씨를 온 지면에 유전하게 하라
7:4 지금부터 칠 일이면 내가 사십 주야를 땅에 비를 내려 내가 지은 모든 생물을 지면에서 쓸어버리리라
7:5 노아가 여호와께서 자기에게 명하신 대로 다 준행하였더라

7:1 너와 네 온 집 하나님이 말씀하신 '너와 네 온 집'은 노아와 노아의 아내, 세 아들과 세 며느리를 말하며 모두 여덟 명이다.(창 6:18, 7:7, 13)

7:2-3 일곱씩, 둘씩 하나님은 노아에게 정결한 짐승은 암수 일곱 쌍, 부정한 짐승은 암수 한 쌍, 그리고 새들은 일곱 쌍을 데려오라고 명령하신다. 이 명령은 6:19의 '모든 짐승 암수 한 쌍'과 분명히 다르다. 그래서 학자들은 홍수 이야기는 두 개의 문서가 편집된 것으로 본다. 그 두 문서는 2:4 해석에서 언급된 '야웨 문서'(J)와 '제사 문서'(P)다. 학자들은

방주에 들어간 짐승들이 정결한 짐승과 부정한 짐승에 상관없이 암수 한 쌍이라고 한 6:19는 제사 문서(P), 정결한 짐승은 일곱 쌍, 부정한 짐승은 한 쌍, 새는 일곱 쌍이라고 한 7:2-3은 야웨 문서(J)라고 생각한다.

방주에 들어간 동물의 숫자 외에도 야웨 문서와 제사 문서는 몇 가지 점에서 차이를 보인다. 먼저 야웨 문서는 여호와(야웨)를 신명(神名)으로 사용하고 제사 문서는 하나님(엘로힘)을 사용한다. 그리고 야웨 문서는 '동물의 암수'를 가리킬 때 '이쉬'(אִישׁ man), '이쉬토'(אשתו his wife)를 쓰지만(창 7:2), 제사 문서는 '자카르'(זכר male)와 '네케바'(נְקֵבָה female)를 사용한다.(창 6:19, 7:9, 16) '죽었다'는 단어도 야웨 문서는 '무트'(מות die)를 쓰지만(창 7:22), 제사 문서는 '가바'(גוע expire)를 쓴다.(창 6:17, 7:21) 또 홍수의 총 기간도 야웨 문서는 94일이지만(홍수 40일, 까마귀와 비둘기 40일, 비둘기 7일, 비둘기 7일. 창 7:12, 8:6, 10, 12 참고), 제사 문서는 1년 10일이다.(노아 600세 2월 17일에서 601세 2월 27일까지. 창 7:11, 8:13-14 참고)

창세기 7장과 8장의 홍수 이야기를 읽으면, 뭔가 복잡하고 이야기의 흐름이 매끄럽지 못하다는 느낌을 가지게 된다. 그 이유가 바로 두 개의 문서가 편집되어 지금과 같은 이야기가 되었기 때문이다.[3] 그러나 한편

3) 프리드만(Richard E. Friedman)은 자신의 책 *Who Wrote the Bible?* (New York: Harper & Row, 1987), 54-59에서 창세기 6-8장을 다음과 같이 구분한다.

6장		7장		8장	
6:5-8	J	7:1-5	J	8:1-2a	p
6:9-22	P	7:6	P	8:2b-3a	J
		7:7	J	8:3b-5	P
		7:8-9	P	8:6	J
		7:10	J	8:7	P
		7:11	P	8:8-12	J
		7:12	J	8:13a	P
		7:13-16a	P	8:13b	J
		7:16b-20	J	8:14-19	P
		7:21	P	8:20-22	J
		7:22-23	J		
		7:24	P		

으로는 두 문서가 편집된 결과 내용이 훨씬 풍성해진 것을 알 수 있다. 만약 창세기 기자가 두 문서 중 하나만 채택했다면 내용이 지금보다 많이 빈약했을 것이다. 창세기 기자는 다소 복잡한 듯해도 두 문서를 편집하여 풍성한 내용을 얻는 쪽을 선택했다. 학자들은 두 문서를 비교하면서 어느 것이 주된 내용인지 논의하기도 하고 두 문서 사이의 '교차대구법'(chiasm)을 연구하기도 한다.[4]

7:2 정결한 짐승은, 부정한 것은 정결한 짐승과 부정한 짐승은 구약성서에서 일반적으로 먹을 수 있는 것과 먹을 수 없는 것을 의미한다.(레 11:1-23, 신 14:3-21) 그러나 이것은 모세의 율법을 통해 주어진 구분으로 홍수 이야기에 적용될 수는 없다. 더군다나 하나님은 홍수 후에 비로소 동물을 음식으로 먹을 수 있도록 허락하셨다.(창 9:3) 그러므로 7:2에서 말하는 정결한 짐승과 부정한 짐승의 구분은 정결 음식법에 따른 것이 아니라, 하나님께 드리는 번제물로 사용할 수 있느냐 없느냐에 따른 것으로 보아야 한다. 번제로 드릴 수 있는 것은 정결한 짐승, 번제로 드릴 수 없는 것은 부정한 짐승이다.

홍수가 끝난 후 노아는 모든 정결한 짐승과 정결한 새를 번제로 드렸다.(창 8:20) 만약 정결한 짐승과 새들도 부정한 짐승처럼 한 쌍씩만 실었다면, 노아가 방주에서 나와 번제로 드리고 나면 그 종은 멸종해 버리게 된다. 이것이 야웨 문서에서 정결한 짐승과 새는 일곱 쌍이 방주에 들어간 이유일 것이다. 여기서 7이라는 숫자는 완전함을 의미한다. 반면에 부정한 짐승의 경우는 번식에 필요한 최소한의 숫자인 한 쌍만 방주에 들어갔다.

7:4 지금부터 칠 일이면 하나님은 노아와 온 가족이 방주에 들어가고 나서 7일 후에 비가 주야로 내릴 것이라고 말씀하신다. 비가 내리기

4) Bill Arnold, *Genesis*(New York: Cambridge University Press, 2009), 96-97.

시작한 때가 노아가 600세 되던 해 둘째 달 17일이었으므로, 노아가 방주에 들어간 날은 그달 10일이었다.

7:5 다 준행하였더라 노아가 하나님의 명령에 그대로 순종한 사실이 다시 한 번 강조되었다.(창 6:22 참고) 노아의 철저한 하나님 신뢰와 절대적 순종을 엿볼 수 있는 말씀이다.

■ 홍수의 시작(7:6-16)

7:6 홍수가 땅에 있을 때에 노아가 육백 세라

7:7 노아는 아들들과 아내와 며느리들과 함께 홍수를 피하여 방주에 들어갔고

7:8 정결한 짐승과 부정한 짐승과 새와 땅에 기는 모든 것은

7:9 하나님이 노아에게 명하신 대로 암수 둘씩 노아에게 나아와 방주로 들어갔으며

7:10 칠 일 후에 홍수가 땅에 덮이니

7:11 노아가 육백 세 되던 해 둘째 달 곧 그 달 열이렛날이라 그 날에 큰 깊음의 샘들이 터지며 하늘의 창문들이 열려

7:12 사십 주야를 비가 땅에 쏟아졌더라

7:13 곧 그 날에 노아와 그의 아들 셈, 함, 야벳과 노아의 아내와 세 며느리가 다 방주로 들어갔고

7:14 그들과 모든 들짐승이 그 종류대로, 모든 가축이 그 종류대로, 땅에 기는 모든 것이 그 종류대로, 모든 새가 그 종류대로

7:15 무릇 생명의 기운이 있는 육체가 둘씩 노아에게 나아와 방주로 들어갔으니

7:16 들어간 것들은 모든 것의 암수라 하나님이 그에게 명하신 대로 들어가매 여호와께서 그를 들여보내고 문을 닫으시니라

7:6 노아가 육백 세라 노아가 600세 되던 해에 홍수가 있었다. 노아의 가족과 짐승들은 하나님의 명령을 따라 방주에 들어갔으며, 7일 후에 홍수가 시작되었다.(창 7:10)

7:9 암수 둘씩 노아에게 나아와 7:8-9는 정결한 짐승과 부정한 짐승에 상관없이 모든 짐승이 6:19처럼 한 쌍씩 방주에 들어갔다고 한다. 이 사실은 7:14-16(제사 문서)에서 다시 한 번 반복된다. 이것은 정결한 짐승의 경우 일곱 쌍이 방주에 들어갔다는 7:2-3(야웨 문서)과는 숫자에 차이가 있다.

7:11 큰 깊음의 샘들, 하늘의 창문들 홍수는 노아가 600세 되던 해 둘째 달 17일에 시작되었는데, 그날 '큰 깊음의 샘들'이 터지고 '하늘의 창문들'이 열렸다. 이 표현은 노아가 경험한 것이 단순한 홍수가 아니라, 창조주가 관련된 우주적 사건이었음을 강조한다. 여기서 '깊음'이란 1:2의 '깊음'(테홈 תהום)과 같은 단어로서, '그 깊이와 양을 측량할 수 없는 원초적 물'을 의미한다. 그런 근원에서 모든 샘이 터져 나온 것이다. 그리고 '하늘의 창문들'은 1:7의 '궁창 위의 물'을 쏟아내는 창문들을 말한다. 창문은 히브리어 '아루바'(ארבה)를 번역한 것으로 말라기 3:10(내가 하늘 문을 열고)에도 나온다.

노아가 경험한 홍수는 단순히 많은 비가 오래 내린 것이 아니라, 하나님의 창조로 인해 질서를 잡은 태초의 물들이 땅에서 터져 나오고 하늘에서 쏟아진 사건이다. 그것은 질서를 잡은 세상이 무너지고 다시 혼돈의 세계로 돌아가는 것을 연상케 하는 대사건이었다. 그만큼 놀랍고 무서운 사건이었다는 것을 "큰 깊음의 샘들이 터지며 하늘의 창문들이 열려 사십 주야를 비가 땅에 쏟아졌더라"라는 표현으로 강조하고 있다. 그 우주적 홍수는 깊음의 샘들과 하늘의 창문들이 닫힘으로써 그쳤다.(창 8:2)

홍수에 대한 묘사는 분명 창조와 연관이 있다. 깊음의 샘들과 하늘의 창문들에 대한 묘사 외에도, 8:1의 "하나님이 바람(루아흐 רוח)을 땅 위에 불게 하시매 물이 줄어들었고"라는 표현은, 1:2의 "하나님의 영(루아흐)은 수면 위에 운행하시니라"라는 말씀과 관계가 있다. 그리고 홍수 후에 "땅이 있을 동안에는 심음과 거둠과 추위와 더위와 여름과 겨울과 낮과 밤이 쉬지 아니하리라"(창 8:22)라는 말씀은, 창조 때 "하늘의 궁창에 광명체들이 있어 낮과 밤을 나뉘게 하고 그것들로 징조와 계절과 날과 해를 이루게 하라"(창 1:14)라는 말씀과 관계가 있다. 또 홍수 후에 하나님께서 노아와 그 가족들에게 "너희는 생육하고 번성하며 땅에 가득하여 그 중에서 번성하라"(창 9:7)라고 복을 주신 말씀은, 인간을 창조하신 후 "생육하고 번성하여 땅에 충만하라 땅을 정복하라"(창 1:28)라고 하신 말씀과 연관이 있다. 그렇게 볼 때 홍수 사건은 일종의 재창조였다고 말할 수 있다. 고대 메소포타미아 신화에서도 홍수는 창조와 연관이 있다.

7:12 사십 주야를 '큰 깊음의 샘들'이 터지고 '하늘의 창문들'이 열리는 비는 사십 주야 동안 땅에 쏟아졌다. 이것은 7:4와 7:17에서도 확인할 수 있다.

7:13 다 방주로 들어갔고 7:7-9에서 노아와 그 가족, 그리고 짐승들은 방주로 들어갔다. 그런데 7:13-16에서 노아와 그 가족, 그리고 짐승들이 방주에 들어갔다는 이야기가 또 한 번 반복된다. 이것은 앞에서 살펴본 것처럼 두 문서의 편집 때문이다. 7:7-9와 7:13-16을 통해서, 홍수 이야기에 같은 내용이 반복되고 있음을 다시 알 수 있다.

7:16 문을 닫으시니라 노아의 가족과 짐승들이 방주에 들어간 후 여호와께서 방주의 문을 닫으셨다. 하나님이 직접 방주의 문을 닫으셨다는 말씀 속에는 큰 의미가 함축되어 있다. 그것은 하나님께서 홍수 사건을 처음부터 끝까지 주관하고 계심을 보여주며, 노아와 그 가족의 구원 역시 하나님의 주관 아래 있음을 밝혀준다. 메소포타미아 신화에서는 홍수의 주인공들(아트라하시스, 우트나피쉬팀)이 스스로 방주의 문을 닫는다.[5]

■ 천하가 물에 잠김(7:17-24)

7:17 홍수가 땅에 사십 일 동안 계속된지라 물이 많아져 방주가 땅에서 떠올랐고

7:18 물이 더 많아져 땅에 넘치매 방주가 물 위에 떠 다녔으며

7:19 물이 땅에 더욱 넘치매 천하의 높은 산이 다 잠겼더니

7:20 물이 불어서 십오 규빗이나 오르니 산들이 잠긴지라

7:21 땅 위에 움직이는 생물이 다 죽었으니 곧 새와 가축과 들짐승과 땅에 기는 모든 것과 모든 사람이라

7:22 육지에 있어 그 코에 생명의 기운의 숨이 있는 것은 다 죽었더라

7:23 지면의 모든 생물을 쓸어버리시니 곧 사람과 가축과 기는 것과 공중의 새까지라 이들은 땅에서 쓸어버림을 당하였으되 오직 노아와 그와 함께 방주에 있던 자들만 남았더라

7:24 물이 백오십 일을 땅에 넘쳤더라

7:17 홍수가 땅에 사십 일 동안 계속된지라 40일 동안 밤낮으로 '큰 깊음의 샘들'이 터지고 '하늘의 창문들'이 열려 땅에 물이 넘치게 되었다.

7:19 물이 땅에 더욱 넘치매 40일 동안 계속된 홍수로 많아진 물이(창 7:17) 더욱 많아지고(창 7:18) 더더욱 많아졌다.(창 7:19) 히브리어로 '매우'(메오드 מאד)라는 부사가 7:18에서는 한 번, 7:19에서는 두 번 사용되었다. 이는 홍수로 인해 온 세상에 물이 넘쳐 남을 강조하기 위한 것이다. 홍수의 결과 온 세상에 물이 넘쳐 천하의 높은 산이 다 잠겼다.

7:20 물이 불어서 십오 규빗이나 오르니 홍수로 인해 천하의 높은 산들이 다 잠기고 물은 그보다 15규빗이나 더 차올랐다. 15규빗은 약 7m

5) Nahum Sarna, *Genesis* (Philadelphia: Jewish Publication Society, 1989), 55.

이다. 그러나 이 말씀을 가지고 네팔의 에베레스트 산(8,848m)보다 7m나 더 높이 물이 찼다고 말하는 것은 옳지 않다. 그것은 현대인의 과학적 사고일 뿐, 여기서 보아야 하는 것은 인간의 죄에 대한 하나님의 철저한 심판이다. 심판의 도구로 사용된 홍수가 온 세상 모든 산을 덮고도 남을 정도였다고 말함으로써, 성서는 심판의 철저함을 강조하고 있다.

7:21 움직이는 생물이 다 죽었으니 홍수로 인해 방주에 들어간 새와 가축과 들짐승과 땅에 기는 모든 것 외에는, 땅 위의 살아 움직이는 모든 생물이 죽었다. 그리고 노아의 가족을 제외한 모든 사람이 죽었다. 노아가 경험한 홍수는 하나님의 심판이었으며, 우주적 사건이었으며, 새로운 창조를 위한 준비였다.

7:22 육지에 있어 그 코에 생명의 기운의 숨이 있는 것은 육지라는 말은 '마른 땅'이라는 의미를 가진 히브리어 '하르바'(חרבה)이다. 마른 땅에 있는 '코에 생명의 기운의 숨'이 있는 모든 것이 다 죽은 것이다. 육지에 있는 모든 생물이 다 죽었다고 하는 말로 미루어보아 수중 생물은 죽지 않았음을 알 수 있다.

7:24 백오십 일 다섯 달을 말한다. 물은 5개월 동안 땅 위에 넘쳤다.

■ 홍수가 그치고 물이 줄어들다(8:1-12)

8:1 하나님이 노아와 그와 함께 방주에 있는 모든 들짐승과 가축을 기억하사 하나님이 바람을 땅 위에 불게 하시매 물이 줄어들었고
8:2 깊음의 샘과 하늘의 창문이 닫히고 하늘에서 비가 그치매
8:3 물이 땅에서 물러가고 점점 물러가서 백오십 일 후에 줄어들고
8:4 일곱째 달 곧 그 달 열이렛날에 방주가 아라랏 산에 머물렀으며
8:5 물이 점점 줄어들어 열째 달 곧 그 달 초하룻날에 산들의 봉우

리가 보였더라

8:6 사십 일을 지나서 노아가 그 방주에 낸 창문을 열고

8:7 까마귀를 내놓으매 까마귀가 물이 땅에서 마르기까지 날아 왕래하였더라

8:8 그가 또 비둘기를 내놓아 지면에서 물이 줄어들었는지를 알고자 하매

8:9 온 지면에 물이 있으므로 비둘기가 발 붙일 곳을 찾지 못하고 방주로 돌아와 그에게로 오는지라 그가 손을 내밀어 방주 안 자기에게로 받아들이고

8:10 또 칠 일을 기다려 다시 비둘기를 방주에서 내놓으매

8:11 저녁때에 비둘기가 그에게로 돌아왔는데 그 입에 감람나무 새 잎사귀가 있는지라 이에 노아가 땅에 물이 줄어든 줄을 알았으며

8:12 또 칠 일을 기다려 비둘기를 내놓으매 다시는 그에게로 돌아오지 아니하였더라

8:1 하나님이… 기억하사 히브리어 성서로 읽으면 8:1은 '기억하셨다'라는 단어로 시작된다. 이는 하나님께서 방주에 있는 노아의 가족과 모든 짐승을 기억하셨음을 강조하는 것이다. '하나님이 기억하셨다'라는 표현은 단순히 기억만이 아니라, 기억의 대상에게 은혜를 베푸시고 구원하신다는 의미다. 하나님께서는 라헬을 기억하사 아들을 주셨고(창 30:22), 아브라함과 맺은 언약을 기억하사 이스라엘 백성을 구원하셨다.(출 2:24, 6:5) 마찬가지로 하나님은 노아의 가족과 짐승들을 기억하시고 바람을 일으켜 물이 줄어들게 하셨다.

8:2 하늘의 창문이 닫히고 하나님께서 노아의 가족과 짐승들을 기억하심으로 인해, 7:11에서 터졌던 '큰 깊음의 샘들'이 닫히고 열렸던 '하늘의 창문들'이 닫혔다. 하나님의 구원 행동이 시작된 것이다.

8:3 백오십 일 여기서 150일은 7:24에서 보는 150일과 같은 것이다. 둘째 달 17일부터 주야로 비가 오기 시작했는데(창 7:11), 일곱째 달 17일에 방주가 아라랏 산에 머물렀고(8:4), 그때부터 물이 줄기 시작했으므로(창 8:5), 다섯 달(150일) 동안 물이 땅에 넘친 것이다.(창 7:24, 8:3)

8:4 아라랏 산 노아의 방주는 홍수가 시작된 지 150일째인 일곱째 달 17일에 아라랏 산에 머물게 되었다. 히브리어로 보면 아라랏 산은 '하레이 아라라트'(הרי אררט)로 복수형으로 되어 있다. 노아의 방주는 '아라랏 산'에 머문 것이 아니라 '아라랏 산지'에 머문 것이다. 그래서 성서학자들은 노아의 방주가 머문 산이 티그리스 강 동쪽의 우라르투(Urartu) 산지의 어느 산이라고 생각한다. 아라랏 산을 터키의 어느 산이라고 생각하는 것은, 그 지역에 전해져 내려오는 전승 중 하나일 뿐이다. 우라르투 지역은 높은 산들이 많은 곳으로, 아시리아 왕 산헤립을 죽인 암살자들이 도망간 곳이기도 하다.(왕하 19:37) 또 아라랏은 예레미야 51:27에 바빌로니아를 치기 위해 하나님의 부르심을 받은 나라 중 하나로 나오기도 한다.

8:5 산들의 봉우리 방주가 아라랏 산에 머물게 된 후 73일이 지난 열째 달 초하룻날에 산들의 봉우리가 보이기 시작했다. 물이 많이 줄어들었다는 뜻이다.

8:6 사십 일을 지나서 홍수 이야기에는 7일과 40일이 반복되고 있다.

8:7 까마귀를 열째 달 초하룻날부터 다시 사십일이 지난 열한 번째 달 십일에, 노아는 방주의 창문을 통해 까마귀를 날려 보냈다. 땅이 마른 것을 확인하고 싶었기 때문인데, 까마귀는 왔다 갔다만 했을 뿐 그 임무를 수행하지 않았다. '왔다 갔다' 했다는 표현은 까마귀가 그저 방주 주위를 맴돌았다는 의미도 될 수 있다. 헬라어 구약성서인 '70인경'(The Septuagint)

은 이 부분을 '까마귀가 돌아오지 않았다'고 번역했지만,[6] 히브리어 성서에 그 사실이 명백하게 언급된 것은 아니다.

8:8 비둘기 까마귀를 통해 물이 줄어든 것을 확인하는 일에 실패한 노아는 비둘기를 보낸다. 까마귀를 날려 보낼 때 비둘기도 같이 날려 보냈는지, 아니면 며칠 기다린 후 그렇게 했는지, 7일을 기다린 후 그렇게 했는지 명확하지 않다.(창 8:10) 그러나 8:10에 '또'(오드 עוד)라는 부사가 있기 때문에, 까마귀를 날려 보낸 후 7일을 기다렸다가 비둘기를 처음으로 날려 보낸 것으로 생각할 수 있다. 한 유대인 랍비(Radak)는 노아가 비둘기를 날려 보낸 이유를, 비둘기가 자신을 날려 보낸 사람에게 돌아오는 능력이 있기 때문이라고 설명한다.[7] 이 비둘기가 이스라엘을 상징한다고 생각하는 사람들도 있다. 그들은 호세아가 이스라엘을 '어리석은 비둘기'(호 7:11)와 '연약한 비둘기'에 비유한 예언을 인용한다.(호 11:11)

8:9 발 붙일 곳을 찾지 못하고 노아는 처음에 날려 보낸 비둘기를 통해서는 땅이 말랐다는 증거를 찾을 수 없었다.

8:11 감람나무 새 잎사귀가 7일 후 노아가 두 번째로 비둘기를 날려 보냈을 때(창 8:10), 비둘기는 감람나무(올리브나무) 새 잎사귀를 물고 돌아왔다. 이것은 감람나무 경작에 알맞은 낮은 지역에도 물이 빠져서, 감람나무들이 자라면서 새 가지와 잎사귀를 내고 있다는 증거다. 이로 인해 감람나무 잎사귀를 입에 문 비둘기는 평화의 상징이 되었다. 비둘기가 무서운 홍수가 끝나고 세상에 평화와 안정이 다시 찾아왔음을 알려주는 메신저의 역할을 담당했기 때문이다.

---

6) Umberto Cassuto, *From Adam to Noah* (Jerusalem: The Magnes Press, 1984), tr. by Israel Abrahams, part two, 110.

7) Meir Zlotowitz, *Bereishis* (Brooklyn: Mesorah, 1986), vol. 1(a), 269.

8:12 돌아오지 아니하였더라 노아는 7일 후에 세 번째로 비둘기를 날려 보냈다. 그리고 이번에는 비둘기가 돌아오지 않았다. 비둘기는 처음에 아무것도 없이 돌아오고, 두 번째는 감람나무 새 잎사귀를 물고 돌아오고, 그리고 세 번째는 돌아오지 않았다. 비둘기가 돌아오지 않았다는 사실은 땅 위의 물이 거의 말랐다는 증거다.

■ 방주에서 나온 노아(8:13-19)

8:13 육백일 년 첫째 달 곧 그 달 초하룻날에 땅 위에서 물이 걷힌지라 노아가 방주 뚜껑을 제치고 본즉 지면에서 물이 걷혔더니
8:14 둘째 달 스무이렛날에 땅이 말랐더라
8:15 하나님이 노아에게 말씀하여 이르시되
8:16 너는 네 아내와 네 아들들과 네 며느리들과 함께 방주에서 나오고
8:17 너와 함께 한 모든 혈육 있는 생물 곧 새와 가축과 땅에 기는 모든 것을 다 이끌어내라 이것들이 땅에서 생육하고 땅에서 번성하리라 하시매
8:18 노아가 그 아들들과 그의 아내와 그 며느리들과 함께 나왔고
8:19 땅 위의 동물 곧 모든 짐승과 모든 기는 것과 모든 새도 그 종류대로 방주에서 나왔더라

8:13 육백일 년 첫째 달 초하룻날에 노아가 601살 되던 해 첫째 달 초하루에 땅 위의 물이 말랐다. 성서는 이를 "육백일 년 첫째 달 곧 그 달 초하룻날에 땅 위에서 물이 걷힌지라"라는 객관적인 어조로 설명하고 있다. 이 말은 인간의 죄악과 하나님의 심판이라는 어둡고 무서운 과거가 끝나고, 이제 새로운 시대가 시작되었음을 뜻한다.

8:14 둘째 달 스무이렛날에 첫째 달 초하루에 '물이 걷혔다'라는 표

현에 이어서, 둘째 달 17일에 '땅이 말랐더라'라는 말씀이 있다. 이는 땅이 계속 말라간다는 인상을 준다. 8:13은 땅에 물은 보이지 않으나 아직은 축축하게 젖어 있는 상황을 말하고, 8:14는 완전히 마른 땅이 된 것으로 이해할 수 있다.

8:16 방주에서 나오고 하나님은 노아가 601살 되던 해 둘째 달 27일에 방주에서 나오라고 말씀하신다.(창 8:15–16) 600살 되던 해 둘째 달 10일에 방주에 들어간 노아는, 1년 17일이 지난 601살 되던 해 둘째 달 27일에 가족과 짐승들과 새들과 함께 방주에서 나왔다. 방주에 들어가라고 하시고, 방주의 문을 닫으시고, 홍수를 내리신 하나님께서, 이제는 방주에서 나오라고 명령하신다. 오직 하나님만이 심판과 구원의 유일한 주권자이심을 다시 한 번 일깨워주는 말씀이다.

8:17 생육하고 번성하리라 하나님은 노아의 가족과 생물들에게 생육하고 번성하라는 복을 주신다. 이것은 세상을 창조하신 후 복을 주신 말씀과 같다.(창 1:28) 죄 짓기 전의 모든 인간과 생물들에게 복을 주신 하나님의 사랑과 은혜는 홍수 후에도 변함이 없다. 달라진 것이 있다면 그 사랑과 은혜가 이제는 구원받은 자들에게 한정되었다는 사실이다.

※ **홍수의 진행 요약**(양력이 아니므로 첫째 달, 둘째 달이라는 표현을 사용함)

(1) 노아가 600살 되던 해 둘째 달 10일에 방주에 들어가고 17일에 홍수 시작.(창 7:11)
(2) 40일 동안 비가 오면서(창 7:12, 17) 150일, 즉 5개월 동안 물이 땅을 뒤덮음.(창 7:24)
(3) 같은 해 일곱째 달 17일에 노아의 방주가 아라랏 산에 걸림.(창 8:4)
(4) 열째 달 1일에 산봉우리들이 드러나기 시작함.(창 8:5)
(5) 열한째 달 10일에 노아가 방주 창문을 열고 까마귀를 날려 보냄.(창 8:7)

(6) 열한째 달 17일에 첫 번째로 비둘기를 날려 보냄. 비둘기는 그냥 돌아옴.(창 8:8-9)
(7) 열한째 달 24일에 두 번째로 비둘기를 날려 보냄. 비둘기는 감람나무 새 잎사귀를 물고 돌아옴.(창 8:10-11)
(8) 열두째 달 1일에 세 번째로 비둘기를 날려 보냄. 비둘기가 돌아오지 않음.(창 8:12)
(9) 노아가 601살 되던 해 첫째 달 1일에 물이 걷힘. 노아가 방주의 뚜껑을 열고 보니 물이 걷혀 있음.(창 8:13)
(10) 그해 둘째 달 27일에 땅이 완전히 말라 방주에서 나옴.(창 8:14-19) 방주에 들어간 후 방주에서 나오기까지 1년 17일이 걸림.

■ 노아의 번제(8:20-22)

8:20 노아가 여호와께 제단을 쌓고 모든 정결한 짐승과 모든 정결한 새 중에서 제물을 취하여 번제로 제단에 드렸더니
8:21 여호와께서 그 향기를 받으시고 그 중심에 이르시되 내가 다시는 사람으로 말미암아 땅을 저주하지 아니하리니 이는 사람의 마음이 계획하는 바가 어려서부터 악함이라 내가 전에 행한 것 같이 모든 생물을 다시 멸하지 아니하리니
8:22 땅이 있을 동안에는 심음과 거둠과 추위와 더위와 여름과 겨울과 낮과 밤이 쉬지 아니하리라

8:20 번제 방주에서 나온 노아는 가장 먼저 제단을 쌓고 모든 정결한 짐승과 새를 하나님께 번제를 드렸다. 노아가 무엇보다도 하나님의 은혜에 감사했음을 보여주는 말씀이다. 번제는 히브리어 '올라'(עולה)로 문자적으로는 '올라가는 것'을 의미하며, 짐승 전체를 제단에서 불 태워 드리는 제사다. 이와 달리 제물의 일부를 제사장이나 제사 드리는 사람들이 먹은 경우는 '제바흐'(זבח)라고 했다.[8](신 12:27)

8:21 향기를 받으시고 하나님께서 번제로 드리는 제물의 향기를 받으셨다는 표현은 여기에 처음 나온다. 아벨이 드린 제사에도 그런 표현은 없다. 하나님이 제사의 향기를 맡으시고 기뻐하셨다는 의인론적 표현은 레위기의 제사 규정에 많이 나온다.(레 1:9, 13, 17, 2:2, 9, 3:5 등)

8:21 다시는 … 저주하지 아니하리니 … 멸하지 아니하리니 노아의 번제를 기뻐하신 하나님은 '다시는 사람으로 인해 땅을 저주하지 않고 홍수로 생물을 멸하지 않겠다'라고 말씀하신다. 이것은 6:7의 '사람과 짐승을 땅에서 쓸어버리겠다'라고 말씀하신 것과 대조된다. 6:7이 파괴와 심판의 결심이었다면 8:21은 구원과 은혜의 결심이다.

8:21 어려서부터 악함이라 그러나 하나님은 인간이 계속 죄 지을 것을 알고 계셨다. 그래서 '사람의 마음이 계획하는 바가 어려서부터 악하기 때문'이라고 말씀하신다. 여기서 어리다는 말은 히브리어 '느우림'(נעורים)으로, 어린아이라기보다는 청소년을 의미한다. 사람은 청소년기부터 그 생각하는 것이 악하다는 뜻인데, 이 말씀은 인간의 원죄가 인간의 자아 발달과 관련이 있음을 보여준다. 원죄는 하나님의 뜻을 인간이 판단해 자기가 하고 싶은 대로 하는 것을 의미하는데, 청소년기에 그런 의식이 싹트게 된다. 사람이 자기를 책임지는 인간으로 성숙해 가는 과정에, 필연적으로 권위에 대한 도전이 일어난다. 거기에는 하나님의 권위에 대한 도전도 포함된다. 인간을 만드신 하나님은 인간의 본성을 인간보다 더 잘 알고 계시므로, 인간이 가진 원죄의 본성이 청소년기에 본격적으로 드러난다는 사실을 이렇게 말씀하신 것이다.

8:22 땅이 있을 동안에는… 쉬지 아니하리라 다시는 땅을 저주하지 않고 사람과 생물을 멸하지 않겠다고 말씀하신 하나님은, 앞으로 세상은

---

8) Nahum Sarna, *Genesis* (Philadelphia: Jewish Publication Society, 1989), 59.

홍수 같은 것으로 방해받지 않고 영속되리라고 약속하신다. 이것은 사람이 자연과 함께 누리는 삶의 리듬도 깨어지지 않을 것이라는 약속이기도 하다. 홍수 이후 세상은 하나님께서 약속하신 것처럼 심음과 거둠, 추위와 더위, 여름과 겨울, 그리고 낮과 밤이 지금까지 계속되고 있다. 이것은 우연히 또는 저절로 일어나고 있는 것이 아니라, 하나님이 세상을 주관하심으로 인한 것이다.

■ 계시 이해: 은유, 전환

창세기 7-8장의 홍수와 방주에 대한 이야기는 심판과 구원에 대한 은유다. 이 이야기는 인간의 죄에 대한 하나님의 심판이 반드시 있다는 사실을 강조한다. 그런데 그 심판은 우주적 사건으로 창조에 필적하는 사건이다. 이런 가르침이 홍수 이야기 안에 들어 있다. 홍수 때 '천하의 높은 산이 다 물에 잠겼다'라는 것은, 에베레스트 산이 물에 잠긴 적이 있었다는 뜻이 아니다. 홍수 때 전 지구상에 쌓인 물의 높이가 에베레스트 산의 8,848m보다 약 7m 더 높은 8,855m였다는 말도 아니다. 그것은 하나님의 심판을 피할 수 있는 곳은 어느 곳도 없다는 진실을 알려주는 것이다. 그리고 마른 땅에 사는 생명 있는 모든 짐승이 죽었다는 말씀은, 하나님의 심판이 그만큼 철저하다는 뜻이다. 예수님의 재림 때 있을 최후의 심판도 노아 홍수 때 보여주신 것처럼 철저할 것이라는 뜻이다.

성서는 홍수와 같은 심판이 한 번 더 있을 것이라고 말한다. 그 심판은 물에 의한 것은 아니지만 그 이상으로 철저할 것이라고 한다. 그것은 만왕의 왕이신 예수님이 이 세상에 다시 오셔서 행하시는 심판이다. 인간의 모든 죄악에 대한 진정한 심판은 예수 그리스도의 재림을 통해서 이루어진다. 예수 그리스도의 재림은 우주적 사건으로 창조에 필적하는 사건이다. 그것이 세상의 종말을 뜻하기 때문이다. 하나님의 창조가 알파라면 예수님의 마지막 심판은 오메가다. 창세기는 이렇게 해서 요한계시록과 연결되어 있다. 홍수 이야기는 마지막 심판을 암시하고 있다.

홍수 이야기는 구원에 대한 은유이기도 하다. 그 무섭고 철저한 심판 중에서도 노아의 가족은 살아남았다. 살아남은 짐승들도 있었다. 노아에게 방주를 만들라고 하신 말씀은, 세상이 철저하게 심판받는 날에 구원받을 수 있도록 준비하라는 말씀이다. 온 세상이 죄악으로 물든 중에도 의인들이 있고, 그들은 온 세상이 멸망당하는 심판 중에서도 구원을 받는다. 홍수 이야기는 비록 소수이기는 하지만 구원받는 자들이 분명히 있다는 것을 가르쳐 준다. 그러므로 옛 방주의 잔해를 찾으려고 애쓸 것이 아니라, 새 방주에 탈 수 있는 사람이 되기를 애써야 한다.

예수께서 이 세상에 다시 오시는 날 노아처럼 의로운 사람들을 구별하실 것이다. 하나님께서 노아의 가족을 방주를 통해 구원하신 것처럼, 예수님 역시 의로운 사람들을 구별하셔서 그들에게 부활의 몸과 영원한 생명을 주실 것이다. 홍수 이야기는 심판 가운데서도 구원받는 사람들이 있음을 가르쳐 준다. 그들은 세상 모든 사람이 어둠 속에서 타락한 행동을 할 때, 예수를 믿고 하나님의 뜻에 순종하여 세상에서 소금과 빛의 역할을 하는 사람들이다. 이 일을 위해 예수께서 교회의 기초를 놓으시고 성령께서 교회를 세우셨다. 새 방주는 교회다. 교회를 통해서만 마지막 심판을 피할 수 있으며, 교회를 통해서만 영원한 생명을 얻을 수 있다. 그것이 성서에 계시된 하나님의 뜻이다.

홍수 이야기는 전환이기도 하다. 홍수 이전과 홍수 이후가 아주 다르기 때문이다. 홍수 이전에는 사람들이 천년 가까이 살고, 네피림들이 있었고(창 6:4), 나라와 민족들이 없었고, 짐승들은 사람들을 무서워하지 않았으며(창 9:2), 사람들은 채식만 하고 살았다.(창 9:3) 그러나 홍수 이후에는 많은 것이 달라졌다. 가장 먼저 눈에 띄는 것은 홍수 후에 수많은 나라와 민족들이 생겼다는 사실이다. 홍수 이야기에 이어지는 셈, 함, 야벳의 족보에서 이것을 알 수 있다. 개인을 중심으로 이야기가 진행되던 홍수 이전 시대는, 홍수 후에 나라와 민족들이 등장하는 역사시대로 급격한 전환을 이룬다. 이것이 홍수 이전과 이후의 가장 큰 차이점이다.

그와 더불어 사람들의 수명이 급격히 줄어든다. 홍수 전 시대 인물이었던 노아는 950살까지 살았지만(창 9 : 29), 노아의 아들 셈은 600살까지 산다.(창 10 : 11) 셈은 홍수가 나기 전에 태어났으므로 홍수 전 인물이라고 할 수도 있을 것이다. 하지만 홍수 후에 태어난 셈의 아들 아르박삿은 438년을 살았다.(창 11 : 12-13) 아르박삿의 아들 셀라는 433년을 살았다.(창 11 : 14-15) 셀라의 아들 에벨은 464년을 살았지만(창 11 : 16-17), 그 후부터 사람들의 수명이 점점 줄어 200년대에 이르게 된다.(창 11 : 19-32) 그리고 사람들은 홍수 이후부터 동물을 먹을 수 있었다.(창 9 : 3)

창세기 1-11장에서 홍수 이야기는 다른 이야기에 비해 꽤 길다. 하나님께서 만물을 창조하시는 이야기가 겨우 한 장으로, 에덴 동산 이야기까지 창조 이야기에 포함시킨다고 하더라도 두 장에 불과하다. 이에 비해 홍수 이야기는 그 전후까지 포함하면 4장이나 된다.(창 6-9장) 홍수 이야기가 이렇게 긴 이유는 홍수 전 시대와 홍수 후 시대를 구별하려는 의도가 있기 때문일 것이다. 상대적으로 긴 홍수 이야기를 읽음으로써 자신도 모르게 홍수 전 시대가 희미해지면서 자연스럽게 민족과 나라가 등장하는 홍수 후 시대로 들어서게 된다. 그 다음에 아브라함이 등장한다. 그렇게 볼 때 홍수 이야기는 심판과 구원에 대한 계시인 동시에, 창조로 시작된 '태고시대'와 민족과 나라들이 등장하는 '역사시대'를 구별하는 역할을 한다. 홍수 이야기는 태고시대에 대한 관심을 사라지게 하고 역사시대에 집중하도록 한다. 홍수 이야기는 두 시대를 연결하면서 또한 단절시키는 전환의 장치로서, 홍수 전 시대를 잊고 새로운 시대에 적응하는 데 도움을 준다.

3. 홍수 후 이야기(9 : 1-17)

■ 복을 주시는 하나님(9:1-7)

9 : 1　하나님이 노아와 그 아들들에게 복을 주시며 그들에게 이르시

되 생육하고 번성하여 땅에 충만하라

9:2 땅의 모든 짐승과 공중의 모든 새와 땅에 기는 모든 것과 바다의 모든 물고기가 너희를 두려워하며 너희를 무서워하리니 이것들은 너희의 손에 붙였음이니라

9:3 모든 산 동물은 너희의 먹을 것이 될지라 채소 같이 내가 이것을 다 너희에게 주노라

9:4 그러나 고기를 그 생명 되는 피째 먹지 말 것이니라

9:5 내가 반드시 너희의 피 곧 너희의 생명의 피를 찾으리니 짐승이면 그 짐승에게서, 사람이나 사람의 형제면 그에게서 그의 생명을 찾으리라

9:6 다른 사람의 피를 흘리면 그 사람의 피도 흘릴 것이니 이는 하나님이 자기 형상대로 사람을 지으셨음이니라

9:7 너희는 생육하고 번성하며 땅에 가득하여 그 중에서 번성하라 하셨더라

9:1 노아와 그 아들들에게 복을 주시며 하나님은 방주에서 나온 노아와 그 가족들에게 복을 주신다.(창 9:1-3) 그 복은 하나님이 '인간을 창조하신 후 주신 복'(창 1:28-29)과 아주 비슷하다. 하나님은 먼저 '생육하고 번성하여 땅에 충만하라'고 복을 주신다. 이 말씀은 1:28에서 보는 복과 그 내용이 똑같다. 하나님이 먼저 이 말씀을 하신 이유는 홍수로 인해 노아의 가족 외에 모든 사람이 멸망했기 때문이다. 그래서 노아와 그 자녀들이 생육하고 번성하여 땅에 충만하는 일이 무엇보다도 중요하고 시급했다.

그러나 9:1-3의 복과 1:28-29의 복에는 다른 점도 있다. 하나님은 1:28-29에서 '모든 짐승과 새와 물고기를 다스리라, 채소와 열매를 너희에게 주니 이것들을 먹어라'라고 말씀하신다. 그러나 9:1-3에서는 '모든 짐승과 새와 물고기가 너희를 두려워할 것이다, 모든 산 동물을 채소와 더불어 너희에게 주니 이것들을 먹어라'라고 말씀하신다. 1:28-29에는

인간이 동물을 다스리면서 채소와 열매만 먹지만, 9:1-3에서는 동물이 인간을 두려워하면서 인간이 채소도 먹고 동물도 먹게 되었다. 홍수 이전에는 채식만 했는데 홍수 후에는 육식도 하게 되었다는 뜻이다. 이것이 홍수 이전과 이후의 다른 점 중 하나다.

9:2 너희를 두려워하며 무서워하리니 9:2의 '모든 동물이 인간을 두려워하게 된다'는 말씀은, 9:3의 '인간이 모든 동물을 먹게 된다'는 말씀과 상관이 있어 보인다. 인간이 육식을 하기 위해서는 사냥을 하거나 가축을 길러야 한다. 만약 동물이 인간을 두려워하지 않는다면 사냥과 사육이 힘들어 육식을 하기가 힘들거나 불가능할 것이다. 맹수라고 하더라도 인간을 공격하는 경우는 드물다.

이 말씀을 인간의 죄로 인해 인간과 동물의 친숙한 관계가 깨어진 것이라고 설명하는 것은 적합하지 않다. 만약 이 말씀이 아담과 하와가 선악과를 먹은 후에 주신 것이라면 그런 설명에 설득력이 있을 것이다. 이 말씀이 홍수 후에 등장한다는 것은, 하나님께서 동물을 인간에게 먹을거리로 주신다는 말씀과 상관이 있음을 의미한다.

9:3 모든 산 동물은 너희의 먹을 것이 될지라 이 말씀은 노아와 그 아들들에게 주신 복 가운데 등장한다. 홍수 후에 인간이 짐승과 새와 물고기를 먹게 된 것은 하나님께서 사람에게 주신 복이다. 실제로 모든 인간이 채식만 한다면, 지금에 비해 체력도 약하고 영양도 부족하고 음식의 맛도 떨어질 것이다. 음식의 종류도 훨씬 줄어들 것이다. 영양과잉으로 인한 채식주의 열풍은 현대에 들어서 생겨난 일이지, 그 이전까지는 늘 육류 섭취가 부족했다. 인간이 동물을 먹도록 허락하신 것은 분명히 하나님이 인간에게 주신 복이다. 홍수 후 인구의 증가를 위해 하나님은 사람들에게 육식을 허락하셨다.

9:4 그 생명 되는 피째 먹지 말 것이니라 육식을 허락하신 하나님은

육식과 관련해 한 가지를 금하신다. 그것은 동물의 피를 먹지 말라는 것이다. 그 이유는 피에 생명이 있기 때문이다. 같은 내용의 말씀이 레위기 17:10-14와 신명기 12:15-16, 23-25에 있지만, 그 강조점이 조금 다르다. '피째 먹지 말라'는 말씀이 창세기 9:4-6에서는 살인과 상관이 있고, 레위기 17:10-14와 신명기 12:15-16, 23-25에서는 음식과 상관이 있다. 유대인들의 정결 음식법에 따르면 동물의 피를 최대한 빼내어야만 한다.

9:5-6 곧 너희의 생명의 피를 찾으리니 9:4가 '동물의 피를 먹는 일'에 관한 말씀이라면, 9:5-6은 '사람의 피를 흘리게 하는 일'에 대한 말씀이다. 하나님은 동물을 음식으로 먹되 그 피는 먹지 말라고 하셨다. 그 이유는 피에 생명이 있기 때문이다. 그리고 사람의 피를 흘리는 일은 금하는 말씀을 하시는데, 그 이유 역시 피에 생명이 있기 때문이다. 여기서 피 흘리는 일은 살인을 뜻한다.

9:5는 번역이 다소 까다롭지만 그 의미는 시(詩)의 형태로 되어 있는 9:6과 같은 내용일 것이다. 9:5-6은 그 대상이 사람이든 짐승이든(출 21:28-32 참고), 피를 흘리게 한 자는 피를 흘리는 벌을 받을 것이라는 말씀으로, 사람을 죽인 자는 죽을 것이라는 의미다. 사람은 하나님의 형상을 따라 지음 받은 존재이기 때문이다. 하나님의 형상을 가진 사람의 '생명의 피'를 다른 사람이나 짐승이 함부로 흘리게 해서는 안 된다.

9:7 땅에 가득하여 그 중에서 번성하라 하나님은 다시 한 번 '생육하고 번성하여 땅에 가득하라'는 복을 주신다. 노아와 그 가족들만 살아남은 상황에서 땅에 사람이 늘어나는 일은 매우 중요한 일이다. 하나님께서 주신 이 복이 잘 이루어진 것을 창세기 10장에서 확인할 수 있다.

■ 하나님의 언약(9:8-17)

9:8 하나님이 노아와 그와 함께 한 아들들에게 말씀하여 이르시되
9:9 내가 내 언약을 너희와 너희 후손과
9:10 너희와 함께 한 모든 생물 곧 너희와 함께 한 새와 가축과 땅의 모든 생물에게 세우리니 방주에서 나온 모든 것 곧 땅의 모든 짐승에게니라
9:11 내가 너희와 언약을 세우리니 다시는 모든 생물을 홍수로 멸하지 아니할 것이라 땅을 멸할 홍수가 다시 있지 아니하리라
9:12 하나님이 이르시되 내가 나와 너희와 및 너희와 함께 하는 모든 생물 사이에 대대로 영원히 세우는 언약의 증거는 이것이니라
9:13 내가 내 무지개를 구름 속에 두었나니 이것이 나와 세상 사이의 언약의 증거니라
9:14 내가 구름으로 땅을 덮을 때에 무지개가 구름 속에 나타나면
9:15 내가 나와 너희와 및 육체를 가진 모든 생물 사이의 내 언약을 기억하리니 다시는 물이 모든 육체를 멸하는 홍수가 되지 아니할지라
9:16 무지개가 구름 사이에 있으리니 내가 보고 나 하나님과 모든 육체를 가진 땅의 모든 생물 사이의 영원한 언약을 기억하리라
9:17 하나님이 노아에게 또 이르시되 내가 나와 땅에 있는 모든 생물 사이에 세운 언약의 증거가 이것이라 하셨더라

9:9 내가 내 언약을 너희와 너희 후손과 9:9는 '바아니 히네니'(ואני הנני) 라는 단어로 시작한다. '바'는 '그리고'라는 뜻으로 거의 번역하지 않으며, '아니'는 '내가'라는 뜻이다. '히네니'는 '지금, 여기서, 확실히, 보라' 등의 뜻이다. 개역성서는 '바아니 히네니'를 단순히 '내가'라고만 번역했지만, '히네니'의 의미를 살려서 '내가 지금' '내가 여기서' '내가 확실히' '보라, 내가' 등으로 번역할 수 있다. '바아니 히네니'는 하나님이 언약을 맺으시

는 일을 강조하는 표현이다.

그런데 똑같은 표현이 하나님께서 홍수로 세상을 멸하려고 결심하시는 6:17에도 있다. 하나님은 6:17에서 '바아니 히네니'로 시작하시면서 홍수로 세상을 심판하실 것을 결심하신 것이다. 그러므로 홍수로 인간을 멸할 결심을 '확실히' 하신 하나님께서(창 6:17), 다시는 홍수로 인간을 멸하지 않겠다는 약속을 '확실히' 하신 것임을 알 수 있다.

노아의 가족에게 복을 주신 하나님은 그 다음에 언약을 맺으신다. 언약은 히브리어로 '브리트'(ברית)인데 성서에 많이 등장하는 단어다. 홍수 후에 하나님이 맺으신 언약은 단순히 노아하고만 맺은 언약이 아니며, 노아의 세 아들하고만 맺은 언약도 아니다. 그 언약은 이제 노아의 세 아들을 통해 세상에 퍼질 모든 후손과 맺은 언약이며, 나아가서 방주에서 나온 모든 짐승과 맺으신 언약이다. 즉 온 세상과 맺으신 언약인 것이다. (창 9:15) 창세기 1-11장은 '택함을 받은 백성'만을 위한 말씀이 아니라, 온 세상을 위해 주신 말씀이다.

하나님이 세상과 맺으신 이 언약의 내용은, 다시는 홍수로 사람과 생물을 심판하지 않겠다는 것이었다. 이 언약은 세상에 희망을 주는 언약으로, 노아와 그 아들들에게 '생육하고 번성하고 땅에 충만하라'고 복을 주신 것과 같은 맥락이다. 하나님께서 사람이 그렇게 늘어나 땅에 충만하게 되는 것을 방해하지 않겠다는 말씀도 되기 때문이다. 인류와 세계를 향한 하나님의 이 약속은 예수께서 이 세상에 재림하시는 그날까지 유효하다. 그래서 9:12에 '영원히'(레도로트 올람 לדרת עולם)라는 표현이 있다. 여기서 '영원히'는 '세상 끝 날까지'라는 의미다. 다시는 홍수가 없을 것이라는 하나님의 언약은 세상 끝 날까지 주어진 약속이다.

또 한 가지 주지해야 할 사실은 이 언약에 아무런 조건이 없다는 것이다. 하나님은 다시는 홍수로 멸하지 않겠다고 약속하시면서, '하나님만 경배하라'든지, '죄 짓지 말고 악행을 하지 말라'든지 하는 조건을 붙이지 않으신다. 이 언약은 그런 의미에서 나중에 모세를 통하여 이스라엘 백성과 맺으신 언약과는 차이가 있다. 거기에는 하나님의 율법에 순종해야 한다는 조건이 있다. 하나님의 계명에 순종해야 복을 받고, 그렇지 않으면 저주를 받게 된다. 그러나 창세기 9장에서 보는 언약에는 그런 조건이 없다. 하나님은 이미 세상 사람들이 모두 하나님의 법을 따르지 않을 것이라는 사실을 알고 계셨다. 그럼에도 불구하고 하나님은 두 번 다시 홍수로 멸망시키지 않겠다는 약속을 하셨다. 이는 세상이 하나님의 은총 아래 존재하고 또 지속되고 있음을 암시하는 말씀이다.

9:12 언약의 증거는 하나님은 이 영원한 언약을 위해 한 가지 눈에 보이는 증거를 주신다. 사람들이 보통 약속을 하면서 약속의 징표를 주고받는 것처럼 하나님께서도 인간에게 약속의 징표를 주신 것이다.

9:13 내가 내 무지개를 하나님은 다시는 홍수로 세상을 멸하지 않겠다는 약속의 증거로 무지개를 주셨다. 무지개는 반드시 비가 그친 뒤 보이는 것이므로, 다시는 홍수가 없을 것이라는 하나님의 약속과 잘 어울리는 징표다. 무지개는 비가 오고 그치는 한 계속 될 것이 분명하므로 하나님은 영원한 언약에 어울리는 영원한 증거를 주셨다. 무지개는 하나님의 지혜를 드러내는 증거다.

한편, 무지개를 고대 근동 신화의 흔적으로 생각하는 학자들도 있다. 무지개는 히브리어로 '케쉐트'(קֶשֶׁת)인데, 케쉐트의 일차적인 의미는 활이다. 활과 무지개의 모양이 같기 때문에 활에서 무지개라는 의미가 나왔을 것이다. 바빌로니아 창조 신화인 에누마 엘리쉬를 보면, 바빌론의 신(神) '마르둑'(Marduk)이 혼돈을 상징하는 바다괴물 '티아마트'(Tiamat)를 이긴 후, 싸움에서 사용한 활을 놓고 신들과 새로운 계약을 맺는 이야기가 나온다.[9] 에누마 엘리쉬에서도 창세기처럼 케쉐트가 언약의 징표가 된 것이다. 고대 메소포타미아에서는 무지개를 신들이 걸어놓은 활로 생각하기도 했다.[10]

9) 조철수, 『메소포타미아와 히브리 신화』(서울: 길, 2000), 121.

9:15 내 언약을 기억하리니 하나님은 언약의 증거를 주시는 것으로 만족하지 않으시고, 그 언약을 기억하시겠다는 말씀까지 하신다. 그리고 그 언약을 '내 언약'이라고 말씀하신다. 하나님께서 다시는 홍수로 세상을 심판하지 않겠다고 하신 약속을 얼마나 중히 여기시는지 알 수 있는 말씀이다.

9:16 영원한 언약을 기억하리라 9:16-17은 언약의 결론이자 홍수의 결론이다. 홍수 후에 하나님이 맺으신 언약은 땅의 모든 생물과 맺으신 것으로 인간과 동물을 모두 포함한다. 그 언약은 영원해서 이 세상의 종말, 즉 그리스도께서 재림하시는 날까지 유효하다. 그 언약의 증거는 무지개며, 무지개는 세상을 멸망시키는 홍수가 다시는 없을 것이라는 하나님의 약속을 보증한다. 홍수 이야기는 이렇게 하나님이 세상과 맺으신 언약을 마지막 날까지 기억하겠다는 하나님의 약속으로 끝을 맺는다. 홍수 이야기의 결론은 심판의 목적이 벌이 아니라 구원임을 가르쳐준다.

■ 계시 이해: 은유, 상징

하나님께서 노아의 가족에게 복을 주신 내용은 은유다. 참을 수 없는 인간의 죄악을 세상 끝까지 참으시며, 오히려 인간들이 먹고 살면서 자식을 낳고 번성하도록 하신 것을 계시하고 있다. 인간은 하나님 앞에서 죄를 짓는 존재들이다. 한 사람도 예외가 없다. 그 이유는 선악과 사건으로 인해 인간의 본성이 뿌리까지 부패했기 때문이다. 사람의 마음이 계획하는 것은 어려서부터 악하다.(창 8:21) 하나님의 본성은 거룩함 그 자체이기 때문에 하나님은 인간의 그 죄악을 견디실 수 없었다. 그래서 하나님은 세상을 멸하기로 작정하셨다. 그것은 하나님의 인내심이 부족했기 때문이 아니라, 부패한 인간의 본성으로 인해 세상이 죄악으로 만연했기 때

10) 이희학, 『인간의 죄악과 하나님의 구원행동』(서울: 대한기독교서회, 2003), 249.

문이다. 하나님은 그 부패와 포악함을 용납하실 수 없었다.

그러나 하나님은 거룩한 본성에도 불구하고, 인간의 죄악을 최대한 용납하기로 결정하셨다. 그것은 '영원한' 용납이 아니라 '세상 끝 날'까지만 유효한 용납이다. 그 시기는 하나님이 정하신 것으로 인간은 알 수 없다. 그날이 그리 쉽게 오지는 않을 것이다. 왜냐하면 하나님께서 한 사람이라도 더 구원하기를 원하시기 때문이다. 그러나 그날은 분명히 온다. 하나님은 그날까지 모든 인간이 먹고 살면서 자녀를 낳고 번성하기를 원하신다. 하나님께서 노아의 가족에게 주신 복이 바로 그것이다. 하나님은 노아의 가족에게 주신 복을 통해 세상을 향한 하나님의 사랑을 알리셨다. 하나님은 온 세상 사람들이 이 사실을 알기 원하시는데, 창세기 1-11장이 이 역할을 하고 있다. 창세기 1-11장은 모든 인류에게 주시는 하나님의 말씀이다.

하나님께서 노아의 가족과 더불어 세상과 언약을 맺으셨다는 이야기 역시 은유다. 하나님은 인간의 죄악을 '세상 끝 날'까지 참으시겠다고 결심하신 후, 그 결심을 인간에게 알려주셨다. 세상 끝 날까지 다시는 노아가 경험한 홍수가 없을 것이라고 약속하셨다. 인간의 삶이 세상 끝 날까지 이어질 것을 보장해 주신 것이다. 하나님은 인간을 사랑하셔서 그러한 약속을 하셨다. 과연 하나님의 사랑의 너비와 길이와 높이와 깊이는 인간이 알 수 없다.(엡 3:18-19)

무지개는 상징이다. 하나님의 약속이 영원히 진실하다는 사실을 계시하는 상징이다. 한 사람이라도 더 구원하시기 위해 마지막 순간까지 인간의 죄악을 참으시겠다는 하나님의 약속과 그 약속이 영원히 진실하다는 사실이 무지개라는 상징을 통해 주어진 것이다. 그러므로 기독교인이라면 무지개를 볼 때마다 하나님의 약속을 생각하고 그 사랑에 감사할 수 있다. 그리고 그 사랑을 무지개로 알려주신 하나님의 지혜를 생각할 수 있다. 무지개는 이 세상 끝 날까지 존재할 것이기 때문이다. 하나님은 이 세상 끝 날까지 존재하는 것으로 그날까지 지키실 약속의 징표를 삼으셨다.

창세기 9장에서 인간은 3중의 은혜를 받고 있다. 하나님은 인간이

'생육하고 번성하여 땅에 충만하는 복'을 주셨다. 그리고 그 복이 세상 끝날까지 계속될 것이라고 약속해 주셨다. 또한 그 약속이 진실하다는 징표도 주셨다. 인간의 행복을 바라시며 인간의 죄악을 끝까지 참으시는 하나님의 사랑을 겹겹이 알 수 있는 말씀이다. 하나님은 노아의 가족에게 복 주시는 이야기와 그들과 언약을 맺으시는 이야기를 통해서 인류를 향한 하나님의 사랑을 계시해 주셨다.

6장_ 인류의 확산

1. 노아의 가나안 저주(9:18-29)

■ 포도주에 취한 노아(9:18-23)

9:18 방주에서 나온 노아의 아들들은 셈과 함과 야벳이며 함은 가나안의 아버지라

9:19 노아의 이 세 아들로부터 사람들이 온 땅에 퍼지니라

9:20 노아가 농사를 시작하여 포도나무를 심었더니

9:21 포도주를 마시고 취하여 그 장막 안에서 벌거벗은지라

9:22 가나안의 아버지 함이 그의 아버지의 하체를 보고 밖으로 나가서 그의 두 형제에게 알리매

9:23 셈과 야벳이 옷을 가져다가 자기들의 어깨에 메고 뒷걸음쳐 들어가서 그들의 아버지의 하체를 덮었으며 그들이 얼굴을 돌이키고 그들의 아버지의 하체를 보지 아니하였더라

9:18 함은 가나안의 아버지라 하나님이 노아의 가족과 언약을 맺으신 이야기에 이어서 '노아가 포도주에 취한 이야기'가 나온다.(창 9:20-23)

그런데 이 이야기의 핵심을 파악하기가 쉽지 않다. 그 내용 중에 몇 가지 의문점이 있기 때문이다. 첫째는, 노아가 벌거벗고 잠들 정도로 만취했다는 사실이다. 노아는 하나님과 동행한 의인이었고, 세상이 멸망당할 때 하나님의 은혜로 홍수에서 살아남은 사람이었다. 노아는 하나님의 복을 받았고(창 9:1-7), 하나님은 노아와 언약을 맺으셨다.(창 9:8-17) 그런 노아가 포도주에 만취해 자식들에게 흉한 모습을 보인 것이다. 이것은 하나님과 동행하던 의인의 모습과 어울리지 않는다. 포도주를 포함해 술을 거부하는 분위기가 강한 한국 개신교에서는 더욱 그렇다.

그래서 교회 안에는 노아가 술 취한 것이 기후 변화 때문이라는 설명이 있다. 노아의 잘못이 아니라는 것이다. 성서에는 그런 말이 없지만 홍수 후에 기후가 변화되었고, 그래서 홍수 이전에는 포도즙이었던 것이 홍수 후에 포도주가 되었고, 노아는 그것을 모르고 마셔서 만취하게 되었다는 것이다. 포도즙인 줄 알고 마셨는데 그것이 실은 포도주였고, 그 이유는 홍수 이후의 기후 변화 때문이라는 것이다. 성서적 근거가 있다기보다는 노아를 변호하려는 목적으로 만들어진 설명이다. 이렇게 해서라도 노아가 술 취한 것을 설명하려는 이유는, 노아가 하나님과 언약을 맺은 후에 곧바로 술에 만취한 사실을 받아들이기 어렵기 때문이다. 노아의 만취 사건은 지금까지 은혜롭게 진행되어 오던 이야기의 흐름을 갑자기 끊는 것처럼 보인다.

두 번째 의문은 함의 잘못이 명확하지 않다는 것이다. 굳이 함의 잘못을 집어낸다면, 함이 노아의 하체를 본 것과 덮지 않은 것이라고 할 수 있다. 왜냐하면 셈과 야벳은 얼굴을 돌려 노아의 하체를 보지 않았고 또 덮었다고 하면서, 함의 행동과 대비시키고 있기 때문이다. 물론 함이 지혜롭게 행동했다고 보기는 어렵다. 하지만 함은 노아의 장막에 무심코 들어갔다가 부지불식간에 노아의 벌거벗은 모습을 보았다. 그러므로 노아의 하체를 본 것을 함의 죄라고 하기에는 무리가 있다. 한편, 함이 노아의 하체를 덮지 않은 일을 아버지에 대한 배려가 부족했다고 할 수는 있지만, 그것이 저주를 받을 만큼 큰 죄라고 하기는 어렵다. 함은 아버지의 벌거벗은 모습에 당황했고, 그래서 경황없이 노아의 장막에서 나왔을 수 있기 때문이다. 셈과 야벳은 함의 말을 들었기 때문에, 좀 더 침착하게 노아의 상황에 대처할 수 있었을 것이다.

이렇게 함이 저주받을 만큼 큰 죄를 지었다고 보기 어렵기 때문에, 유대인들의 전통적 해석 중에는 함이 실수로 노아의 생식기를 상하게 했다는 설명이 있다.[1] 함의 잘못은 단순히 노아의 하체를 본 것이 아니라, 노아의 생식 기능을 상하게 한 것이라는 설명이다. 그로 인해 노아가 '생육하고 번성하여 땅에 충만하라'는 하나님의 명령을 지키지 못하게 되었기 때문에, 함이 노아의 저주를 받았다고 한다. 지나친 추측이라는 느낌을 지울 수는 없지만, 이런 설명이 있는 이유가 바로 함의 잘못이 명확하지 않기 때문이다.

세 번째 의문은 함이 잘못했는데 저주는 함의 아들 가나안이 받았다는 사실이다.(창 9:18, 25-27) 성서에 "아버지의 죄악을 자식에게 갚아 삼사대까지 이르게 하리라"(민 14:18)라는 말씀이 있지만, 인간은 각자 자신의 죄에 대한 벌을 받을 뿐 '아버지의 죄를 아들이 받는 것은 아니다'라는 말씀도 있다.(겔 18:5-20) 그러므로 후대에 주어진 율법의 계명을 함과 가나안의 경우에 적용시키기는 어렵다. 함이 잘못했는데 가나안이 저주를 받은 사실이 분명히 이상하기 때문에, 유대인들의 전통적 해석 중에 함이 아니라 가나안이 노아의 장막에 들어갔고, 가나안의 실수로 노아의 신체가 상하게 되었다는 설명이 있다.[2] 그래서 가나안이 벌을 받았다는 것이다. 물론 성서에는 없는 이야기다.

이런 의문점을 해결하기 위해서 이 이야기의 주인공이 누구인가에 초점을 두고 살펴볼 필요가 있다. 그것은 이야기의 주인공이 노아인가, 함인가, 아니면 가나안인가 하는 것이다. 일단 노아를 주인공으로 보면

1) Robert Graves & Raphael Patai, *Hebrew Myths*(New York: Anchor Books, 1963), 121.
2) *Ibid.*, 121.

이렇다. 노아는 하나님께 인정받은 의인이지만, 그런 의인도 술에 취하면 흉한 모습을 보이고 그 결과 손자를 저주하게 된다는 것이다. 그렇다면 이 이야기의 주제는 '의인의 실수와 무서운 결과' 정도가 될 것이다. 노아는 의인이지만 술 취하는 실수를 했고, 그 결과 가나안이 저주를 받았기 때문이다. 이처럼 노아를 주인공으로 보면 이 이야기에서 '술 취함'과 관련된 교훈을 얻을 수 있다. 술이 재앙과 근심과 분쟁의 근원이 된다는 잠언 20:1, 23:29-35와 같은 맥락의 교훈이다.

함을 주인공으로 볼 수도 있다. 노아의 만취한 현장을 제일 처음 본 것이 함이었으며, 함이 취한 행동이 셈과 야벳이 한 행동과 대조되기 때문이다. 확실히 함은 지혜롭지 못했다. 그래서 노아의 실수에 지혜롭게 대처하지 못한 함의 잘못이 이야기의 핵심처럼 보이기도 한다. 만약 그렇게 본다면 이 이야기는, '자식은 부모의 허물을 덮고 그 명예를 존중해야 한다'라는 것을 가르치는 것 같다. 함이 셈과 야벳처럼 행동했더라면, 9:27에서 보는 노아의 복을 함이 받았을 것이기 때문이다. 그렇다면 이 이야기가 주는 교훈은 '부모에 대한 자식의 바른 도리' 정도가 될 것이다.

그러나 실은 이 이야기의 주인공은 노아도, 함도 아닌 가나안이다. 노아의 만취 사건은 가나안에 대한 이야기를 하기 위한 것이라는 뜻이다. 이야기가 시작되는 창세기 9:18에 "함은 가나안의 아버지라"라는 말이 이 사실을 강하게 뒷받침하고 있다. 9:18에 노아의 세 아들 중 유독 함의 자식만 언급되었으며, 그것도 함의 네 아들 '구스, 미스라임, 붓, 가나안'(창 10:6) 중에서 유독 가나안만 언급되었다는 사실은, 이 이야기의 진정한 주인공이 바로 가나안이라는 것을 밝혀준다. 그래서 9:22에 다시 한 번 '함이 가나안의 아버지'라고 강조되어 있고, 함이 잘못을 저질렀는데 가나안이 저주를 받아 가나안이 셈의 종이 된 것이다.(창 9:25-27) 노아가 포도주에 만취한 사건의 주인공은 가나안이며, 그렇게 볼 때 이 이야기의 교훈은 무척 달라진다.

여기서 염두에 두어야 할 것은, 이 사건은 홍수 이야기의 부록이 아니라 새로운 이야기의 시작이라는 것이다. 이 사건은 홍수 이야기와 셈,

함, 야벳의 족보 사이에 위치해 있는데, 그 내용이 홍수 이야기에 속한 것이 아니라 셈, 함, 야벳의 족보에 속한다는 말이다. 성서의 장(章) 구분은 주후 13세기에 일어난 일이기 때문에, 얼마든지 9:18-27을 10장과 연결시켜 이해할 수 있다. 노아가 포도주에 만취한 이야기의 목적은, 지리적으로 함의 자손에 속하는 가나안 땅이 후대에 셈 자손의 땅이 되는 것을 설명하기 위한 신학적 복선이다. 셈의 자손인 아브라함이 함 족속의 땅인 가나안을 차지하는 일이 정당하다는 것을 말하기 위한 사전 작업이다. 인류의 조상이 된 노아가 이러이러한 일로 가나안은 셈의 종이 될 것이라고 저주했기 때문에, 셈의 후손인 아브라함이 가나안을 차지하는 것은 당연한 일이라는 것이다. 그런 관점에서 보면 이 이야기의 초점은 '함의 잘못'이 아니라 '가나안이 받은 저주'에 있다.

이 이야기는 하나님께서 아브라함에게 가나안 땅을 주신 일이 노아 때부터 계획되었음을 암시하고 있다. 이 사실을 노아가 포도주에 취한 사건에서부터 아브라함이 가나안에 들어가기까지, 가나안이라는 이름이 계속 나오는 것에서 확인할 수 있다.(창 9:18, 22, 25, 26, 27, 10:6, 15, 18, 19, 11:31, 12:5, 6) 노아의 만취 사건은 가깝게는 아브라함이 가나안 땅에 들어가는 것을 준비하고, 멀리는 이집트를 탈출한 이스라엘 백성이 가나안 땅을 점령하고 정착하는 일을 준비한다. 노아가 포도주에 취한 것과 같은 유형의 이야기는 고대 메소포타미아에는 없는, 성서에만 있는 독특한 이야기다.[3] 홍수 이야기는 메소포타미아 신화에도 있지만, 노아가 포도주에 취한 것과 비슷한 이야기는 전혀 없다는 사실이 흥미롭다.

9:19 노아의 세 아들로부터 사람들이 온 땅에 퍼지니라 이 구절은 "생육하고 번성하여 땅에 충만하라"(창 9:1)라는 하나님의 복이 이루어지고 있음과 함께, 모든 인종이 한 뿌리에서 나왔음을 밝히는 말씀이다. 창세기 기자가 DNA를 알았을 리 없지만, 하나님이 주신 지혜를 따라 인

3) Nahum Sarna, *Genesis* (Philadelphia: Jewish Publication Society, 1989), 63.

류의 뿌리는 하나라고 말하고 있다.

9:20 포도나무를 심었더니 방주에서 나온 노아가 '왜 하필이면 포도나무를 심었는가?'라는 질문을 할 수 있다. 이에 대해 노아가 고령의 나이에도 불구하고 '생육하고 번성하여 땅에 충만하라는 명령을 실천하기 위해서'라는 설명이 있다.[4] 자식을 얻기 위해 포도나무를 심었다는 것이다. 우리아의 경우에서 볼 수 있듯이(삼하 11:13), 고대로부터 술은 성(性)과 관계가 깊다. 그러나 앞에서 밝혔듯이 이 이야기의 주인공은 가나안이며, 그 목적이 함 자손의 가나안 땅이 셈 자손에게 주어지는 일에 대한 정당성을 주는 것이므로, 굳이 포도나무를 성(性)과 연결시킬 이유는 없다.

9:21 취하여 벌거벗은지라 노아가 포도주에 취해 벌거벗고 잠든 것에 대해서, 노아 역시 약점을 가진 인간이라는 설명이 있다. 하나님과 동행한 의인 노아가 술로 인해 인사불성이 된 모습은 아무리 좋게 보려고 해도 좋은 모습이 아니기 때문이다. 그러나 이 이야기의 주인공과 목적을 생각한다면, 노아의 만취한 모습에 연연할 필요가 없다. 그것이 이야기의 주제가 아니기 때문이다.

9:22 가나안의 아버지 함 다시 한 번 이 이야기의 주인공이 가나안임을 알 수 있게 하는 구절이다. 노아의 하체를 본 것은 단순히 '함'이 아니라 '가나안의 아버지 함'임을 강조하고 있다. 함은 가나안을 이 이야기에 등장시키기 위한 매개 역할을 하는 인물일 뿐이다.

9:23 셈과 야벳이 옷을 가져다가 아버지의 수치스러운 모습을 본 함

---

4) Hirsch Cohen, *The Drunkeness of Noah* (Alabama: University of Alabama, 1974), 12.

은 적절한 행동을 취하지 못했다. 그러나 셈과 야벳은 아버지의 하체를 보지 않으면서 그 벗은 몸을 덮었다. 함과 다른 두 아들이 취한 행동에는 확실히 차이가 있다.

■ 가나안이 받은 저주(9:24-29)

9:24 노아가 술이 깨어 그의 작은 아들이 자기에게 행한 일을 알고
9:25 이에 이르되 가나안은 저주를 받아 그의 형제의 종들의 종이 되기를 원하노라 하고
9:26 또 이르되 셈의 하나님 여호와를 찬송하리로다 가나안은 셈의 종이 되고
9:27 하나님이 야벳을 창대하게 하사 셈의 장막에 거하게 하시고 가나안은 그의 종이 되게 하시기를 원하노라 하였더라
9:28 홍수 후에 노아가 삼백오십 년을 살았고
9:29 그의 나이가 구백오십 세가 되어 죽었더라

9:25 가나안은 저주를 받아 술에서 깨어난 노아는 일어난 이야기를 듣고 나서 가나안을 저주한다. 가나안의 입장에서는 무척 억울한 일이다. 그러나 노아가 만취한 사건의 목적이 셈의 후손이 가나안 땅을 차지하는 것에 정당성을 주기 위한 것이기 때문에 가나안이 저주를 받는다. 그런데 가나안에 대한 노아의 저주를 흑인 노예들에게 적용하는 일이 미국에서 있었다. 가나안이 흑인을 뜻하므로 저주를 받은 흑인을 노예로 삼아도 된다는 생각이었다. 불행히도 이런 생각이 교부들과 랍비들로 인해 싹텄다.[5] 성서를 오해하거나 왜곡할 때 어떤 일이 일어나는지 보여주는 예다.

9:25 종들의 종이 되기를 종의 종이 된다는 표현은 가나안이 가장

5) Stephen R. Hayes, *Noah's Curse*(Oxford: Oxford University, 2002), 6-8.

낮은 종이 된다는 것이다. 지극히 거룩한 곳이라는 지성소도 히브리어로 같은 형식으로 표현되었다.

9:26 가나안은 셈의 종이 되고 노아는 셈과 야벳을 축복하고 가나안을 저주하는데, '가나안이 셈의 종이 된다'라는 것은 결국 셈의 후손이 가나안 땅을 차지하게 된다는 의미다. 노아의 저주는 아브라함의 가나안 이주로 시작되어, 출애굽한 이스라엘 백성의 가나안 정착으로 완전히 이루어진다.

9:27 야벳을 창대하게 하사 셈의 장막에 거하게 하시고 야벳이 셈의 장막에 거하게 된다는 표현은 셈이 가장 큰 복을 받고 가장 높은 위치를 차지한다는 뜻이다.

9:29 구백오십 세가 되어 죽었더라 600살에 홍수를 겪은 노아는 그 후 350년을 더 살아 950살에 죽었다. 노아의 죽음에 대한 기사는 5장에서 보는 노아 조상들의 죽음에 대한 기사와 그 형태가 다르다. 비록 작은 예이기는 하지만 여기서도 홍수 이전과 이후의 차이를 볼 수 있다.

3. 계시 이해: 은유

노아가 포도주에 만취한 사건은, 하나님의 구원 행위가 역사 가운데 실행될 것이라는 사실을 밝히는 은유다. 이 사건은 가깝게는 아브라함의 가나안 이주를 예비하고 있으며, 멀게는 이스라엘의 가나안 정착을 예비하고 있다. 하나님은 홍수 후에 인간이 다시 죄 지을 것을 아셨다. "사람의 마음이 계획하는 바가 어려서부터 악함이라"(창 8:21)라고 말씀하신 것이 바로 이 사실을 명백히 밝히고 있다. 그럼에도 불구하고 다시는 땅을 저주하지 않으시고 땅 위의 생물을 멸하지 않겠다고 약속하셨다. 다만 그 약속은 영원히 유효한 것이 아니라 하나님께서 정하신 종말의 때까지만 유효하다. 그런 가운데서 하나님은 마지막 심판 때까지 노아와 같은 의인들을 구원하기로 계획하셨다.

하나님의 구원 계획은 아브라함을 선택하여 가나안으로 이주하게 하신 뒤, 그 땅을 아브라함의 후손인 이스라엘 백성에게 주시는 일로 시작한다. 이스라엘 백성 중에서 그리스도(메시아)를 태어나게 하시고, 그리스도를 통해 죄 사함과 부활을 이루신 다음, 성령 강림을 통해 교회를 세우시는 것이다. 그렇게 세워진 교회가 세상 끝 날까지 방주의 역할을 하면서, 사람들을 하나님께서 허락하신 영원한 생명으로 인도한다. 노아의 만취 사건은 노아가 가나안을 저주함으로써, 하나님이 함 자손에 속한 가나안 땅을 셈의 후손에게 주신다는 것을 알려준다. 하나님의 구원 계획이 그렇게 시작될 것을 간접적으로 계시하는 것이다.

또 이 이야기는 본격적으로 역사시대가 시작됨을 암시한다. 노아가 만취한 사건은 홍수 사건의 말미에 붙은 부록이 아니라 역사시대를 여는 서막이다. 실제 역사에 등장하는 가나안이라는 이름이 나오는 것이 그 증거다. 하나님은 노아가 포도주에 취하여 벌거벗고 잤다는 흥미로우면서도 초점이 난해한 이야기를 통해서, 역사시대와 아브라함의 등장을 준비하시고, 먼 훗날에 있을 이스라엘 민족의 가나안 정착을 미리 준비하신다. 하나님의 깊은 지혜가 또다시 드러나고 있다.

2. 셈, 함, 야벳의 족보(10:1-32)

■ 창세기 10장의 족보 이해(10:1)

10:1 노아의 아들 셈과 함과 야벳의 족보는 이러하니라 홍수 후에 그들이 아들들을 낳았으니

족보의 목적 창세기 10장에 있는 셈, 함, 야벳의 족보는 외형상으로

는 홍수 이야기와 무관해 보이지만, 전체적인 흐름을 볼 때 분명히 홍수 이야기와 관계가 있다. 10장은 9:1, 7의 "생육하고 번성하여 땅에 충만하라"는 하나님의 말씀이 이루어진 것이기 때문이다. 온 세상 민족이 '땅에 충만하라'는 하나님의 뜻을 따라 존재하게 되었다는 것이 셈, 함, 야벳의 족보가 가진 목적이다. 홍수가 끝나고 노아와 그 아들들이 방주에서 나왔을 때는, 세상의 모든 사람은 다 멸망하고 단지 노아의 가족만 남은 상황이었다. 하나님은 그런 상황에서 노아와 그 아들들에게 '생육하고 번성하여 땅에 충만할 것'을 명령하셨고, 그렇게 될 수 있도록 복을 주셨다. 창세기 10장은 하나님의 그 명령이 이루어져 하나님의 뜻대로 세상에 사람들과 민족들이 퍼지게 되었음을 말하고 있다.

그와 더불어 창세기 10장은 온 인류가 하나의 뿌리에서 나왔음을 강조하고 있다. 세상에 많은 나라와 다양한 족속들이 있지만, 그들은 모두 노아의 세 아들들의 후손들로서, 노아라는 하나의 뿌리를 가지고 있음을 말한다. 그런데 그 노아를 살리신 분이 하나님이시다. 이것은 결국 노아와 그 가족을 살리신 하나님의 주권이 노아를 통해 번성한 온 세상에 미치고 있음을 나타낸다. 즉 하나님이 온 세상 나라와 민족을 통치하고 계심을 말한다. 이것은 하나님이 세상을 창조하셨다는 창조 신앙과도 관계가 있다.

이렇게 볼 수 있는 근거는 70이라는 숫자 때문이다. 창세기 10장에 언급된 이름은 모두 70개다. 10:8의 니므롯까지 포함하면 71개이지만, 아주 다른 방법으로 기록되어 있는 니므롯은 족보에서 제외시켜야 한다. 니므롯을 빼고 계산해야 하는 이유는 나중에 설명할 것이다. 70이라는 숫자는 분명히 의도적이고 신학적인 숫자다. 성서에서 70은 규모가 큰 전체를 뜻하는 숫자이고, 7은 규모가 작은 전체를 의미하는 숫자다. 이집트로 내려간 야곱의 가족 숫자가 모두 70이었고(창 46:27), 광야에서 이스라엘 전체를 대표하는 장로들의 숫자가 70이었다.(출 24:9, 민 11:24) 에스겔도 예루살렘의 우상 숭배를 지적하면서 이스라엘 족속의 장로 70명을 언급한다.(겔 8:11) 그런가 하면 기드온의 아들이 70명이었고(삿 8:30), 아함의 아들도 70명이었다.(왕하 10:1) 이스라엘 전통에서 70이라는 숫자는 전체 가족을 의미하는 숫자다. 창세기 10장의 70이라는 숫자 역시 의미 없는 70이 아니라, 세상의 모든 나라와 민족을 의미하는 숫자다. 이 숫자를 채우기 위해 셈의 자손 중에 역사적으로 그리 중요치 않은 종족들의 이름이 등장했을 것이다. 창세기 10장은 홍수 후에 온 세상에 퍼진 모든 나라와 민족의 뿌리는 하나이며, 하나님의 섭리와 은혜 아래 그렇게 되었다는 말을 하고 있다.

해석의 어려움 창세기 10장은 그 외형이 족보의 형태로 되어 있으나 이는 개인과 개인의 혈통적 관계를 보여주는 족보가 아니다. 창세기 10장에 나오는 '낳았다, 아버지, 아들' 등의 단어는 육체적으로 낳았다는 의미가 아니라, 서로가 지역적, 정치적, 언어적 관계 등으로 얽혀 있음을 뜻한다. 여기에 나오는 이름들은 개인의 이름이 아니고 거의 모두 민족, 종족 이름이거나 지명, 국가 이름이다. 그 시기가 언제인지 정확히 알 수 없으나, 가나안을 중심으로 한 주변 지역의 나라와 민족들의 정치적, 지리적, 언어적, 문화적 관계 등을 나타내고 있다. 성서는 정치적, 지리적, 민족적 관계를 이렇게 족보 형식으로 설명하는 경우가 종종 있다. 족보는 복잡한 관계를 쉽게 설명하기 위한 수단으로 사용되었다.

창세기 10장 해석에도 몇 가지 어려운 점들이 있다. 첫째, 그 이름을 가진 지역의 위치를 확인하기 어렵다. 학자들은 70개의 이름이 각각 어떤 지역을 말하는지 알기 위해 연구했지만 여전히 그 위치를 알 수 없는 이름들이 있다. 둘째, 10:8-12에 있는 니므롯에 대한 이야기도 이해하기 어렵다. 니므롯과 그와 관계된 9개의 이름들(바벨, 에렉, 악갓, 갈레, 앗수르, 니느웨, 르호보딜, 갈라, 레센)은 셈, 함, 야벳 자손의 이름에 들어가 있지 않다. 그런데 창세기 10장은 이에 관해 꽤 길게 설명하고 있다. 중요하게 취급하고 있다는 의미다. 셋째, 족보의 순서가 야벳, 함, 셈의 순서로 된 것도 논의의 대상이다. 앞에서 여러 번 언급된 것처럼 셈, 함, 야벳의 순서가 자연스러운데(창 5:32, 6:10, 7:13, 9:18, 10:1), 창세기 10장에 들어서서 갑자기 그 순서가 야벳, 함, 셈으로 달라졌다.

하지만 가장 어려운 점은 셈, 함, 야벳의 자손들을 어떤 근거로 구분했는지 그 기준을 찾기 어렵다는 것이다. 본문은 셈, 함, 야벳의 자손들이 '족속과 언어와 지방과 나라'별로 구별되었다고 하지만(창 10:5, 20, 31), 그 구별의 기준이 지리적 관계인지, 혈통적 관계인지, 정치적 관계인지, 언어적 관계인지, 경제적 관계인지, 사회적 관계인지 정확히 알 수 없다. 어떤 경우에는 지리적 관계로, 다른 경우에는 혈통이나 정치적 관계로 구분되었기 때문에, 그 명확한 기준을 알기 어렵다. 예를 들면 지리적, 혈통적, 언어적으로 당연히 셈의 자손이어야 할 '바벨, 앗수르, 니느웨'(창 10:8-12) 등이 함의 자손으로 구분되었다. 또 지리적으로 셈의 자손에 속해야 할 '아라비아 반도 서쪽과 남쪽 지역'(창 10:7의 스바, 드단 등)도 함의 자손으로 되어 있다. 가나안 역시 지리적으로나 언어적으로 셈의 자손에 속해야 하는데 함의 자손으로 되어 있다. 헷(히타이트)이 가나안의 아들로 나오는 것도 이해하기 어렵다.(창 10:15) 그런가 하면 스바와 하윌라의 경우 함의 자손에도 이름이 들어가 있고(창 10:7), 셈의 자손에도 이름이 들어가 있다.(창 10:28-29)

이런 이유로 창세기 10장의 족보는 정치적 기준으로 구분되었다고 하기도 한다. 기본적으로 고대 근동의 복잡한 정치적 상황이 반영된 것이라는 주장이다. 하지만 지리적 요인이 기본적이라는 견해도 만만치 않다. 설명하기 어려운 점들이 있기는 하지만 가나안 땅을 기준으로 야벳은 북서쪽 지역, 함은 남동쪽 지역, 셈은 북동쪽 지역을 차지하고 있다고 본다. 한편, '사회-문화적 기준'(sociocultural position)에 의해 구별되었다고 보는 견해도 있다.[6] 야벳의 자손은 해양문화를, 함의 자손은 도시문화를, 셈의 자손은 유목문화를 대표한다는 것이다. 야벳 자손에 대해서는 "각기 언어와 종족과 나라대로 바닷가의 땅에 머물렀더라"(창 10:5)라는 말씀이 있으며, 함 자손의 경우에는 바벨, 에렉, 앗수르, 니느웨 같은 고대의

6) Bill T. Arnold, *Genesis* (Cambridge: Cambridge University, 2009), 116.

대표적인 도시 이름들이 보이며, 셈 자손의 경우에는 아라비아 반도의 유목민족 이름들이 많이 보인다. 그러나 모든 이름이 이런 특징에 딱 들어맞는 것은 아니다.

창세기 10장 해석에 어려움이 있는 근본적인 이유는 야웨 문서(J)와 제사 문서(P)가 합쳐졌기 때문이라는 설명도 있다. 예를 들면 '누구는 누구를 낳고'(창 10:15)라는 족보는 야웨 문서이며, '누구의 아들은 누구'(창 10:2, 3)라는 족보는 제사 문서인데,[7] 후대 문서인 제사 문서를 기초로 고대 자료인 야웨 문서가 첨가되어 편집된 결과 창세기 10장이 복잡하게 되었다는 것이다. 창세기 10장이 말하는 셈, 함, 야벳 자손의 분류 기준에 대한 설명이 이처럼 구구하지만, 그렇다고 해서 야벳은 백인종, 함은 흑인종, 셈은 황인종의 조상이라고 말하는 것은 지나친 비약이다. 그 지역들이 서로 섞여 있기 때문이고 또 본문의 목적이 그렇지 않기 때문이다.

문제의 핵심: 니므롯 창세기 10장의 해석이 어려운 가장 큰 이유는 니므롯의 등장 때문이다. 니므롯이 세웠다는 나라와 성읍들은 분명히 셈 자손의 땅에 속하며 언어적, 민족적으로도 셈의 후손이 분명한데, 창세기 10장은 니므롯이 구스의 아들이라고 하면서 함의 자손에 속한다고 한다. 이로 인해 셈, 함, 야벳의 자손들을 구별하는 기준이 혼란스럽게 되었는데, 이는 니므롯에 대한 이해가 창세기 10장 해석에 아주 중요하다는 것을 뜻한다.

우선 니므롯에 대한 이야기인 창세기 10:8-12는 후에 첨가된 것이 분명하다. 니므롯이라는 이름은 10:7에서 보는 구스의 아들 명단에서 빠져 있다. 10:7은 분명히 구스의 아들이 스바, 하윌라, 삽다, 라아마, 삽드가 등 다섯 명이라고 한다. 그 후 10:8에서 다시 구스는 니므롯을 낳았다고 하는데, 이는 이 부분이 나중에 첨가된 것이기 때문이다. 니므롯을 묘사하는 내용 역시 아주 독특해서 10장 다른 곳에서는 볼 수 없다.

7) 이희학, 『인간의 죄악과 하나님의 구원행동』(서울: 대한기독교서회, 2003), 261.

니므롯을 역사적인 실제 인물로 보기는 어렵다. 니므롯이 큰 나라를 세웠다는 말씀에 기초해, 아카드 제국을 건설한 사르곤 1세의 손자 '나람신'(Naram-Sin, BC 약 2254-2218)일 것이라는 설명과, 바빌론을 처음 점령한 아시리아의 투쿨티닌우르타 1세(Tukulti-Ninurta I, BC 약 1234-1197)일 것이라는 설명이 있지만,[8] 확실한 근거는 없다. 이런 점들을 고려할 때 니므롯 이야기는 구스와 미스라임의 족보 사이에 첨가된 것이 분명하다.

그렇게 볼 때 니므롯 이야기가 첨가된 목적에 대한 의문이 생긴다. '왜 니므롯과 그가 세운 나라에 대한 내용이 첨가되었을까?'라는 의문이다. 족보의 흐름을 방해하면서 셈 자손의 땅이 분명한 지역을 함 자손의 땅이라고 말하는 혼란을 일으킬 뿐인데 말이다. 니므롯 이야기가 첨가된 목적은 노아의 만취 사건과 마찬가지로, 셈의 후손인 아브라함이 함의 후손 땅인 가나안을 차지하는 것을 정당화하기 위해서일 것이다. 함의 자손인 니므롯이 시날이라는 셈 후손의 땅을 차지했다면, 셈의 자손인 아브라함도 가나안이라는 함 후손의 땅을 차지할 수 있다는 당위성을 암시하는 것이다. 그 말을 하기 위해서 니므롯 이야기가 함의 아들 구스와 미스라임에 대한 이야기 사이에 첨가되었다.

니므롯 이야기 역시 아브라함의 등장을 준비하기 위한 신학적 복선이다. 아브라함의 자손이 가나안 땅을 차지하는 일이 정당하다는 것을 암시하기 위한 것이다. 그런 의미에서 니므롯 이야기는 노아의 만취 사건과 같은 목적을 가지고 있다. 그리고 하나님이 가나안 땅을 아브라함에게 약속하신 일이 몹시 중요한 일임을 밝혀준다. 그것이 하나님이 세우신 구원 계획의 첫걸음이기 때문이다. 이 이야기는 후대의 사건을 정당화하려는 인위적인 편집이 아니다. 인간에게 하나님의 계획을 이해시키려는 하나님의 지혜다. 니므롯 이야기는 인간의 서툰 편집의 흔적이 아니라, 하나님의 지혜를 담고 있다. 하나님은 아브라함에게 가나안 땅을 약속하신 일

8) Nahum Sarna, *Genesis*(Philadelphia: Jewish Publication Society, 1989), 73.

을 놓고, 사람들이 충분히 납득하도록 여러 가지로 설명하신다. 하나님께서 이 일을 그만큼 중요하게 생각하셨다는 증거이기도 하다.

아브라함의 등장 준비 창세기 10장의 족보가 셈, 함, 야벳의 순서가 아니라 야벳, 함, 셈의 순서로 된 사실에서도, 창세기 10장이 12장의 아브라함의 등장을 준비하고 있음을 확인할 수 있다. 세 아들의 이름 순서를 바꾼 것은 그렇게 해야만 창세기 10장의 족보가 11장에 있는 셈의 족보와 연결되면서, 결국 12장의 아브라함까지 이어지기 때문이다. 10장에서 보는 셈의 족보는 에벨의 두 아들 벨렉과 욕단 중에 동생인 욕단의 자손들을 보여준다.(창 10:25-30) 그러나 11장에서 보는 셈의 족보는 큰 아들인 벨렉의 자손들을 보여준다.(창 11:18-26) 그리고 벨렉의 자손은 아브람(아브라함)까지 이어진다. 창세기 10장은 셈의 자손을 마지막에 언급하면서, 11장의 셈의 족보와 연결되고 또 아브라함의 등장과 이어지도록 했다.

그런 의미에서 창세기 10장이 셈의 족보를 야벳, 함에 이어 마지막에 둔 것은 야벳을 부각시키기 위한 것이 아니라 셈을 부각시키기 위한 것이다. 그리고 그 일은 아브라함의 등장과 관계가 있다. 창세기 10장에서 중요한 자손은 제일 먼저 등장하는 야벳의 자손이 아니라, 가장 나중에 등장하는 셈의 자손이다. 이것은 언급된 세대에서도 확인할 수 있다. 야벳은 3대, 함은 4대가 언급되었지만 셈의 경우 10장에서 6대, 11장에서는 10대가 언급되고 있다. 창세기 10장의 족보는 노아의 세 아들 중 장자인 셈의 자손이 그 중심이 되고 있다. 그 이유는 아브라함이 셈의 자손이기 때문이다.

고대의 세계지도 창세기 10장은 당시에 알고 있던 세계를 가나안을 중심으로 그린 세계 지도라고 할 수 있다. 다시 말해 구약시대의 눈으로 본 세상 전체인 것이다. 구약시대 이스라엘 사람들이 알고 있던 세계가 창세기 10장에 들어가 있다. 물론 창세기 10장이 실재하는 세상 전체는 아니다. 창세기 10장에 나타난 세계는 아무리 크게 보아도, 지중해와 유럽 남부, 중동과 아프리카 일부일 뿐이다. 여기서 언급된 지역을 현대의 국가 이름으로 살펴보면 그리스, 터키, 러시아의 남쪽 일부, 시리아, 이라크, 이란, 아라비아 반도와 레바논, 이스라엘과 그 주변, 이집트와 리비아, 수단, 에티오피아 정도다. 이스라엘을 중심으로 반경 약 2,400km 이내에 있는 지역들로, 이것은 실제 지구 전체의 약 20분의 1에 해당되는 지역이다. 구약시대 사람들은 이것을 지구 전체로 이해했다.

이것은 창세기 기자의 잘못이 아니다. 구약시대 이스라엘 사람들에게 알려졌던 세계는 이것이 전부였다. 이라크 남부 시파르(Sippar)에서 발견된 주전 600년경 바빌로니아 지도에 그려진 세계 역시 창세기 10장에서 묘사된 것과 아주 비슷하다.[9] 고대의 지리적 관점에서 볼 때 창세기 10장의 지리 묘사에는 아무 문제가 없으며, 오히려 당시의 세계관과 일치하는 지도라고 말할 수 있다.

■ 야벳의 자손(10:2-5)

10:2 야벳의 아들은 고멜과 마곡과 마대와 야완과 두발과 메섹과 디라스요
10:3 고멜의 아들은 아스그나스와 리밧과 도갈마요
10:4 야완의 아들은 엘리사와 달시스와 깃딤과 도다님이라
10:5 이들로부터 여러 나라 백성으로 나뉘어서 각기 언어와 종족과 나라대로 바닷가의 땅에 머물렀더라

9) Michael Kerrigan, *The Ancients in Their Own Words*(London: Amber Books, 2009), 36-37 참고. 주전 6세기와 주후 1세기에 그려진 지도를 보면 세계가 창세기 10장에서 묘사된 것과 유사하다. 다만 이 지도들은 좀 더 넓은 지역을 그리고 있다. 인도가 포함되어 있고 유럽과 아프리카가 조금 더 크며 그 밖은 바다이다.

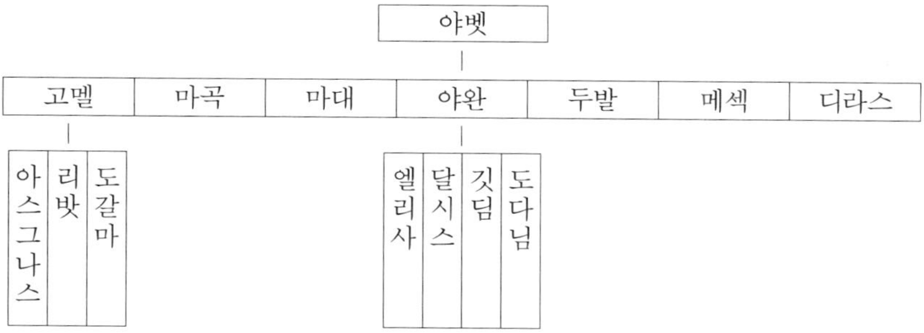

10:2 고멜 고멜은 흑해 북동쪽 코카서스(Caucasus) 산맥 너머에 살다가 주전 8세기 말 터키의 소아시아 내륙 지역, 갑바도기아(Cappadocia) 근처에 정착한 민족이다. 에스겔 38:6에 등장하며 아시리아어로 *Gimmiraya*(영어 Cimmerians)로 기록되었다.[10]

10:2 마곡 마곡이 터키의 소아시아 해안 지역 리디아(Lydia)에 정착한 기게스(Giges) 민족이라는 학자들도 있고, 마곡이 땅 이름인지 민족 이름인지 확실치 않다는 학자들도 있다. 성서 외적 자료에 '마곡'이라는 이름이 전혀 등장하지 않기 때문에 그 어느 것도 확실하지 않다. 마곡은 에스겔 38:2와 39:6에 등장하며, 에스겔의 예언으로 인해 '곡과 마곡'은 메시아가 오기 전에 있을 마지막 전쟁과 연관된 이름으로 알려졌다. 그런 전통이 요한계시록까지 이어져서 요한계시록 20:7-8에 "천년이 차매 사탄이 그 옥에서 놓여 나와서 땅의 사방 백성 곧 곡과 마곡을 미혹하고

10) 창세기 10장에 언급된 이름을 지명과 확인하는 작업은 기본적으로, Nahum Sarna, *Genesis*(Philadelphia: The Jewish Publication Society, 1989), 70-80과, Barry J. Beitzel, *The Moody Atlas of Bible Lands*(Chicago: Moody Press, 1985), 76-79와 Umberto Cassuto, *From Adam to Noah*(Jerusalem: The Magnes Press, 1984), tr. by Israel Abrahams, part two, 190-224와 히브리어 창세기 주석인 Moshe Weinfeld, *Bereshit*(*Genesis*), Encyclopedia Olam ha-Tanak(Tel-Aviv: Revivim, 1982), 73-81과, 이희학, 『인간의 죄악과 하나님의 구원행동』(서울: 대한기독교서회, 2003), 266-277을 참고하였다.

모아 싸움을 붙이리니 그 수가 바다의 모래 같으리라"라는 말씀이 있다.

10:2 마대 마대는 이란 서북부 지역에 정착한 메대(Medes) 민족과 그들의 땅을 말한다. 그들은 인종적으로 인도-유럽계에 속하는데, 주전 550년 페르시아의 고레스에 의해 정복되었다. 마대는 열왕기하 17:6, 18:11, 이사야 13:17, 21:2, 예레미야 25:25, 51:11, 28 등에서 언급되었다.

10:2 야완 야완은 그리스 해안 지역에 살았던 이오니아(Ionian) 민족을 말하는데, 이들은 터키 소아시아 해안 지역에 정착하기도 했다. 야완은 이사야 66:19, 에스겔 27:13에 등장하며, 후에 모든 그리스인을 칭하는 용어로 사용되었다.(단 8:21, 10:20) 현대 히브리에서도 야완(야반 יוון)은 그리스를 말한다. 에스겔 27:13에서 야완은 두발, 메섹과 더불어 노예와 놋그릇을 거래한 상인으로 언급되었다.

10:2 두발 두발은 터키 남쪽 길리기아(Cilicia) 지방에 정착한 민족이다. 두발은 이사야 66:19, 에스겔 32:26, 38:2, 3, 39:1 등에서 언급되었다.

10:2 메섹 메섹은 터키의 길리기아 지방 북동쪽에 정착한 민족으로 두발과 함께 언급되는 경우가 많다.(겔 27:13, 32:26, 38:2, 3, 39:1)

10:2 디라스 디라스는 불명확하다. 주전 13세기 말과 12세기 초에 이집트를 침공했으며, 1220년경 파라오 메르넵타(Merneptah)에 패배한 해양민족 투르샤(Tursha)라고 생각하는 학자들이 있고, 터키의 소아시아에서 이탈리아로 이주한 에트루리아인(Etruscans)이라고 생각하는 학자들도 있다. 에트루리아 사람은 그리스 문헌에서 튀르세노이(*Τυρσηνοι*)로 등장한다.

10:3 아스그나스 아스그나스는 아시리아 문헌에 Ashkuzai, Ishkuza로 등장하는 인도-유럽계 유목 민족으로 흑해와 카스피해 사이에 살았다. 그리스 사람들은 아스그나스를 스키타이인(Scythians)으로 불렀는데 그들은 기마와 궁술에 능했다. 예레미야 51:27에 의하면 하나님께서 아스그나스, 아라랏, 민니를 불러 모아 바벨론을 치도록 하신다.

10:3 리밧 리밧은 불분명하다. 유대 역사학자 요세푸스(AD 약 37-100)는 리밧을 흑해 남쪽, 터키의 비시니아(Bithynia) 지역에 위치한 파프라곤(Paphlagonians) 민족과 동일시하지만 확실하지는 않다. 리밧은 역대상 1:6에 디밧으로 나온다.

10:3 도갈마 도갈마는 터키의 소아시아 중부 내륙으로 두발의 동쪽에 위치한 지역이다. 성서는 도갈마를 족속 이름이라고 한다.(겔 27:14, 38:6) 도갈마는 주전 14세기 히타이트 문헌에 Tagarma, Tegaram(m)a로 나오는데, 하란과 카르케미쉬(Carchemish) 사이의 도로 북쪽 지역을 말한다. 에스겔 27:14에 의하면 도갈마 족속은 말과 군마와 노새를 두로의 물품과 바꾸었다.

10:4 엘리사 엘리사는 사이프러스(Cyprus) 전체 또는 그 일부를 말하며, 마리(Mari), 누지(Nuzi), 우가리트(Ugarit), 아마르나(Amarna) 서신 등 많은 고대 문서들이 알라시아(Alashiya)라고 한다. 엘리사에서는 구리가 많이 생산되었다.

10:4 달시스 달시스는 구약성서에서 보통 다시스로 표기되는데(왕상 10:22, 사 66:19, 욘 1:3), 성서에서 가장 수수께끼 같은 지명 가운데 하나다. 스페인 남서부에 위치한 '타르테소스'(Tartessos)라는 설명과, 이탈리아 서쪽에 있는 섬 '사르디니아'(Sardinia) 서쪽의 '타르스'(Tharros)라는 설명과, 터키 남부 길리기아 지방의 도시 '타르수스'(Tarsus, 바울의

고향인 다소-행 11:25)라는 설명이 있다. 스페인의 타르테소스는 이오니아에 살던 페니키아인들이 진출하여 성을 쌓았다. 에스겔 27:12는 다시스에 각종 보화가 풍부했으며, 은과 철과 주석과 납을 두로의 물품과 교환했다고 한다. 스페인의 타르테소스와 사르디니아의 타로스에는 에스겔 27:12에서 언급된 광물들이 있다. 한편, 열왕기상 22:48에 여호사밧이 '다시스의 선박'을 제조했다는 말이 있다. 요나 1:3에 의하면 다시스는 배로 갈 수 있는 도시였다.

10:4 깃딤 깃딤은 사이프러스 섬 남동쪽 지역을 말한다. 주전 12세기부터 그리스인들이 사이프러스 대부분 지역에 정착했다.

10:4 도다님 도다님을 에게 해의 섬 '로도스'(Rhodes)로 생각하는 학자들이 있다. 그렇게 생각하는 이유는 도다님이 역대상 1:7에서 로다님(רודנם)으로 되어 있기 때문이다.(개역성서는 혼란을 피하기 위하여 대상 1:7 역시 도다님으로 음역했다.) 로도스 섬에도 사이프러스처럼 고대 그리스인들의 식민지가 있었다.

10:5 바닷가의 땅에 10:5는 야벳의 아들들이 바닷가의 땅에 거주했다고 하는데, 바닷가의 땅이란 '이에이 하고임'(איי הגוים)으로 문자적으로 '섬에 사는 민족들'보다는 '민족들이 사는 섬들'을 의미한다. 그런 의미에서 '이에이 하고임'은 지리적인 용어다.[11] 고대 이스라엘 사람들은 야벳의 아들들이 모두 지중해 건너편에 살았다고 생각했을 것이다. 창세기 10장을 현대적 시각으로 보면 민족적, 지리적 구분이 잘못되었지만, 고대인들이 그렇게 생각하지 않았을 것이다.[12]

11) W. Horowitz, "The Isles of the Nations: Genesis X and Babylonian Geography," *Studies in the Pentateuch*, ed. by J. A. Emerton, Vetus Testamentum Supplements, vol. 41(Leiden: E. J. Brill, 1990), 37.

12) *Ibid.*, 43.

■ 함의 자손(10:6-20)

10:6 함의 아들은 구스와 미스라임과 붓과 가나안이요
10:7 구스의 아들은 스바와 하윌라와 삽다와 라아마와 삽드가요 라
아마의 아들은 스바와 드단이며
10:8 구스가 또 니므롯을 낳았으니 그는 세상에 첫 용사라
10:9 그가 여호와 앞에서 용감한 사냥꾼이 되었으므로 속담에 이르
기를 아무는 여호와 앞에 니므롯 같이 용감한 사냥꾼이로다 하
더라
10:10 그의 나라는 시날 땅의 바벨과 에렉과 악갓과 갈레에서 시작되
었으며
10:11 그가 그 땅에서 앗수르로 나아가 니느웨와 르호보딜과 갈라와
10:12 및 니느웨와 갈라 사이의 레센을 건설하였으니 이는 큰 성읍
이라
10:13 미스라임은 루딤과 아나밈과 르하빔과 납두힘과
10:14 바드루심과 가슬루힘과 갑도림을 낳았더라(가슬루힘에게서 블
레셋이 나왔더라)
10:15 가나안은 장자 시돈과 헷을 낳고
10:16 또 여부스 족속과 아모리 족속과 기르가스 족속과
10:17 히위 족속과 알가 족속과 신 족속과
10:18 아르왓 족속과 스말 족속과 하맛 족속을 낳았더니 이 후로 가나
안 자손의 족속이 흩어져 나아갔더라
10:19 가나안의 경계는 시돈에서부터 그랄을 지나 가사까지와 소돔과
고모라와 아드마와 스보임을 지나 라사까지였더라
10:20 이들은 함의 자손이라 각기 족속과 언어와 지방과 나라대로였
더라

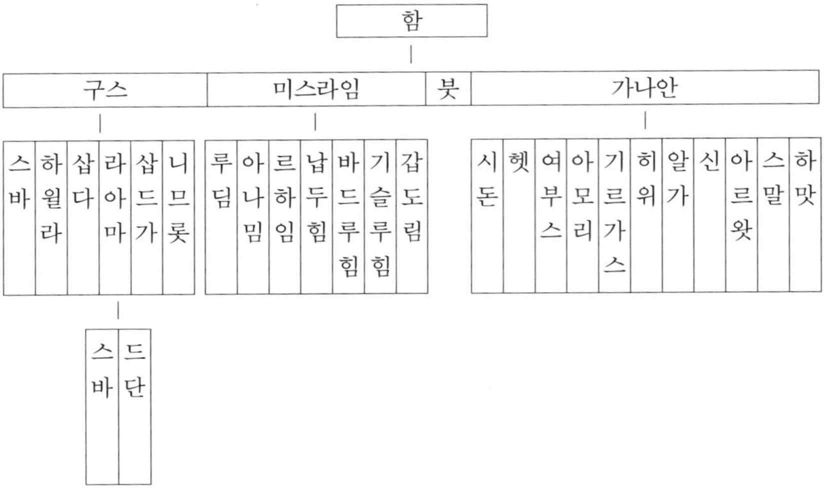

10:6 구스 구스는 이집트 남부 누비아 지역(오늘날 수단 북쪽)을 의미한다. 성서의 구스가 오늘날 에티오피아까지 이르는 남쪽을 지칭한다고 보기는 어렵다.

10:6 미스라임 미스라임은 이집트를 말한다. 그러나 여기서 미스라임은 오늘날 이집트 전체가 아니라 나일 삼각주 주변 지역으로, 대략 지중해에서 멤피스까지를 의미한다.

10:6 붓 붓은 리비아다.

10:6 가나안 가나안은 이스라엘이다.

10:7 스바 스바의 위치는 불확실하다. 스바는 애굽, 구스와 함께 언급되기 때문에(사 43:3, 45:14) 아프리카 북쪽에 위치한 지역, 또는 왕국으로 추측할 뿐이다. 시편 72:10에 "다시스와 섬의 왕들이 조공을 바치며 스바와 시바 왕들이 예물을 드리리로다"라는 말씀이 있다.

10 : 7 하윌라 하윌라의 위치 역시 불확실하다. 하윌라는 10 : 29에서 셈의 자손 욕단의 아들로도 나온다. 창세기 2 : 12에 의하면 하윌라에서 금과 보석이 생산되었다. 함 자손의 하윌라는 구스의 남쪽, 오늘날 에티오피아 지역일 가능성이 크다.

10 : 7 삽다 삽다의 위치 또한 불확실하다. 삽다의 위치를 아프리카에서 찾기도 하지만 아라비아 반도 서남쪽에서 찾기도 한다. 학자들은 구스의 여섯 아들 중 셋째인 삽다부터는 그 위치를 주로 아라비아 반도에서 찾는다. 삽다는 아라비아 반도 남쪽에 있는 고대의 유명한 상업도시 사바타(Sabata)일 것으로 추측된다.

10 : 7 라아마 라아마의 위치도 불확실하다. 학자들은 아라비아 반도 남서쪽의 도시일 것이라고 추측한다. 에스겔 27 : 22에 "스바와 라아마의 상인들도 너의 상인들이 됨이여 각종 극상품 향 재료와 각종 보석과 황금으로 네 물품을 바꾸어 갔도다"라는 말씀이 있는데, 여기서 라아마는 '드단, 아라비아, 게달, 스바' 등과 같은 아라비아 반도에 위치한 지명들과 함께 거론된다.

10 : 7 삽드가 삽드가의 위치는 불확실할 뿐만 아니라 그 위치를 추측할 만한 자료조차 없는 형편이다. 주전 700년경 누비아의 왕자 중에 셉테코(Shebteko)라는 이름을 가진 왕자가 있었다고 한다.[13]

10 : 7 스바 스바는 아라비아 반도 남부 예멘 지역이다. 여기서의 스바(שבא Sheba)는 라아마의 아들로, 구스의 아들 스바(סבא Seba)와 히브리어로 철자가 다르다. 무역으로 유명한 왕국이었으며 스바의 여왕이 솔로몬을 찾아왔다.(왕상 10장) 그러나 사르나(N. Sarna)는 이런 견해에 반대

---

13) Nahum Sarna, *Genesis*(Philadelphia : Jewish Publication Society, 1989), 73.

하면서, 라아마의 아들 스바는 드단(Dedan) 남쪽, 아라비아 반도 중서부 지역을 말한다고 생각한다.[14] 에스겔 38:13 역시 스바와 드단을 연결시키기 때문이라는 것이다. 사르나는 10:28의 스바가 예멘 지역의 왕국 스바라고 생각한다.

10:7 드단 드단은 아라비아 반도 북서쪽에 위치한 도시로 에돔과 가까웠다. 드단은 카라반(caravan) 무역의 중심지로서, 이사야 21:13에 "아라비아에 관한 경고라 드단 대상들이여 너희가 아라비아 수풀에서 유숙하리라"라는 말씀이 있다.(렘 25:23, 49:8, 겔 25:13, 27:15, 20)

10:8 니므롯 니므롯은 구스의 또 다른 아들로 앞에서 설명한 것처럼 셈, 함, 야벳의 자손 70명에 들어가지 않는 인물이다. 니므롯이 세상의 첫 용사라는 표현은, 니므롯이 큰 나라를 세울 수 있는 인물이라는 사실을 강조하는 것이다. 니므롯을 역사적 인물과 동일시하려는 시도는 무의미하다. 니므롯 이야기는 하나님이 아브라함에게 가나안 땅을 약속하신 일을 정당화하는 신학적 복선이기 때문이다.

10:9 용감한 사냥꾼 니므롯은 여호와 앞에서 용감한 사냥꾼이기도 했다. 이 말은 하나님도 니므롯의 용맹스러움과 훌륭한 솜씨를 인정하실 정도였다는 의미일 것이다. 이 역시 니므롯이 셈 자손의 땅에 거대한 함 자손의 나라를 세울 수 있는 능력을 가진 인물이었음을 암시하고 있다.

10:10 시날 땅 바빌로니아 지역을 말하며 오늘날 이라크 남부 지역이다. 시날 땅은 창세기 11:2, 14:1, 9, 이사야 11:11, 스가랴 5:11, 다니엘 1:2 등에 등장한다.

---

14) Nahum Sarna, *Genesis* (Philadelphia: The Jewish Publication Society, 1989), 73.

10:10 바벨, 에렉, 악갓, 갈레 바벨은 바빌론이다. 바빌론은 '신의 문'(the Gate of God)이라는 뜻의 수메르어(*ka-dingir-ra*)를 아카드어(*bab-il*)로 번역한 것이다. 에렉은 수메르의 도성국가 우루크(Uruk)이다. 악갓은 아카드 제국의 수도 아카드를 말하는데 정확한 위치는 알지 못하지만, 유프라테스 강 주변 어느 곳일 것으로 추측한다. 갈레는 아카드어 문헌에 그 이름이 등장하지 않는다. 아카드어는 셈어인 아시리아어와 바빌로니아어를 말한다. 아모스 6:2에 갈레라는 이름이 나오지만, 창세기 10:10의 갈레와 같은 곳이라고 말할 수는 없다. 아모스 6:2의 갈레는 메소포타미아가 아니라 시리아 북쪽에 위치한 곳이기 때문이다.

10:11 앗수르, 니느웨, 르호보딜, 갈라 앗수르는 메소포타미아 상부 평야 전체를 차지한 나라로, 티그리스 강변에 있는 앗수르라는 도성국가에서 그 이름이 유래했다. 미가 5:6에서 앗수르 땅을 니므롯의 땅이라고 지칭하고 있다. 니느웨 역시 티그리스 강변에 위치한 도시로 요나서에 그 이름이 나온다. 르호보딜은 '도시의 넓은 장소들'이라는 뜻인데, 아시리아 문헌에는 그런 이름을 가진 도시가 등장하지 않는다. 갈라는 아시리아의 유명한 도시 칼라(Kalah)로 티그리스 강변에 위치해 있다. 살만에세르 1세(Shalmaneser I, BC 약 1265-1235)가 갈라를 재건한 후 앗수르에서 천도했다.

10:12 레센 레센은 니느웨와 갈라 사이에 있지만 그 정확한 위치는 알려지지 않았다. 10:10-12 사이에 언급된 모든 지명과 도시는 아시리아와 바빌로니아 지역에 위치하고 있다.

10:13 미스라임 미스라임은 이집트다.

10:13 루딤 루딤의 위치는 불확실하다. 북아프리카 어디쯤에 위치했을 것으로 추측한다.

10:13 아나밈 아나밈은 알려지지 않은 이름이다.

10:13 르하빔 르하빔 역시 불확실하다. 리비아 사람을 가리킬 가능성이 있다.

10:13 납두힘 납두힘의 위치 또한 불확실하다. 알려지지 않은 이름으로 이집트의 삼각주 지역일 것으로 추측한다.

10:14 바드루심 바드루심은 이집트 상부에 살았던 파트로스(Pathros) 사람들을 말한다.

10:14 가슬루힘 가슬루힘은 알려지지 않은 이름이다.

10:14 갑도림 갑도림은 크레테(Crete) 섬을 말한다.

10:14 가슬루힘에서 블레셋이 나왔더라 창세기 10:14는 가슬루힘에서 블레셋이 나왔다고 한다. 히브리어로 분명히 그렇게 되어 있다. 그러나 성서의 다른 곳에서는 한결같이 갑돌(Crete)을 블레셋과 연결시키고 있다.(신 2:23, 렘 47:4, 암 9:7) 사무엘상 30:14는 크레테(그렛) 사람을 블레셋 사람과 동일시한다. '그로부터 블레셋이 나왔더라'라는 구절을 갑도림 뒤에 놓았어야 하는데, 서기관이 실수로 가슬루힘 뒤에 놓은 결과라는 설명이 있다. 역사적으로는 갑도림에서 블레셋이 유래했다고 보는 것이 옳다.

10:15 가나안 가나안은 이스라엘 땅을 의미한다.

10:15 시돈 시돈은 레바논(고대 페니키아)의 중요한 항구 도시와 그 주변 지역이다. 아합의 아내 이세벨이 시돈 사람의 왕 엣바알의 딸이었

다.(왕상 16:31)

10:15 헷 헷은 힛타이트(Hittites) 민족을 말하며, 여기서는 터키의 아나톨리아 지역에 자리 잡은 고(古) 왕국보다는 시리아에 위치한 신(新) 왕국을 의미한다고 본다.

10:16 여부스 족속 여부스는 예루살렘 지역을 차지한 민족이다.(수 15:8, 18:28, 삿 1:21, 19:10, 삼하 5:6-9) 여부스 족속의 기원과 역사에 대해서는 알려진 것이 없다. 단지 여호수아 11:3에 '산지의 여부스 족속'이라는 표현이 있다.

10:16 아모리 족속 아모리 족속은 이스라엘이 가나안 땅을 차지하기 전에 가나안에 살던 민족 중 하나였다. 민수기 13:29에 "아말렉인은 남방 땅에 거주하고 헷인과 여부스인과 아모리인은 산지에 거주하고 가나안인은 해변과 요단 가에 거주하더이다"라는 말씀이 있다. 또 신명기 1:44에는 '산지에 거주하는 아모리 족속'이라는 표현이 있다.

10:16 기르가스 족속 기르가스 족속에 대해서는 그들이 가나안 땅에 거주했다는 것 외에는 알려진 것이 없다.

10:17 히위 족속 히위 족속은 가나안 중부 지역에 거주한 민족으로 성서 외적 자료에서는 그 이름이 발견되지 않는다. 히위 족속은 세겜(창 43:2), 기브온(수 9:7, 10) 등과 관련되어 그 이름이 언급된다. 신명기 7:1은 가나안 7족속을 '헷, 기르가스, 아모리, 가나안, 브리스, 히위, 여부스'라고 한다.

10:17-18 알가, 신, 아르왓, 스말, 하맛 족속 이 다섯 족속은 모두 시리아 도시의 주민들을 말한다. 알가, 신, 아르왓, 스말은 지중해변 지역이

며, 하맛은 내륙 지방으로 오론테스(Orontes) 강변의 도시다.

10:19 가나안의 경계는 … 라사까지였더라 여기서 가나안은 개인이 아니라 민족을 지칭한다. 10:19는 장차 아브라함의 자손들이 차지할 땅의 경계를 보여준다. 시돈과 가사는 지중해변 도시로 시돈은 북쪽 경계, 가사는 남쪽 경계를 의미한다. 그랄은 가사 근처 내륙 도시이다. 한편, 소돔, 고모라, 아드마, 스보임은 가나안 땅의 동쪽과 남쪽 경계를 보여주는데, 창세기 14:2에도 이 네 이름이 언급되어 있다. 정확한 위치를 알 수는 없지만 네 도시 모두 사해 남쪽 근처에 위치했을 것으로 추측한다. 라사에 대해서는 알려진 것이 없다.

■ 셈의 자손(10:21-32)

10:21 셈은 에벨 온 자손의 조상이요 야벳의 형이라 그에게도 자녀가 출생하였으니
10:22 셈의 아들은 엘람과 앗수르와 아르박삿과 룻과 아람이요
10:23 아람의 아들은 우스와 훌과 게델과 마스며
10:24 아르박삿은 셀라를 낳고 셀라는 에벨을 낳았으며
10:25 에벨은 두 아들을 낳고 하나의 이름을 벨렉이라 하였으니 그 때에 세상이 나뉘었음이요 벨렉의 아우의 이름은 욕단이며
10:26 욕단은 알모닷과 셀렙과 하살마웻과 예라와
10:27 하도람과 우살과 디글라와
10:28 오발과 아비마엘과 스바와
10:29 오빌과 하윌라와 요밥을 낳았으니 이들은 다 욕단의 아들이며
10:30 그들이 거주하는 곳은 메사에서부터 스발로 가는 길의 동쪽 산이었더라
10:31 이들은 셈의 자손이니 그 족속과 언어와 지방과 나라대로였더라

10:32 이들은 그 백성들의 족보에 따르면 노아 자손의 족속들이요 홍수 후에 이들에게서 그 땅의 백성들이 나뉘었더라

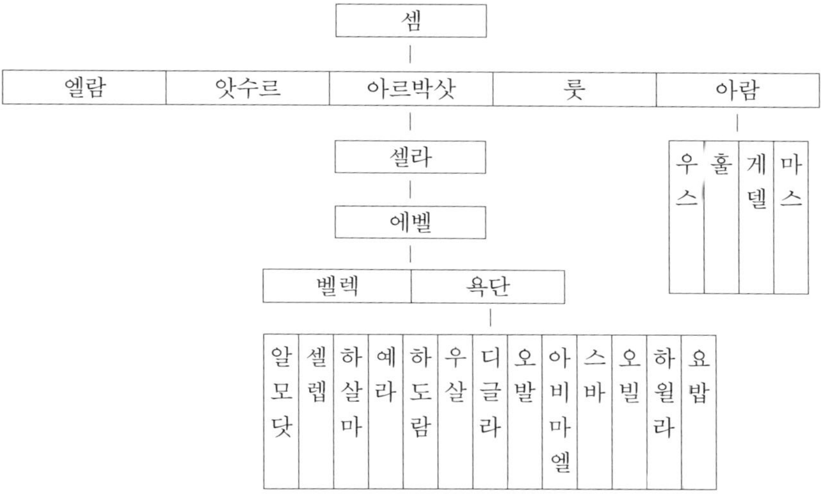

10:21 에벨 셈의 족보는 "셈은 에벨 온 자손의 조상이요"라는 말로 시작되는데, 에벨은 셈의 아들이 아니라 4대 후손이다. 그런데 에벨이 먼저 등장한 것은 에벨을 강조하기 위한 목적 때문이다. 에벨은 벨렉과 욕단이라는 두 아들을 낳았는데, 창세기 10장은 욕단의 아들들에 관해, 창세기 11장은 벨렉의 자손들에 관해 언급한다. 벨렉의 자손 중에 아브라함이 있다.

10:22 엘람 엘람은 이란 남서쪽 지역을 말한다. 창세기 10장에서 가장 동쪽에 위치한 땅이다.

10:22 앗수르 앗수르는 아시리아를 말한다.

10:22 아르박삿 아르박삿에 대해서는 확실하게 알려진 것이 없다.

갈대아인과 관련되었을 것이라는 추측, 자그로스(Zagros) 산악 지역일 것이라는 추측, 아라비아 반도 북쪽과 페르시아만 사이의 지역일 것이라는 추측 등이 있다.

10:22 룻 룻은 알지 못하는 이름이다. 이사야 66:19나 에스겔 27:10도 룻의 위치를 파악하는 데 도움이 되지 않는다.

10:22 아람 아람은 아람 족속의 땅으로 다마스커스와 유프라테스 강 사이 지역을 말한다. 족장들은 아람 족속과 깊은 관계를 가지고 있다.(창 22:21, 28:2, 신 26:5)

10:23 우스 우스의 위치는 정확하지 않다. 메소포타미아의 하란 근처에 우스라는 도시가 있고, 에돔과 아라비아 반도 북쪽 사이에도 우스라는 지역이 있다.

10:23 훌 훌에 대해서는 알지 못한다.

10:23 게델 게델에 대해서도 알지 못하고 있다.

10:23 마스 마스 역시 알려지지 않은 이름이다.

10:24 셀라 셀라는 아르박삿의 아들인데 알려진 것이 없다.

10:24 에벨 에벨은 셀라의 아들인데, 역시 그 지역을 알 수 없다.

10:25 벨렉 벨렉은 에벨의 두 아들 가운데 첫째인데, 벨렉에 대해서 확실하게 아는 것이 없다. 유프라테스 상부로 흘러들어 가는 하부르(Habur) 강 지역에 살던 팔가(Palga) 민족일 것이라는 추측이 있다.

10:25 욕단 욕단은 에벨의 둘째 아들로 알지 못하는 이름이다. 욕단은 모두 13명의 아들을 낳았는데 그들은 모두 '메사에서 스발로 가는 길 동쪽 산'에 거주했다.(창 10:30) 이 지역은 아라비아 반도 남서쪽으로 생각된다. 욕단의 아들들과 이스라엘 민족 사이에는 어떤 역사적 관계가 있을 것으로 추정되는데, 그것은 이스라엘과 아랍 부족 사이의 향료 무역과 같은 상업적 관계였을 것이다.[15] 콰트나(Qatna)처럼 아라비아의 몇몇 지역들이 욕단과 같은 어근(*k-t-n*)을 가지고 있다.

10:26 알모닷 알모닷은 알려지지 않았다.

10:26 셀렙 셀렙은 확실하지 않다. 예멘의 '샬프'(Shalph)라는 부족이거나 예멘과 하드라마우트(Hadramaut) 사이의 아랍 지명 '살프'(Salph)일 것이라고 추측한다.

10:26 하살마웻 하살마웻은 현대의 하드라마우트 지역이다. 하드라마우트는 아라비아 반도 남쪽, 예멘 북쪽 지역을 말하며 고대에는 꽤 유명한 왕국이었다.

10:26 예라 예라는 알려지지 않았다. 역대상 1:20-24에 있는 욕단의 아들들 명단에는 빠져 있는데, 비슷한 발음을 가진 '와라흐'(Warah)라는 지역이 예멘에 있다.

10:27 하도람 하도람은 알려지지 않았다. 예멘의 수도 '사나'(San'a) 근처에 비슷한 이름을 가진 지역(Dauraum)이 있다.

10:27 우살 우살은 확실하지 않다. 아랍 전승에 의하면 우살은 '사

15) Nahum Sarna, *Genesis*(Philadelphia: Jewish Publication Society, 1989), 73.

나'(San'a)의 옛 이름(이슬람 시대 전)이라고 한다.

10:27 디글라 디글라는 알려지지 않았다. 디글라의 어원이 '종려나무'(*dekel*, a palm tree)와 관련이 있기 때문에, 예멘에 있는 오아시스 지역 중의 하나일 것이라고 추측한다.

10:28 오발 오발은 확실하지 않다. 헬라어 성서 '70인경'(the Septuagint)에는 오발이 빠져 있어 욕단의 아들은 모두 12명이다. 'Abil은 예멘에서 흔한 장소 이름이다.

10:28 아비마엘 아비마엘은 알려지지 않았다. 아비마엘이라는 이름의 뜻은 'My Father is indeed God'일 가능성이 있다.[16)]

10:28 스바 스바는 아라비아 반도의 남쪽에 위치한 왕국이다. 아시리아 문헌에 자주 나타나며 스바의 여왕이 솔로몬을 방문했다.(왕상 10:1-13)

10:29 오빌 오빌은 확실하지 않다. 오빌은 성서에서 금이 생산되는 곳으로 유명한데(왕상 9:26-28, 시 45:9), 아라비아 반도 남서쪽의 어느 지역으로 홍해 연안이었을 것이다.

10:29 하윌라 하윌라는 불확실하다. 하윌라는 10:7에서 함의 자손 구스의 아들로도 나온다. 하윌라는 스바와 함께 구스의 아들로 나오는데, 스바와 하윌라를 함 자손으로 본다면 홍해의 아프리카 쪽이 유력하며, 셈 자손으로 본다면 홍해의 아라비아 반도 쪽이 유력하다. 스바와 하윌라는 지역을 확인하는 데 어려움을 주는 이름이다.

---

16) Nahum Sarna, *Genesis*(Philadelphia: Jewish Publication Society, 1989), 80.

10:29 요밥 요밥은 확실하지 않다. 아라비아 반도 남동쪽으로 보는 견해가 있다.

10:30 메사, 스발 욕단의 13명의 아들들은 '메사에서부터 스발로 가는 길의 동쪽 산'에 거주했다. 메사와 스발의 위치는 확실하지 않은데, 스발의 경우 하드라마우트의 항구 도시이자 향료 무역의 중심지였던 자파르(Zafar)일 수 있다.[17)]

10:31 족속과 언어와 지방과 나라대로였더라 셈, 함, 야벳의 자손들을 구별한 기준은 족속, 언어, 지방, 나라였다.

10:32 그 땅의 백성들이 나뉘었더라 10:32는 셈, 함, 야벳의 족보에 대한 결론이다. 10:1에서 시작된 족보가 이렇게 끝나면서 새로운 이야기의 시작을 준비한다.

■ 계시 이해: 은유, 압축, 상징

창세기 10장에는 은유가 있다. 인류의 뿌리는 하나라는 계시가 셈, 함, 야벳이 모두 70명의 아들들을 낳았다는 말로 은유되었다. 창세기 10장 자체는 인종의 분류에 대한 가르침을 주지 않지만, 그 내용의 밑바탕에는 아프리카의 흑인도, 아시아의 동양인도, 서양의 백인도 모두 같은 뿌리에서 나왔다는 생각이 깔려 있다. 성서는 어떤 피부색, 어떤 언어, 어떤 문화를 가지고 있는가에 상관없이, 인간은 하나의 조상을 가지고 있다고 말한다. 그러므로 인종 차별은 비성서적인 죄악이다. 피부색과 언어와 문화가 다르다고 해도, 모든 인간은 하나의 뿌리를 가진 형제자매이기 때문이다. 이 한 가지만 제대로 지켜진다 해도 세상에서 인종 차별로 인한

17) Nahum Sarna, *Genesis* (Philadelphia: Jewish Publication Society, 1989), 80.

많은 범죄가 사라질 것이다.

한편, 하나님께서 구원하신 노아의 가족으로부터 온 세상 민족과 나라가 유래했다는 말은, 하나님의 주권이 온 세상, 모든 민족에게 미치고 있음을 말한다. 창세기 10장은 그 사실을 은유적으로 계시하고 있다. 하나님께서 노아와 세 아들을 구하시고 "생육하고 번성하여 땅에 충만하라"라고 명령하시고 또 복을 주셨기 때문에, 그들로부터 온 세상 나라와 민족이 생기게 되었다. 셈, 함, 야벳의 족보는 하나님의 주권이 세상 전체를 통치하고 있음을 암시한다.

니므롯에 대한 이야기도 은유다. 거기에는 '인류 구원'이라는 하나님의 장대한 계획이 감추어져 있으며, 하나님 하시는 일은 모두 정당하다는 가르침이 들어 있다. 하나님은 아브라함을 불러 가나안 땅으로 보내신다. 그리고 그 땅을 아브라함에게 주실 것을 약속하신다. 그것은 아브라함의 자손들이 민족을 이루어 가나안에 살면서, 율법을 지키고 성서를 보존하며, 메시아를 기다리도록 하기 위해서였다. 즉 구원을 위하여 아브라함을 가나안으로 인도하신 것이다. 니므롯 이야기는 그렇게 가나안을 아브라함에게 주시는 것이 정당한 일이라는 것을 말하고 있다. 하나님의 선하심, 정의로우심을 말하는 것이다. 니므롯 이야기는 함의 자손인 니므롯이 셈 자손의 땅을 차지하여 나라를 이루었으므로, 셈의 자손인 아브라함이 가나안 땅을 차지하여 나라를 이루는 것 역시 정당한 일이며, 아브라함의 자손이 가나안을 차지하는 일은 결국 하나님의 계획과 섭리를 따라 이루어진 것임을 말한다. 이스라엘이 가나안에 정착한 일은 남의 땅을 침략으로 부당하게 빼앗은 것이 아니라, 아브라함 훨씬 이전에 이미 계획된 정당한 일임을 말하고 있다. 니므롯 이야기에는 하나님의 그런 구원 계획이 담겨 있다.

그리고 창세기 10장은 압축된 이야기다. 그것은 시간적인 압축인 동시에 공간적인 압축이다. 야벳의 3세대, 함의 4세대, 셈의 6세대 만에 온 세상에 민족과 나라가 퍼졌다는 말은, 그 안에 장구한 역사가 압축되어 들어 있음을 말한다. 그것은 문자적으로 3세대, 4세대, 6세대 만에 온 세상에 사람이 살게 되었다는 말이 아니라, 세상에 사람들이 널리 퍼지게 된 오랜 세월을 그렇게 3세대, 4세대, 6세대로 압축해서 전달한 것이다. 셈, 함, 야벳의 자손 70명이 거주한 지역은 온 세상을 압축해 표현한 것이다. 지리적으로 볼 때 이스라엘을 중심으로 반경 2,400km 정도를 말하는 창세기 10장은, 실은 세상의 모든 땅을 의미한다. 앞에서 설명한 것처럼 70이라는 숫자가 세상에 살고 있는 모든 민족을 의미하기 때문이다. 따라서 창세기 10장에는 시간의 압축과 더불어 공간의 압축도 들어 있다.

셈, 함, 야벳의 자손 모두를 합친 70이라는 숫자는 상징이다. 지구상에 거주했고 거주하는 모든 나라와 민족을 포함하는 상징적인 숫자다. 창세기 기자가 알 턱이 없었던 한민족도 그 뿌리를 거슬러 올라가면 결국 노아의 자손임을 말한다. 창세기 10장에서 보는 70개의 이름은 이 사실을 상징하고 있다. 하나님은 70개의 민족과 나라 이름을 통해 이 사실을 계시하신 것이다. 창세기 10장은 분명히 노아의 세 아들로부터 모든 나라, 모든 민족이 나와 온 세상에 거주했다는 사실을 전하고 있다. 그 사실이 고대인의 세계관에 기초해서 70개의 민족과 나라 이름으로 주어진 것이다. 그 70개 민족과 나라 이름을 개별적으로 연구하는 일은 본문을 학문적으로 해석하는 것이다. 그러나 그 70개 민족과 나라 이름을 통해 주어진 본문의 의도를 깨닫는 일은, 계시의 핵심을 바로 이해하는 일이다. 창세기 10장은 이처럼 당시의 세계관이라는 틀을 가지고, 하나님의 영원한 진리를 전하고 있다.

7장_ 바벨탑과 구원의 준비

1. 바벨탑 이야기(11:1-9)

■ 바벨탑 축성(11:1-4)

11:1 온 땅의 언어가 하나요 말이 하나였더라
11:2 이에 그들이 동방으로 옮기다가 시날 평지를 만나 거기 거류하며
11:3 서로 말하되 자, 벽돌을 만들어 견고히 굽자 하고 이에 벽돌로
돌을 대신하며 역청으로 진흙을 대신하고
11:4 또 말하되 자, 성읍과 탑을 건설하여 그 탑 꼭대기를 하늘에 닿
게 하여 우리 이름을 내고 온 지면에 흩어짐을 면하자 하였더니

11:1 언어가 하나요 말이 하나였더라 11:1-9는 바벨탑 이야기다. 바벨탑 이야기는 "온 땅의 언어가 하나요, 말이 하나였더라"라는 말로 시작한다. 바벨탑 이야기의 중요한 주제가 언어임을 암시하는 것이다. 11:1은 온 땅의 사람들이 같은 언어를 사용했기 때문에, 그 단어들이 같았다는 뜻이다. '말'로 번역된 히브리어 '드바림'(דברים)은 여기서 '단어들'이라는 의미다. 온 땅의 언어가 하나인 이유는, 세상 모든 민족이 노아의 아

들인 셈, 함, 야벳의 후손이기 때문이다. '엔메르카르와 아라타의 주(主)' (Enmerkar and the Lord of Aratta)라는 수메르 신화에는, 신들의 갈등과 질투 때문에 사람의 언어가 복잡해졌다는 이야기가 나온다.[1] 바벨탑 이야기에서는 하나님과 인간의 갈등으로 인해 언어가 나뉘게 된다.

11:2 시날 평지를 만나 시날 평지는 바빌로니아 땅을 말하며 오늘날 이라크 남부지역이다. 11:2는 개역성서처럼 '사람들이 동방**으로** 옮기다가 시날 평지를 만났다'고 번역하기보다는, '사람들이 동방**에서** 옮기다가 시날 평지를 만났다'고 번역하는 것이 더 정확하다.

11:2 거기 거류하며 '거기'라는 말은 히브리어로 '샴'(שם)인데, 바벨탑 이야기에 무려 다섯 번이나 등장한다. 하나님은 '거기'서 인간들의 언어를 혼잡케 하시고(창 11:7), '거기서' 사람들을 온 지면에 흩으셨다.(창 11:8)

11:3 벽돌을 만들어 가나안에서는 건축에 주로 돌을 사용했지만, 바빌로니아 지역에서는 벽돌을 이용했다. 티그리스, 유프라테스 강 유역은 진흙이 흔하고 돌이 귀한 지역이다. 사람들이 벽돌로 탑을 쌓았다는 말은 시날 평지라는 지역 특성에 맞는 말이다. 11:4에서 살펴볼 지구라트 역시 벽돌로 지어졌다. 벽돌은 흙이나 돌보다 한 단계 진보한 건축 재료다. 인간의 지혜와 기술이 진일보했음을 알 수 있다.

11:3 역청으로 벽돌을 쌓을 때 진흙 반죽을 이용하지 않고 역청을

---

1) Nahum Sarna, *Genesis*(Philadelphia: Jewish Publication Society, 1989), 81. '하늘과 땅에 이 온갖 사람들은 서로 믿었으며 엔릴에게 한 언어로 예배했다.… 엔키는 주(主)들의 경쟁, 왕자들의 경쟁, 왕들의 경쟁에 … 그들의 입에 언어를 다르게 하였다.' 안성림 · 조철수 공저, 『사람이 없었다 신도 없었다』(서울: 서운관, 1995), 276-277.

이용했다는 말은 건축 기술이 뛰어나다는 말도 되며, 방수를 염두에 두었다는 뜻도 된다. 역청은 접착력이 강하면서 방수 역할도 한다. 방수를 염두에 두었다는 말은 홍수라는 쓰라린 사건을 기억하고 있음을 의미한다.

11:4 성읍과 탑을 건설하여 사람들은 단순히 탑만 쌓은 것이 아니라 먼저 성을 쌓아 도시를 만들고 그 안에 탑을 건설했다. 그런데 그 탑은 꼭대기가 하늘에 닿을 정도로 높았다. 이 말은 사람들이 또다시 있을지도 모를 홍수에 대비했다는 말이다. 고대에 사람들이 성을 쌓은 일차적인 이유는 안전 때문이었다. 사람들은 신변 보호를 위해서 성을 쌓았다. 그런 성 안에 구운 벽돌과 역청으로 하늘까지 이르는 방수 탑을 쌓으려고 했다는 말은, 홍수에 대비하기 위한 것이 분명하다. 9장에서 하나님은 다시는 홍수로 인간을 심판하지 않겠다고 약속하셨다. 그럼에도 불구하고 한번 홍수를 경험한 인간은 하나님의 약속을 믿지 못하고 또 다른 홍수에 대비하고자 했다. 바벨탑은 인간이 스스로를 구원하려고 하는 행동과, 하나님의 약속을 무시하는 교만과, 그리고 하나님의 심판을 피해보려는 노력이 총체적으로 드러난 죄악의 상징이다. 성읍, 역청, 구운 벽돌, 하늘에 이르는 탑 등이 그것을 드러낸다. 바벨탑은 하나님께 대한 도전이며 인간 교만의 상징이다. 하나님은 그런 바벨탑의 건축을 허락하실 수 없었다.

메소포타미아에는 '지구라트'(Ziggurat)라는 것이 있다. 지구라트는 꼭대기에 신전이 있는 층계탑으로, 지금까지 약 16개의 지구라트가 발굴되었다. 지구라트는 아카드 제국(BC 약 2360-2180년경) 시기에 처음 만들어졌으며 산을 상징한 것으로 추측된다.[2] 거룩한 산은 고대의 모든 종교에서 중요한 역할을 했다. 지금까지 발굴된 것 중에서 가장 잘 보존된 것은 우르(Ur)의 지구라트이며, 가장 유명한 것은 바빌론의 지구라트다. 주전 7세기 초에 세워진 바빌론의 지구라트는 7-8층으로 전체 높이가 약

2) Nahum Sarna, *Genesis*(Philadelphia: The Jewish Publication Society, 1989), 82.

90m였다.[3] 많은 학자가 이 지구라트를 창세기 11장에 있는 바벨탑 이야기의 배경으로 생각한다.[4]

11:4 우리 이름을 내고 홍수를 견디고 홍수에 살아남을 수 있는 탑을 쌓는 일은 대단한 일이었다. 그런 일을 해내면 세상의 주목을 받고 이름을 날리게 된다. 만약 바벨탑이 계획대로 진행되어 완성되었다면, 그 탑을 쌓은 사람들의 이름이 크게 알려졌을 것이다. '우리 이름을 내고'라는 말은, 인간 내면에 명예욕이 있음을 의미한다.

11:4 흩어짐을 면하자 '인간의 흩어짐'은 바벨탑 이야기의 또 하나의 주제다. 사람들은 흩어짐을 면하려고 했지만(창 11:4), 하나님은 그런 인간들을 흩어놓기 원하셨으며(창 11:8), 결과적으로 인간들은 흩어졌다.(창 11:9) 언어의 혼잡과 더불어 '인간의 흩어짐'이 바벨탑 이야기의 주제인데, 그 이유는 인간들이 단결하여 하나님께 대항했기 때문이다. 하나님이 바벨탑을 쌓은 인간들을 흩어놓으셨다는 말은, 사람들이 힘을 모아 하나님의 권위에 도전하는 일을 방지하셨다는 뜻이다.

■ 하나님의 대응(11:5-9)

11:5 여호와께서 사람들이 건설하는 그 성읍과 탑을 보려고 내려오셨더라

11:6 여호와께서 이르시되 이 무리가 한 족속이요 언어도 하나이므로 이같이 시작하였으니 이 후로는 그 하고자 하는 일을 막을 수 없으리로다

---

3) 조철수, 『메소포타미아와 히브리 신화』(서울: 길, 2000), 51.

4) Georges Roux, *Ancient Iraq*, 2nd ed.(Harmondsworth: Penguin Books, 1980), 157.

11:7 자, 우리가 내려가서 거기서 그들의 언어를 혼잡하게 하여 그들
이 서로 알아듣지 못하게 하자 하시고
11:8 여호와께서 거기서 그들을 온 지면에 흩으셨으므로 그들이 그
도시를 건설하기를 그쳤더라
11:9 그러므로 그 이름을 바벨이라 하니 이는 여호와께서 거기서 온
땅의 언어를 혼잡하게 하셨음이니라 여호와께서 거기서 그들을
온 지면에 흩으셨더라

11:5 성읍과 탑을 보려고 내려오셨더라 바벨탑 이야기는 하나님을 마치 '인간처럼' 묘사한다. 하나님이 '내려오셨다'는 표현은 하나님이 높은 곳에 계신다는 것을 뜻하는데, 고대에는 일반적으로 하나님이 하늘에 계신다고 생각했다. 그러므로 꼭대기가 하늘에 닿는 탑을 건설하려고 한 것은 분명히 하나님께 대한 도전이었다. '성읍과 탑을 보러 내려오셨다'는 말은, 하나님이 사람들의 행위만 살피신 것이 아니라 그 의도까지 정확하게 파악하셨다는 의미다.

11:6 한 족속이요 언어도 하나이므로 하나님은 사람들이 단결하여 힘을 모으면 하나님께 도전할 것을 아시고 그것을 우려하셨다. 하나님이 우려하신 것은 인간의 힘이 강해져 하나님의 힘을 능가하는 것이 아니라, 단결된 힘을 믿고 더욱 교만해져서 인간의 죄가 점점 더 커지는 것이었다. 그런데 언어가 같았기 때문에 인간의 단결이 가능했다. 의사소통이 가능했기 때문에 뜻을 하나로 모을 수 있었던 것이다.

11:7 우리가 내려가서 1:26처럼 하나님이 복수형으로 나타난다. 여기의 '우리'라는 말은 인칭대명사가 아니라, 히브리어의 특징인 '1인칭 복수형 동사'가 번역된 것이다.('우리'에 관해 1:26 해설 참고) 하나님은 바벨탑 건설이 계속되면, 하나님께 대한 도전도 계속될 것이라고 판단하고 그 일에 간섭하기로 작정하셨다.

11:7 언어를 혼잡하게 하여 인간들의 단결과 하나님께 대한 도전을 막기 위해, 하나님은 하나였던 인간의 언어를 혼잡스럽게 하셨다. 하나님의 방법은 무척 효과적이어서, 사람들은 바벨탑 쌓기를 중단하고 서로 흩어졌다. 말이 달라지니 의사소통에 문제가 생기고 그 결과 생각을 모을 수가 없었다. 언어가 달라져 의사소통이 불가능해지자 사람들은 힘을 합해 바벨탑을 쌓을 수 없게 되었다.

11:8 온 지면에 흩으셨으므로 언어가 혼잡하게 되자 사람들은 더는 함께 살 수 없게 되었다. 같은 언어를 사용하는 사람들끼리 모여 따로따로 살게 된 것이다. 사람들이 흩어지면서 계획했던 도시와 바벨탑의 건설은 중단되었다.

11:9 그 이름을 바벨이라 하니 '바벨'(בבל)은 바빌론을 말한다. 바빌론은 유프라테스 강변의 작은 도시였는데, 주전 1750년경 함무라비 대왕이 수도로 삼았다. 그 후 제1 바빌로니아 왕조가 바빌론에서 약 100년을 다스렸다. 바빌론은 아카드어로 '밥 일리'(*bab ili*)인데, '신의 문'(gate of god)이라는 뜻이다. '밥 일리'는 수메르어 '카딩기라'(*ka-dingirra* 신의 문)의 뜻을 번역한 것이다. '바벨'이라는 이름에는 언어유희가 들어 있다. '혼잡하게 하다'라는 히브리어가 '발랄'(בלל to confuse, mix)인데, 바벨은 '신의 문'이라는 좋은 뜻이 아니라, '혼잡하게 하다'라는 '발랄'이라는 동사에서 온 이름이라는 것이다. '바빌론이 무슨 신의 문이냐? 혼란이다!' 라고 조롱한 것이다.

저명한 아시리아 학자 델리취(F. Delitzsch)는 1902년에서 1905년까지 3회에 걸쳐 "Babel und Bible"(Babylonia and the Bible)라는 제목으로 강의를 했다. 그 제목은 바빌로니아 문화와 유물들이 성서를 설명하고 해석하는 데 도움을 준다는 뜻이다.[5)]

5) H. B. Huffmon, "Babel und Bible: the Encounter Between Babylon and the

11:9 그들을 온 지면에 흩으셨더라 바벨탑 사건의 결말이다. 언어가 서로 달라진 사람들은 온 지면에 흩어졌다. 이것은 한편으로는 '생육하고 번성하여 땅에 충만하라'(창 9:1)는 말씀이 이루어진 것이다. 홍수에서 살아남은 인류는 이제 다른 언어를 사용하면서 온 세상에 흩어져 살게 되었다. 아다르(Z. Adar)는 바벨탑 이야기가 하나님과 인간 사이의 대결이라고 하면서, 성서의 중심 주제를 소개한다고 한다. 그것은 하나님이 정해준 위치보다 인간이 더 높아지기를 원할 때, 하나님은 인간을 겸손케 하시고 하나님과 인간 사이의 거리를 재조정하신다는 것이다.[6] 바벨탑 이야기는 9절이라는 짧은 이야기 속에 많은 내용을 담고 있다.

고대 근동에는 바벨탑 이야기 같은 것이 없다. 지구라트와 관련된 내용 중에도 성서가 말하는 바벨탑 사건과 비슷한 내용의 이야기가 없다. 바벨탑 이야기는 매우 독특한 내용으로, 앞뒤 내용과 깊은 관련이 있는 메시지가 분명한다. 바벨탑 이야기는 창세기 1-11장의 마지막 사건이다. 그 뒤에 나오는 셈과 데라의 족보는 사건이 아니다. 그렇게 볼 때 바벨탑 이야기는 분명히 하나님께서 인류 전체에게 주시는 중요한 계시를 담고 있다.

바벨탑 이야기에는 두 가지 중요한 기능이 있다. 하나는 10장의 셈, 함, 야벳 족보 이야기를 마무리하는 것이며, 다른 하나는 12장의 아브라함의 등장을 예비하는 것이다. 첫째, 바벨탑 이야기는 창세기 10장의 셈, 함, 야벳의 족보와 관련을 가지면서 인류의 언어가 다양해진 이유를 설명한다. 10장에 의하면 노아의 세 아들로 인해 세상의 모든 민족이 생겨났기 때문에, 후대의 모든 민족의 언어도 같아야 한다. 모든 민족이 다 한 가족이기 때문이다. 그러나 현실은 그렇지 않다. 민족과 나라들마다 언어가 달라서 대화가 불가능하다. 바벨탑 이야기는 이 사실에 대한 설명이

Bible," *Backgrounds for the Bible*, ed. M. P. O'Connor and D. N. Freedman (Winona Lake: Eisenbrauns, 1987), 125-126.

6) Zvi Adar, *The Book of Genesis: An Introduction to the Biblical World* (Jerusalem: Magness Press, 1990), 45.

다. 세상 모든 민족들이 한 뿌리에서 나왔지만, 하나님께서 그 언어를 혼잡하게 만드셨기 때문에 서로 다른 언어를 사용하게 되었다는 것이다. 그리고 그 이유는 사람들이 하늘에 닿는 탑을 쌓으려고 했기 때문이다.

둘째, 바벨탑 이야기는 12장의 아브라함의 등장과 관련이 있다. 사람들이 바벨탑을 쌓음으로써 또다시 죄를 지었기 때문에, 하나님은 사람들을 죄에서 구하실 수밖에 없었다. 바벨탑 이야기는 인간의 죄를 말한다. 홍수에서 살아남은 자들이 또다시 하나님께 죄를 지은 것이다. 그러나 하나님은 다시는 홍수로 인간들을 심판하지 않겠다고 약속하셨기 때문에, 심판 대신 인간들을 구원하기 위한 계획을 세우신다. 하나님께서는 그 일을 위해 아브라함을 가나안으로 인도하신다. 이 일이 하나님의 구원 역사의 시작이다. 바벨탑 이야기는 그렇게 아브라함이 등장할 수밖에 없는 상황을 설명한다. 그렇게 볼 때 바벨탑 이야기는 아주 적절한 위치에서 앞뒤를 연결시키고 있다. 10장과 12장 사이에 있으면서, 10장을 마무리하고 12장을 준비하는 것이 바벨탑 이야기의 기능이다.

■ 계시 이해: 상징

바벨탑은 상징이다. 인간이 하나님의 심판을 피해 스스로 자기를 구원하고자 하는 모든 노력에 대한 상징이다. 그것이 불로초를 찾는 일이든, 미라를 만드는 일이든, 윤회설을 가진 종교를 창안해 내는 일이든, 사후 세계는 없다는 철학적 주장이든, 천국과 지옥은 없다는 인본주의적 주장이든, 하나님은 사랑이시기에 인간을 심판하지 않을 것이라는 왜곡된 기독교적 주장이든, 하나님의 심판을 인간의 지혜와 노력으로 피해 보려고 하는 '모든 시도'를 바벨탑이 상징하고 있다.

홍수 후에 인간은 자신들의 안전을 위해 튼튼한 성을 건설하고, 그 안에 다시 탑을 쌓아 제2의 홍수(하나님의 심판)를 피하려고 했다. 그냥 흙으로 쌓으면 물에 약하므로 인간의 지혜를 이용해 탑이 홍수에 무너지지 않도록 구운 벽돌과 역청으로 쌓았다. 어떤 홍수라도 견딜 수 있는 탑을 쌓기 원했다. 그리고 꼭대기가 하늘에 닿는 탑을 쌓으려고 했다. 아무리 무서운 홍수라도 하늘까지는 차오르지 않을 것이라고 생각했다. 사람들은 또다시 홍수가 있더라도, 그 홍수에 무너지지 않고 홍수가 침범할 수 없는 견고하고 높은 탑을 만들어 하나님의 심판을 모면해 보려고 했다. 만약 사람들이 바벨탑을 완성했다면, 자신들이 만든 탑 안에서 두 번째 홍수를 일으키신 하나님을 비웃었을 것이다. 사람들은 그 일을 이루기 위해 흩어지지 않으려고 애를 썼다.(창 11:4) 힘을 모으면 하나님의 심판을 면할 수 있으리라고 생각했다. 그것은 하나님에 대한 도전이다. 그런 의미에서 바벨탑은 인간 교만의 상징이다.

그러나 인간의 수고는 헛되게 끝나고 말았다. 성과 탑을 쌓기는커녕 도리어 언어가 혼잡하게 되는 벌을 받아 온 땅에 흩어지게 되었다. 그런 의미에서 바벨탑은 인간의 헛된 수고의 상징이기도 하다. 인간이 하나님의 심판을 피해 보려고 온갖 노력을 해도 그 노력은 모두 헛된 일이다. 도리어 예상치 못한 무거운 벌을 받게 된다. 바벨탑 이야기에는 그런 교훈이 들어 있다. 구원은 하나님이 주시는 것이며, 그 구원의 방법은 하나님이 정하시는 것이다. 인간이 생각한 구원은 바벨탑을 쌓고 거기에 머무는 것이었지만, 하나님이 계획하신 구원은 아브라함을 가나안 땅으로 인도하시는 것으로 시작된다. 그리고 모세의 율법과, 예수님의 복음과, 성령 강림과 교회로 이어진다. 인간이 생각해낸 구원과 하나님이 생각하신 구원은 이렇게 다르다.

바벨탑은 고대 메소포타미아에서 유행했던 지구라트의 흔적이 아니라, 인간이 단결해 하나님의 심판을 피하고자 하는 '인간의 노력'과, 하나님의 심판을 헛되게 만들려는 '인간의 교만'과, 인간이 스스로를 구원하려고 하는 노력은 헛될 뿐이라는 '인간의 헛수고'에 대한 상징이다. 바벨탑 이야기는 인간의 지혜와 노력으로 하나님의 심판을 피하려 들 것이 아니라, 하나님의 방법을 따라 구원을 얻어야 한다는 교훈을 계시한다. 그 하나님의 방법은 아브라함을 부르시는 일로부터 시작된다.

2. 셈과 데라의 족보(11:10-32)

■ 셈에서 데라까지의 족보(11:10-26)

11:10 셈의 족보는 이러하니라 셈은 백 세 곧 홍수 후 이 년에 아르박삿을 낳았고
11:11 아르박삿을 낳은 후에 오백 년을 지내며 자녀를 낳았으며
11:12 아르박삿은 삼십오 세에 셀라를 낳았고
11:13 셀라를 낳은 후에 사백삼 년을 지내며 자녀를 낳았으며
11:14 셀라는 삼십 세에 에벨을 낳았고
11:15 에벨을 낳은 후에 사백삼 년을 지내며 자녀를 낳았으며
11:16 에벨은 삼십사 세에 벨렉을 낳았고
11:17 벨렉을 낳은 후에 사백삼십 년을 지내며 자녀를 낳았으며
11:18 벨렉은 삼십 세에 르우를 낳았고
11:19 르우를 낳은 후에 이백구 년을 지내며 자녀를 낳았으며
11:20 르우는 삼십이 세에 스룩을 낳았고
11:21 스룩을 낳은 후에 이백칠 년을 지내며 자녀를 낳았으며
11:22 스룩은 삼십 세에 나홀을 낳았고
11:23 나홀을 낳은 후에 이백 년을 지내며 자녀를 낳았으며
11:24 나홀은 이십구 세에 데라를 낳았고
11:25 데라를 낳은 후에 백십구 년을 지내며 자녀를 낳았으며
11:26 데라는 칠십 세에 아브람과 나홀과 하란을 낳았더라

11:10 홍수 후 이 년에 아르박삿을 낳았고 셈이 아르박삿을 낳았다는 이야기는 이미 10:22에서 언급되었지만, 셈이 몇 살에 아르박삿을 낳았다는 말은 없었다. 11:10은 10:22의 단순한 반복이 아니라 내용을 보충하고 있다.

11:11-17 아르박삿, 셀라, 에벨, 벨렉 이 네 사람의 이름은 창세기 10장에 등장한다.(창 10:22-25) 그런데 이들의 수명이 홍수 이전 사람의 수명에 비해 급격히 줄어든 것을 알 수 있다. 아르박삿은 438세, 셀라는 433세, 에벨은 464세, 벨렉은 239세를 살았다. 홍수 이전이 태고의 신비를 간직한 아득한 옛날이었다면, 홍수 이후는 역사적인 민족과 나라들이 등장하는 역사시대였다. 사람의 수명이 급격히 줄어든 것은, 이제 신비한 시대가 끝나고 현실적인 시대로 접어든다는 사실을 암시한다.

11:18-26 르우, 스룩, 나홀, 데라 이 네 사람의 이름은 창세기 10장에 등장하지 않는다. 왜냐하면 창세기 10장은 에벨의 두 아들 벨렉과 욕단 중에서 욕단의 족보를 소개하기 때문이다. 아브라함은 벨렉의 자손이다. 이 네 사람의 수명은 더욱 짧아져서, 르우는 239세, 스룩은 230세, 나홀은 148세, 데라는 205세를 살았다. 참고로 아브라함은 175세를 살았다.(창 25:7-8)

11:20 르우 르우는 확실치 않다. 아브라함의 조상과 관련된 대부분의 지명들이 확인되는 것과 달리 르우는 북메소포타미아 지명에서 확인되지 않고 있다. 그러나 스룩, 나홀, 데라 등이 모두 하란 근처에 있으므로 르우 역시 하란에서 멀지 않은 곳으로 추측한다. 르우라는 이름은 '친구, 목자' 등과 관련이 있을 것으로 생각된다.

11:22 스룩 스룩은 터키 남부, 발리흐(Balikh) 계곡에 있는 하란(Haran)에서 북쪽으로 멀지 않은 곳에 있는 사루기(Sarugi)다. 사루기는 고대 근동의 무역로로 잘 알려진 곳이다.

11:24 나홀 나홀은 발리흐 계곡 상부에 있는 나후르(Nahur)다. 나후르는 쐐기문자로 기록된 문헌에 자주 등장하며 서부 셈족(West Semitic)이 살았던 중요한 곳이었다. 나홀은 아시리아 문헌에 '틸 나히리'(*Til*

Nahiri)로 등장한다. '틸'은 아카드어로 언덕이라는 뜻이다. 여기서 나홀은 데라의 아버지로서, 데라의 아들 나홀과는 다른 인물이다.

11:26 데라 데라는 발리흐 강에 위치했으며 하란, 나홀과 멀지 않은 곳이다. 데라는 아시리아 문헌에 '틸 투라히'(*Til Turahi*)로 나타난다.

11:26 아브람 아브라함의 원래 이름은 아브람이었다. 아브람이라는 이름은 아마도 '고귀한 아버지'(exalted father)라는 뜻일 것이다. 비슷한 형태의 이름들(Abiram, Abarama)이 주전 19-18세기 아카드어 문헌에서 발견된다.[7] 하나님께서 아브람을 '많은 무리의 아버지'라는 뜻의 아브라함으로 부르신 것은, 아브라함이 99세 되던 때였다.(창 17:1, 5) 75세 때 가나안에 들어간 아브람이 24년 후인 99세 때 아브라함이 된 것이다. 하나님은 이미 아브람과 한번 계약을 맺으셨지만(창 15:18), 이때 또다시 언약을 세우시면서 아브라함이라는 이름을 주셨다.(창 17:1-14) 그리고 아브라함에게 할례를 명령하셨다.

※ 셈에서 아브라함까지는 10대이다.

1대	셈
2대	아르박삿
3대	셀라
4대	에벨
5대	벨렉
6대	르우
7대	스룩
8대	나홀
9대	데라
10대	아브람

7) Nahum Sarna, *Genesis*(Philadelphia: Jewish Publication Society, 1989), 86.

■ 데라의 자손들(11:27-32)

11:27 데라의 족보는 이러하니라 데라는 아브람과 나홀과 하란을 낳고 하란은 롯을 낳았으며
11:28 하란은 그 아비 데라보다 먼저 고향 갈대아인의 우르에서 죽었더라
11:29 아브람과 나홀이 장가 들었으니 아브람의 아내의 이름은 사래며 나홀의 아내의 이름은 밀가니 하란의 딸이요 하란은 밀가의 아버지이며 또 이스가의 아버지더라
11:30 사래는 임신하지 못하므로 자식이 없었더라
11:31 데라가 그 아들 아브람과 하란의 아들인 그의 손자 롯과 그의 며느리 아브람의 아내 사래를 데리고 갈대안인의 우르를 떠나 가나안 땅으로 가고자 하더니 하란에 이르러 거기 거류하였으며
11:32 데라는 나이가 이백오 세가 되어 하란에서 죽었더라

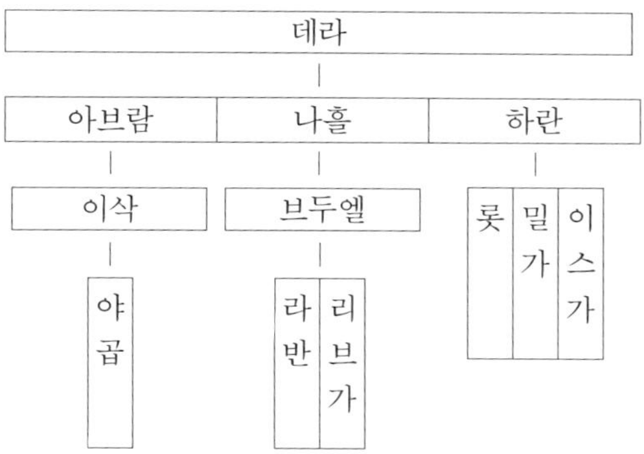

11:27 아브람, 나홀, 하란 데라의 아들은 모두 세 명이었다. 아브람은 후에 아브라함이 되어 이삭을 낳았으며, 나홀은 모두 여덟 명의 아들을 낳았다. 나홀의 아들 이름은 우스, 부스, 그므엘, 게셋, 하소, 빌다스, 이들랍, 브두엘이며(창 22:21-22), 막내 브두엘이 라반과 리브가를 낳았

다. 하란은 아들 롯과 두 딸 밀가와 이스가를 낳았다.

11:28 하란은 갈대아인의 우르에서 죽었더라 하란은 갈대아인의 우르(Ur)에서 아버지 데라보다 먼저 죽었다. 갈대아인의 우르는 오늘날 이라크 남부 지역으로, 하란은 그곳에서 태어났다. 하란의 아들 롯이 아브라함을 따라 가나안으로 간 이유는(창 12:4), 아버지 하란이 우르에서 죽었기 때문일 것이다.

11:29 아브람의 아내의 이름은 사래며 아브라함의 아내 이름은 '사래'(שׂרי)였다. 사래라는 이름의 뜻은 '공주'인데, 하나님은 아브람의 이름을 아브라함으로 바꾸실 때 사래의 이름 또한 '사라'(שׂרה)로 바꾸어주셨다.(창 17:15) 나홀의 아내인 밀가의 경우 그 아버지 이름 하란이 언급되었으나, 사래의 아버지 이름은 의도적으로 생략되었다. 아버지의 이름이 생략되는 것은 성서에서 매우 드문 일인데, 그 이유는 사래의 아버지가 데라였기 때문이다. 사라는 아브라함의 이복 누이였다.(창 20:12) 성서는 '데라의 아들 아브람이 데라의 딸 사래와 결혼하였더라'는 말을 피하고 싶었던 것이다. 이복형제끼리의 결혼은 아브라함 시대에는 보편적인 관습이었지만 후에는 금지되었다.

11:29 나홀의 아내의 이름은 밀가니 하란의 딸이자 롯의 자매인 밀가는 삼촌 나홀과 결혼했다.

11:30 사래는 임신하지 못하므로 임신하지 못한다는 말은 히브리어로 '아카라'(עקרה)이다. 아카라는 단순히 '자식이 없다'는 뜻이지, '임신이 불가능하다'라는 말은 아니다.[8)]

---

8) Nahum Sarna, *Genesis* (Philadelphia: Jewish Publication Society, 1989), 87.

11:31 갈대아인의 우르를 떠나 데라는 아들 아브라함, 며느리 사라, 손자 롯을 데리고 갈대아인의 우르를 떠나 하란에 거주했다. 메소포타미아 남동쪽에서 북서쪽으로 이주한 것으로, 오늘로 치면 (이란에 가까운) 이라크 남부에서 (시리아에 가까운) 터키 남부로 옮겨간 것이다. 우르는 메소포타미아의 오랜 도성국가로 아브라함 시기를 전후로 한 제3 왕조 때(BC 2060-1950년경) 전성기를 누렸다. 갈대아인은 히브리어로 '카스딤'(כשדים)인데, 갈대아라는 발음은 그리스어에서 유래한 것으로 히브리어 발음이 더 정확하다. 창세기 11장의 '갈대아인의 우르'는 본문 해석에 어려움을 준다. '갈대아인'은 아브라함 시대(BC 2000-1550년경)보다 훨씬 후대인 주전 9세기경에 메소포타미아 남부 지역에 거주했기 때문이다. 그래서 '갈대아인의 우르'는 후대의 상황이 반영된 표현(anachronism)이라고 설명하기도 한다.

11:31 가나안 땅으로 가고자 하더니 데라는 아브라함과 사라, 그리고 롯을 데리고 가나안 땅으로 가고자 했다. 그러나 알 수 없는 이유로 데라는 하란에 머물고, 아브라함과 사라, 롯만 가나안으로 갔다. 12장을 보면 하나님께서 아브라함을 불러 가나안 땅으로 가라고 하실 때 아브라함이 망설였다는 말이 없다. 하나님이 복을 약속하신 이유도 있겠지만, 데라가 이미 가나안 땅으로 가려고 갈대아인의 우르를 떠난 것이 더 큰 이유였을 것이다.

11:31 하란에 이르러 하란은 터키 남부에 위치해 있으며 이라크 남부 우르에서 885km 정도 떨어져 있다. 그리고 터키와 시리아의 국경에서 북쪽으로 약 16km 정도 떨어진 곳이다. 아브라함의 고향 우르가 실제로는 하란 근처 어느 곳이라고 주장하는 학자들도 있다.

11:32 데라는 나이가 이백오 세가 되어 하란에서 죽었더라 창세기 11장은 데라의 죽음에 대한 언급으로 끝이 난다. 하지만 아브라함이 가나

안으로 떠날 때 데라는 아직 살아 있었다. 데라는 70세에 아브라함을 낳았고(창 11:26), 아브라함은 75세 때 하란에서 가나안으로 떠났기 때문에(창 12:4), 아브라함이 하란을 떠나 가나안으로 향했을 때 데라의 나이는 145세였다. 데라는 205세에 죽었으므로, 아브라함이 가나안으로 떠난 후에도 하란에서 60년을 더 살았다. 아브라함은 창세기 12:1에서 보듯이 아버지 데라가 살아 있을 때 아버지의 집을 떠났다.

■ 계시 이해: 압축, 전환

창세기 1-11장의 모든 족보가 그렇듯이, 셈과 데라의 족보 역시 압축으로 주어진 계시다. 우리가 짐작하기 어려운 오랜 세월이 셈에서 아브라함까지의 10대에 압축되어 있다. 아브라함의 연대를 주전 2300-2000년경으로 보는 학자들도 있지만 대부분의 학자들은 2000-1550년경으로 본다. 이 연대는 성서에 나타난 족장시대 생활을 고대 문헌과 비교하고 또 고고학적 발굴에 기초해서 얻은 학문적 결론이다. 아브라함의 연대를 주전 2000년으로 보고 아브라함 조상들의 족보를 계산하면 셈의 출생 연대를 알 수 있다. 그렇게 계산한 셈의 출생 연대는 주전 2390년에 불과하다. 그 말은 셈이 100살이 되던 때인 주전 2300년경부터 사람들이 세상에 퍼지기 시작했다는 것인데, 이것은 과학적으로나, 고고학적으로나, 역사적으로 도저히 납득할 수 없는 연도다. 처음부터 강조했듯이 창세기 1-11장에서 보는 모든 족보는 오랜 시간이 압축된 것이다. 장구한 세월을 쉽게 설명하기 위해 그런 방법을 택한 것이므로, 셈의 족보 역시 성서에 언급된 숫자 그대로 이해해서는 안 된다.

셈과 데라의 족보에는 전환이 들어 있다. 두 족보는 압축된 역사에서 현실적 역사로 바뀌는 전환이다. 그래서 아브라함의 가까운 조상인 스룩, 나홀, 데라 등은 모두 메소포타미아 상부의 지명과 동일하며, 아브라함의 형제로 등장하는 하란도 그렇다. 하지만 아브람(아브라함)과 롯, 그리고 사래(사라)는 개인의 이름이다.

창조 때부터 노아의 홍수까지 상상할 수 없을 정도의 오랜 세월이 압축되었다. 마치 천년이 하루로 압축된 것처럼 말이다. 그러다가 노아 홍수부터 아브라함까지는 압축의 정도가 많이 완화되었다. 천년이 1년 정도로 압축된 것처럼 말이다. 그러나 여전히 압축된 역사다. 그러므로 셈의 족보에 나타난 나이에 근거해 역사적 연대를 계산해 내는 것은 무리이며, 거기에 언급된 이름들을 실존한 개인의 이름으로 보는 것은 옳지 않다. 그렇게 압축된 역사를 기초로 해서, 아브라함부터는 정상적이고 현실적인 시대가 시작된다. 셈과 데라의 족보에 그런 전환이 들어 있다. 두 족보는 압축된 역사를 현실적 역사로 연결하는 전환의 장치로서, 아브라함의 등장을 준비하는 목적도 가지고 있다.

8장_ 창조에서 심판까지

1. 우주의 근본 진리

■ 창세기 1-11장 바른 이해

인류를 위한 가르침 사무엘하 7:19에 "주 여호와여 주께서 이것을 오히려 적게 여기시고 또 종의 집에 있을 먼 장래의 일까지도 말씀하셨나이다 주 여호와여 이것이 사람의 법이니이다"라는 말씀이 있다. 하나님께서 나단을 통해 다윗에게 은총을 베푸신 뒤, 다윗이 하나님께 드린 감사 기도의 일부다. 여기에 '사람의 법'이라는 말이 나오는데 히브리어로 '토라트 하아담'(תורת האדם)이다. 여기서 '토라'는 '가르침, 교훈'이며, '하'는 정관사, '아담'은 인간이다. 그러므로 이 말을 글자 그대로 해석하면 '사람의 가르침'(teaching of the man)이 된다. 하지만 사무엘하 7:19의 '토라트 하아담'을 그렇게 번역하기 어려운 이유는, 문맥의 흐름상 그 의미가 자연스럽지 않기 때문이다. 그래서 이를 번역할 때 대부분 의역을 하고, 원문의 의미가 불확실하다고 설명한다. 아예 히브리어를 다르게 읽으려는 시도도 있다.

'토라트 하아담'을 언급하는 이유는, 창세기 1-11장이야말로 하나님이 인류 전체를 위해 주신 가르침, '토라트 하아담'이기 때문이다. 창세기 1-11장은 우주 만물의 근본 진리를 밝혀주고 있다. 그것은 창조주와 유일신과 피조물과 인간의 타락과 하나님의 구원과 심판에 대한 진리다. 이 진리는 단순히 인간의 삶과 죽음에 관한 종교적-주관적 진리가 아니라, 세상의 존재와 그 근본 질서를 설명하는 객관적 진리다. 그래서 모든 자연과학과 인문과학의 기초와 토대가 된다. 창세기 1-11장은 신, 인간, 자연의 본질에 대한 질문에 하나님께서 주시는 명쾌한 답이다. 성서는 인간이 던지는 모든 존재론적 의문에 대한 명확한 답으로부터 시작한다. 세상과 인간을 지으신 유일하신 신이, 인간이 알고 싶어하는 가장 근본적인 질문에 대한 답을 창세기 1-11장에서 주신 것이다.

만약 모든 인간이 창세기 1-11장의 진리를 수용하고 순종한다면, 세상에 다른 종교는 생기지 않았을 것이다. 모두가 신이라는 범신론자, 많은 신이 있다는 다신론자, 세상과 무관한 신을 말하는 이신론자(deism), 신에 대해 알 수 없다는 불가지론자, 신은 없다는 무신론자 등이 생기지 않았을 것이다. 자연은 스스로 존재하며 스스로 진화한다는 진화론자도 없을 것이다. 모두가 죄짓는 일을 두려워하며 하나님의 구원을 소원할 것이다. 그러나 많은 사람이 창세기 1-11장을 알지도 못하고 믿지도 않기 때문에, 세상에는 옳지 않은 학설과 이론들이 범람한다.

창세기 1-11장은 인류가 알아야 할 가장 근본적인 지식을 가르쳐주고 있다. 그것은 하나님은 누구신지, 인간은 누구인지, 자연은 무엇인지에 대한 가르침이다. 그러므로 창세기 1-11장을 바로 이해하는 사람은, 다윗이 기도 중에 말한 '나는 누구이오며 내 집은 무엇입니까'(삼하 7:18)와 같은 질문에 대답할 수 있다. 창세기 1-11장이 인류의 가장 근본적인 질문에 대한 답을 주는 '토라트 하아담'이기 때문이다. 창세기 1-11장은 하나님께서 인류를 구원하고자 하시는 배경과 이유에 대해 설명한다. 그와 동시에 창세기 1-11장이 있기 때문에 예수를 믿는 사람은, 아브라함부터 모세의 율법, 그리스도의 탄생과 수난, 성령 강림, 교회의 설립으로 이어지는 하나님의 구원 계획을 이해할 수 있다.

고대인의 사고에 맞춘 진리 그런데 이런 귀한 가르침을 많은 사람이 오해하고 있다. 고대의 세계관에 기초한 신화나 이스라엘 민족의 기원에 관한 옛날 이야기 정도로만 생각한다. 창세기 1-11장을 사람이 만든 이야기로 생각하는 것이다. 하지만 창세기 1-11장은 그렇게 만들어진 이야기가 아니라 고대인의 사고 수준에 맞게 주어진 '토라트 하아담'이다. 신체 구조나 인간 본성은 구약시대 사람이나 현대인이나 동일하다. 그러나 문명의 발달로 인한 사고방식의 차이는 엄청나다. 말과 수레를 타고 다니며 눈에 보이는 것만 볼 수 있었던 구약시대 사람과, 자동차와 비행기를 타고 다니며 현미경과 천체 망원경을 가지고 눈으로 볼 수 없는 것을 보는 현대인은 생각하는 것이 다를 수밖에 없다.

고대인들은 바이러스나 박테리아의 존재에 대해 알지 못했다. 상상조차 할 수 없었다. 그래서 병이 나는 것은 죄의 대가, 신의 저주라고 생각해 주술을 행했다. 그러나 현대인들은 전염을 생각하면서 항생제를 먹고 백신을 맞는다. 고대인들은 눈에 보이는 하늘을 세상의 가장 높은 곳으로 생각했다. 하늘 밖의 우주는 상상도 못했다. 그들은 지구가 고정되어 있고 태양이 움직인다고 생각했으며, 지구가 태양보다 훨씬 크다고 생각했다. 하늘의 별들을 아주 작은 것으로 생각했다. 눈에 그렇게 보이기 때문이다. 그러나 현대인들은 우주 안에 평균 천억 개의 별을 가진 은하계가 천억 개 이상 있음을 알고 있다. 수억 광년 떨어진 은하가 있고, 그보다 더 먼 곳에도 은하가 있음을 알고 있다. 지구가 태양 주위를 돌며 태양이 지구보다 훨씬 크다는 것을 알고 있고(태양의 지름이 지구 지름의 109배), 우주에는 그런 태양과 비교할 수 없을 정도로 큰 별들이 있음도 알고 있다.

창세기 1-11장은 현미경과 천체 망원경을 가진 현대인들에게 맞춘 말씀이 아니라, 눈에 보이는 것만 보고 살았던 고대인들이 기록하고 읽었던 말씀이다. 따라서 그들이 가지고 있는 세계관과, 그들이 이해할 수 있는 수준에 맞추어진 글이다. 그들이 바이러스와 비행기와 은하계와 인터넷이 등장하는 글을 이해할 수 없듯이, 현대인 역시 그들의 세계관과 사고에 맞춘 이야기를 쉽게 이해할 수 없다. 그것이 창세기 1-11장을 오해하거나 믿지 못하는 큰 이유다. 그렇다고 현대과학으로 창세기 1-11장을 분석하고 증명하고 판단하는 것은 옳지 않다.

창세기 1-11장은 하나님이 우주와 그 안에 존재하는 모든 만물과, 지구와 그 안에 존재하는 모든 생물과(바이러스, 박테리아, 플랑크톤까지 다 포함해서) 인간을 창조하셨다는 사실을 고대인의 눈높이에 맞추어 계시하신 것이다. 그러므로 오늘날 창세기 1-11장을 읽는 현대 독자들은 먼저 고대인의 시각으로 이 말씀을 해석하고, 그 속에 담긴 영원한 진리를 파악한 후, 다시 현대인의 시각으로 이해해야 한다. 그래야만 창세기 1-11장을 현대과학의 잣대를 가지고 이해하거나, 증명하거나, 비난하거나, 불신하는 오류를 피할 수 있다. 그것이 유신론적, 범신론적, 무신론적 진화론 같은 반(反) 창조론뿐만 아니라, 지적 설계론같이 창조의 주체를 밝히지 않는 미지근한 창조론을 극복할 수 있는 길이다.

'문자적 이해'의 오해 그런가 하면 창세기 1-11장을 글자 그대로 믿으려는 사람들이 있다. 그들은 성서가 영원한 진리라는 그 한 가지 사실에만 갇혀서, 고대인의 세계관과 시각에 맞추어진 창세기 1-11장을 글자 그대로 믿으려고 한다. 성서는 분명히 영원한 진리이지만, 그 의미가 영원한 진리인 것이지 그것을 표현한 문자가 그런 것은 아니다. 그들의 창조 이해는 마치 홍부놀부 이야기에 감동한 나머지 강남나라를 찾아 제비가 물고 온 박씨를 구하려는 것과 같다. 이야기에 감동하는 것은 좋은 일이지만 박씨를 구하려는 것은 잘못된 행동이다. 창세기 1-11장을 이렇게 문자 그대로 믿으려는 사람들 중의 일부는, 지구의 나이가 6000-2만년이라는 '젊은 지구론'을 주장한다. 이 주장은 창세기 1-11장의 족보에 나타난 숫자에 기초한 것이다. 또 다른 일부는 현대 지구과학의 연구결과를 받아들여 지구의 나이는 45억 년이라는 '오랜 지구론'을 지지한다. '젊은 지구론'을 지지하는 사람들과, '오랜 지구론'을 지지하는 사람들 사이에 논쟁이 있는데, 젊은 지구론자들에게는 수억 년 전 지구상에 살았던 공룡의 화석이 문제가 되며, 오랜 지구론자들에게는 창조 기간이 7일이라는 말씀과 노아 홍수가 문제가 된다.

그러나 창세기 1-11장이 빅뱅(the Big Bang)에서 아브라함의 등장까지의 장구한 세월을 압축한 이야기며, 모든 이야기가 은유와 상징과 전환의 방법으로 주어진 계시임을 깨닫는다면, '젊은 지구론'과 '오랜 지구론' 사이의 논쟁은 불필요하다. 공룡 화석의 연대나 7일간의 창조나 노아 홍수의 사실 여부, 범위 같은 것을 놓고 따지는 일은 무의미하다. 그리고 진화론의 큰 허점이었던 '사라진 고리들', 즉 인류 진화의 수수께끼를 풀 새로운 화석이 발견되었다는 소식에도 마음이 불편할 이유가 없다. 창세기 1-11장이 모든 것을 이미 내포하고 있으며, 그 어떤 발견에도 불구하고 하나님이 세상과 인간을 창조하셨다는 사실은 불변하기 때문이다. 창세기 1-11장을 제대로 이해하는 사람은 하나님이 창조주라는 사실을 믿고, 그 후에 이어지는 모든 이야기에서 과학적 질문을 던지는 것이 아니라 신학적 진리를 발견한다. 파스칼은 '모든 것을 문자적으로 취하는 것, 그리고 모든 것을 영적으로 이해하는 것이 성서를 오해하는 두 가지 오류의 원천'이라고 말했다. 애석하게도 파스칼이 말한 오류의 원천에 빠진 기독교인들이 있다.

진리의 초점 창세기 1-11장은 윤리-도덕적 시각이 아니라 '죄와 구원'이라는 시각을 가지고 읽어야 한다. 그 초점이 인간의 죄와 하나님의 구원에 있기 때문이다. 선악과를 먹은 아담과 하와가 벌거벗은 것을 인식하고 무화과나무 잎으로 옷을 만들어 입은 것은, 두 사람이 성(性)을 알게 되었기 때문이 아니라 죄로 인해 서로의 친밀감을 잃어버린 것으로 이해해야 한다. 홍수 후에 노아가 만취한 사건에서, 술로 인한 실수나 벌거벗은 몸이 주는 수치나 부모의 실수에 대한 자식들의 반응 등을 말할 것이 아니라, 그로 인해 가나안이 저주를 받게 된 것에 초점을 두어야 한다. 노아가 술 취한 사건은 아브라함의 등장이라는 하나님의 구원 계획과 연결되어 있기 때문이다.

이를 위해 창세기 1-11장은 먼저 창조 질서에 대해 가르친다. 그래야 인간의 죄가 어떤 결과를 가져왔는지 알 수 있고, 구원이 왜 필요한지 알 수 있기 때문이다. 하나님이 정하신 창조 질서는 이렇다. 인간은 다른 동물에는 없는 하나님의 형상과 모양을 가지고 있고, 다른 생물들을 다스릴 자격이 있다. 또 안식일은 복되고 거룩한 날이다. 남자와 여자는 동등한 입장에서 서로를 필요로 하고 돕는 관계이며, 남자와 여자의 결혼이 가정의 기초가 된다. 창조주 하나님이 세우신 이런 질서는 이 세상 모든 사람에게 해당되는 것이다. 인간은 이런 창조 질서를 따라서 살 때 비로소 행복해질 수 있다.

그러나 세상은 이런 창조 질서가 허물진 모습을 보이고 있다. 사람들은 창조 질서를 무시하고 외면하며 의도적으로 왜곡한다. 하나님의 형상을 지닌 사람끼리 미워하고 학대하며 심지어는 살인까지 한다. 생물을 다스리는 것이 아니라 신으로 숭배한다. 안식일을 복되고 거룩한 날로 지키는 것이 아니라 자신의 즐거움을 위한 날이나 돈 버는 날로 사용한다. 남녀가 합하여 가정을 이루라 하신 말씀과는 상반된 동성 간의 결혼도 인정한다. 효도에 지나치게 연연하다가 부부 사이가 허물어지면서 가정이 깨어지는 경우도 있다. 사람이 창조 질서를 따르지 않을 때 불행한 일이 생기며 그 결과는 영원한 죽음이다. 그런데 인간의 타락과 죄로 인해 그런 일이 일어났다. 그런 인간을 죄에서 구원하여 영원한 생명을 주시려는 것이 하나님의 뜻이다.

창세기 1-11장은 이 사실을 전하고 있다. 아름다운 창조 질서와 이를 더럽힌 인간의 타락, 그리고 그에 대한 하나님의 심판과 구원을 가르친다. 이것은 한마디로 인간의 죄와 하나님의 구원이다. 이 초점을 알아야 창세기 1-11장을 바로 이해할 수 있다. 그리고 이 초점이 성서의 나머지 전부를 이해하는 기초가 된다. 인간의 죄를 확실하게 밝히면서, 그 죄에 대한 구원의 기초를 놓는 것이 창세기 1-11장의 기능이다. 그런 의미에서 창조 이야기와 선악과 이야기, 홍수 이야기와 아브라함의 등장을 예비하는 족보가 창세기 1-11장의 기둥이 되는 이야기다.

문화의 이용 하나님은 이 귀하고 신비한 진리를 인간의 문화를 이용해 인간에게 알려주셨다. 그것 또한 하나님의 지혜이자 은총이다. 만약 하나님께서 세상의 근본이 되는 진리를 신비한 방법으로 주셨다면, 사람은 신비한 방법을 이해하는 일에 몰두하느라 하나님의 은총을 체험할 수 없었을 것이다. 그랬다면 기독교 역시 계시를 믿는 종교가 아니라, 진리를 알기 위해 애쓰고 수고해야 하는 구도의 종교가 되어 버렸을 것이다. 하지만 하나님께서는 고대 근동 신화에서 발견되는 익숙한 이야기들을 이용해 영원한 진리를 주셨다.

그러나 그런 이야기들이 고대 근동에 있다고 해서, 창세기 1-11장이 그들의 이야기를 모방해 만든 인간의 글은 아니다. 창세기 1-11장은 당시 사람들의 지식과 문화를 이용해 전달된 하나님의 계시다. 그러므로 창세기 1-11장을 해석할 때, 고대 근동 문화를 참고할 수는 있어도 그것에 전적으로 의존해서는 안 된다. 오히려 성서가 고대 근동 신화와 다른 점에 주목해 성서의 참된 메시지를 파악하는 일이 중요하다. 창세기 1-11장은 인간이 알 수 없는 내용으로 가득 찬 신비로운 책이 아니다. 하나님은 인간의 문화를 이용해 영원한 진리를 계시하셨다. 창세기 1-11장은 인간의 언어로 기록된 신의 진리인 것이다.

예를 들면 고대 근동 문헌에도 왕의 족보가 있다. 하지만 창세기 1-11장의 족보는 그런 족보와 목적이 다르다. 창세기 1-11장의 족보는 세상의 근본 진리를 전달하는 하나님의 수단으로서, 영원한 진리를 알려주기 위한 하나님의 지혜가 들어 있다. 겉으로 보기에 이 족보는 우리와 무관한 이름들이 나열되어 있고, 믿을 수 없는 내용이 담긴 것처럼 보인다. 5장의 족보는 사람들이 천년 가까이 살아서 믿기 어렵고, 10장의 족보는 70개의 이름을 가지고 세상 전체라고 하므로 믿기 어렵다. 11장의 족보는 아브라함의 족보일 뿐 나와 전혀 무관한 것처럼 보인다. 모든 족보가 기억하기 어렵고, 기억할 필요도 없는 이름의 나열처럼 보인다.

그러나 이 족보들은 하나님이 영원한 진리를 전달하기 위해 사용하신 효과적이고 경제적인 방법이다. 5장의 족보는 인류의 등장부터 역사시대까지 장구한 세월을 압축하면서 홍수 이야기로 연결되는 기능을 가지고 있다. 10장의 족보는 역사시대의 시작부터 아브라함의 등장까지, 역시 긴 세월(그러나 5장의 족보에 비해서는 상대적으로 짧은 시간)을 압축하면서, 세상 전체가 하나님의 섭리 아래 있음을 밝히고 있다. 11장의 족보는 태고의 이야기를 일반 역사와 연결하면서, 자연스럽게 아브라함의 등장을 준비한다. 창세기 1-11장의 족보는 하나님의 지혜를 전달하는 계시의 수단이다. 고대 근동의 족보와는 그 기능이 아주 다른 것이다. 다른 이야기들도 마찬가지다. 비슷한 모습일 뿐 완전히 다른 목적을 가지고 있다. 창세기 1-11장의 이야기들은 철저하게 계시의 전달 수단인 것이다.

■ 창세기 1-11장의 신학적 주제

창조주 하나님 성서는 "태초에 하나님이 천지를 창조하시니라"라는 말씀으로 시작된다. 이것은 하나님이 창조주이시며 유일신이라는 사실을 강조하는 것이다. 이 사실은 창세기 1-11장의 으뜸가는 주제인 동시에 성서 전체의 토대이기도 하다. 이것이 믿음의 근본이기 때문이다. 하나님이 유일하신 신이며 또한 창조주라는 사실을 믿는 것이 진리의 근본이며 믿음의 출발점이다. 이 사실을 믿을 수 있다면 성서 전체를 믿을 수 있다. 그래서 예수 그리스도를 믿고 영생을 얻을 수 있다. 이 사실을 믿지 못하면 성서의 다른 말씀도 믿을 수 없다. 윤리-도덕적 내용 일부만 인정할 수 있을 뿐이다. 성서가 창조 이야기로 시작되는 것은, 창조주를 알고, 창조주를 경배하고, 창조주를 믿으라는 뜻이 담겨 있다.

하나님이 창조주라는 말씀은, 하나님의 전지전능하심을 강조하는 말씀이기도 하다. 우주 만물을 창조하고 인간과 모든 생물을 만드신 분이라면, 능치 못할 일이 없으며 알지 못하실 일이 없다. 창조주라는 말은 곧 모든 일을 할 수 있다는 뜻이다. 하나님은 무에서 유를 창조하셨다. '말씀'으로 빛을 만드시고, '말씀'으로 해와 달, 식물과 짐승, 물고기와 사람을 만드셨다. 그리고 혼돈을 극복하고 질서와 조화를 가져오셨다. 땅이 혼돈하고 공허하며 흑암이 깊음 위에 있는 무질서의 상황을, 하나님은 빛과 어두움, 하늘과 땅과 바다로 나누시면서 잘 정돈된 세상으로 만드셨다.

창조 신앙을 확실히 가진 사람은 세상과 인간이 우연히 생겼다고 생각하지 않는다. 그리고 하나님이 목적을 가지고 세상과 인간을 창조하셨다는 사실을 믿는다. 그러므로 그는 이 세상 만물 속에서 하나님의 뜻을 발견하고, 자신의 삶 속에서 하나님의 목적을 발견한다. 그는 무에서 유를 창조하시는 하나님과, 혼란과 무질서 속에 질서를 가져오시는 하나님의 능력을 믿는다. 그는 하나님의 전지전능하심을 믿고 하나님만 의지하는 사람이 되며, 하나님을 통해 삶의 혼란을 극복하는 사람이 된다. 한마디로 믿음을 가진 사람이 되는 것이다.

인생의 근본적인 혼란은 '내가 나의 주인'이라는 생각에서 비롯된다. 사람들은 '내가 나의 주인이기 때문에 내 생각 내 뜻대로 살 수 있고, 그렇게 사는 것이 잘 사는 것'이라고 생각한다. 그러나 바로 그런 생각이 원죄로 인한 것이다. 창세기 1-11장은 그렇게 생각하는 사람에게, 인간은 하나님의 피조물일 뿐이라는 사실을 깨닫게 해준다. 그리고 '자신을 창조하신 하나님을 경배하고, 그 말씀에 순종하며 살라'고 강하게 권면한다. 이것이 창세기 1-11장이 하나님이 창조주이시며 유일신이심을 강조하는 이유다.

창세기 1-11장은 하나님 한 분만이 유일하신 신이라는 사실도 강조한다. 다른 모든 존재는 하나님의 피조물일 뿐 신이 아니다. 천사나 악마도, 해, 달, 별 같은 천체도, 동물과 식물과 인간도, 그리고 인간의 상상력이 만들어 낸 그 어떤 존재도 신이 될 수 없다. 오직 만물과 인간을 창조하신 하나님만이 유일하신 신이다. 성서는 우상 숭배를 철저하게 금하고 있다. 하나님 한 분만이 유일하신 신이기 때문이다. 하나님 외에 다른 신들이 있다는 것은 인간의 상상일 뿐 진실이 아니다. 하나님이 이스라엘 백성에게 명하신 십계명의 첫 번째 계명이, 바로 유일하신 하나님에 대한 강조와 우상 숭배를 금하는 말씀이다.(출 20:3) 창세기 1-11장은 이 중요한 사실을 확실히 계시한다.

성서에는 하나님이 유일하신 신이라는 사실을 강조하는 말씀이 많이 있다. "이것을 네게 나타내심은 여호와는 하나님이시요 그 외에는 다른 신이 없음을 네게 알게 하려 하심이니라"(신 4:35)라는 말씀과, "그런즉 너는 오늘 위로 하늘에나 아래로 땅에 오직 여호와는 하나님이시요 다른 신이 없는 줄을 알아 명심하라"(신 4:39)라는 말씀 등이다. 그 외에도 하나님이 유일신이심을 선포하는 말씀이 많다. 그러므로 우상 숭배는 가장 큰 죄고 하나님이 가장 싫어하시는 죄이다. 그것은 하나님 외에 다른 신이 존재한다는 것을 인정하는 것으로 하나님을 가장 크게 모독하는 것이기 때문이다. 성서에는 우상 숭배를 금하는 구절이 수없이 많다. 우상 숭배는 가장 무서운 죄로 하나님께서 철저하게 심판하신다.

인간의 타락과 죄 창세기 1-11장의 두 번째 중요한 신학적 주제는 인간이 그 창조된 본성과 모습에서 타락해 죄를 지었다는 것이다. 인간은 우연히 생겨난 존재이거나 스스로 있는 존재가 아니라 하나님이 창조하신 하나님의 피조물이다. 그래서 사람은 자신의 지혜나 용맹함이나 부를 하나님 앞에서 자랑할 수 없다.(렘 10:23) 그런데 하나님은 인간에게 하나님의 형상과 모습을 주셨다. 그것은 인간에게 다른 피조물과 구별되는 어떤 특별한 것, 하나님께 속한 신적(神的)인 어떤 것을 주신 것을 의미한다. 그래서 인간은 하나님 안에서 거룩해질 수 있으며, 하나님을 인식하고 하나님을 경배할 수 있다. 이것은 매우 중요한 가르침이다. 인간은 하나님의 뜻을 따라 살도록 지음 받은 존재로서, 하나님의 뜻을 알고 그 뜻에 순종하며 살아야 한다는 말이다. 그래야 참된 평안과 행복을 누릴 수 있다. 그렇지 않으면 모든 것이 왜곡되고 엉망이 된다. 인간 자신의 본성은 물론이고, 하나님과의 관계나 다른 사람과의 관계가 모두 잘못되어 버린다.

그런데 인간은 그런 일을 저지르고 말았다. 악한 영의 유혹에 넘어가 하나님 말씀에 불순종했고, 하나님과 동등한 존재가 되고자 했다. 피조물인 인간이 그 지혜와 능력에 있어서 하나님처럼 되고자 한 것이다. 창세기 1-11장은 이 사실을 선악과 이야기로 알려주고 있다. 인간이 하나님의 명령을 자기중심적 가치로 판단하고, 그 판단에 따라 순종하거나 불순종하는 것이 원죄인데, 아담과 하와로 인해 모든 인간이 이 원죄를 가지게 되었다. 모든 인간이 하나님의 뜻을 자기 기준으로 판단하는 본성을 가진 존재가 되었다는 말이다. 성서는 해 아래 의인은 한 사람도 없다고 한다. 원죄가 인간의 본성 안에 있기 때문에, 인간은 죄 지을 수밖에 없는 존재라는 말이다.(롬 1:28-31, 갈 5:19-21) 불순종의 결과 인간은 낙원에서 추방되고, 죄 지을 수밖에 없고 죽을 수밖에 없는 존재가 되었다. 모두 원죄로 인한 것이다.

인간은 몰라서 죄를 짓기도 하지만 알면서도 죄를 짓는다.(삼상 3:13, 왕상 11:9-10, 렘 36:20-26, 38:14-15) 그것은 바울의 고백처럼 사람 안에 사람을 사로잡는 죄가 존재하기 때문이다. 인간은 듣고도 깨닫지 못하는 고집 센 존재이며(사 6:9-10), 기적을 보면서도 하나님을 믿지 않는 존재다.(시 78:32) 하나님께서 회개할 수 있는 기회를 주셨는데도 회개하지 않으며(암 4:6-11), 무지해서 죄를 짓기도 한다.(겔 45:20) 선한 일을 하고자 하면서 악한 일을 하고, 하나님의 명령에 순종하고자 하면서 자신의 욕망을 따라 사는 모습을 가지고 있다. 때로는 하나님의 법과 명령을 듣고 알면서도 죄를 짓는다.(렘 44:4-8) 심지어는 믿음이 강한 자, 하나님의 사랑을 체험한 자도 죄를 짓는다. 그래서 바울 같은 사람도, "내 속사람으로는 하나님의 법을 즐거워하되 내 지체 속에서 한 다른 법이 내 마음의 법과 싸워 내 지체 속에 있는 죄의 법으로 나를 사로잡는 것을 보는도다 오호라 나는 곤고한 사람이로다 이 사망의 몸에서 누가 나를 건져내랴"(롬 7:22-24)라고 탄식한다. 창세기 1-11장은 온전한 존재로 창조된 인간이 타락해서, 본성이 원죄로 물든 죄인이 되었다는 사실을 강조한다.

창조주의 심판과 구원 창세기 1-11장의 세 번째 중요한 신학적 주제는, 타락해서 죄에 물든 인간을 하나님께서 심판하시고 구원하신다는 것이다. 창세기 1-11장은 하나님의 심판을 무척 강조한다. 죄 지은 인간이 벌 받지 않고 넘어간 경우가 없다. 아담과 하와가 그랬고, 가인이 그랬다. 세상에 죄가 가득했을 때 하나님은 홍수로 세상을 심판하셨다. 하나님은 틀림없이 자비와 사랑이 넘치는 분이시지만, 죄악을 용납하지는 않으신다. 오히려 엄격하게 죄를 벌하시고 죄인을 심판하시는 분이시다. 성서에는 하나님의 심판에 대한 말씀이 무척 많다.(출 34:6-7, 렘 7:33-34, 겔 7:8-9 등) 특히 예언서가 그렇다. 그러므로 하나님의 심판을 가볍게 여길 수는 없다. 하나님의 사랑과 인내심이 부족해서 악인들을 심판하시는 것이 아니다. 인간은 자신의 죄로 인해 벌을 받는다.(렘 5:19, 17:4, 9-10, 30:15) 그러므로 죄는 인간이 스스로를 해치는 행위다.(렘 7:19)

심판은 거룩한 자들과 악인들을 구별하기 위한 것이기도 하다. 악한 자들과 거룩한 자들이 함께 있는 곳은 천국일 수 없다. 심판이 있는 이유는 천국과 지옥이 함께 있을 수 없기 때문이다. 인간의 죄가 극에 달했을 때 하나님은 그의 기도를 듣지 않겠다고 하신다.(렘 7:16, 11:14) 인간은 하나님이 자신의 죄를 모르실 것이라 생각하고 재앙이 없을 것이라 말하지만(렘 5:12-14, 습 1:12), 그것은 인간의 헛된 소망일 뿐 하나님은 인간의 죄를 모두 아시고 벌주신다. 하나님은 쉽게 노하지 않으시지만, 죄인을 심판하지 않은 채 그대로 두지도 않으신다.(나 1:3) 창세기 1-11장은 이 사실을 확실하게 강조하고 있다. 인간이 처음으로 죄를 짓기 시작한 바로 그 순간부터, 하나님은 죄를 심판하고 벌주셨음을 알려주고 있다.

그러나 그것이 전부는 아니다. 하나님은 죄인을 심판하시지만 의인은 반드시 구원하신다. 노아와 그 가족이 구원받은 것이 이에 대한 명백한 증거다. 하나님은 심판을 즐기시는 분이 아니며, 소수일지라도 하나님 뜻에 합당한 사람은 반드시 구원하신다. 그래서 하나님은 홍수 후에 노아의 가족 앞에서, 다시는 물로 인간을 심판하지 않겠다고 스스로 약속하시고, 무지개를 그 약속에 대한 증거로 삼으셨다. 그리고 인간의 구원을 위해 아브라함을 부르셨다. 아브라함은 하나님이 세우신 구원 계획의 출발점이라 할 수 있는데, 아브라함이 모세의 율법과 예수님의 부활과 성령 강림과 교회로 연결되기 때문이다. 그래서 아브라함은 믿음의 조상이 된다.

그런데 창세기 1-11장이 아브라함의 등장을 준비하고 있다. 창세기 1-11장에서 구원의 토대가 마련되고 있는 것이다. 구원의 진정한 목적은 인간의 영원한 생명이므로(요 3:16-17, 17:2-3), 영생에 대한 준비가 창세기 1-11장에서 시작된다고 할 수 있다. 창세기 2:9, 3:22에서 보는 생명 나무가 이 사실을 암시한다. 하나님은 창조주이시기 때문에 심판하실 권리가 있고, 창조주이시기 때문에 구원하실 능력이 있다.

2. 알파와 오메가이신 하나님

■ 창조와 마지막 심판

하나님의 자기 계시 성서에는 하나님의 자기 계시가 있다. 하나님께서 스스로 '나는 이런 존재'라고 자신을 밝히시는 내용이다. 그 중에서 가장 유명한 구절이 출애굽기 3:14로, 하나님이 모세에게 '나는 스스로 있는 자'라고 밝히시는 말씀이다. 그 외에도 하나님은 자신을 '전능자, 만군의 여호와, 거룩한 자' 등으로 밝히신다. 그런 하나님의 자기 계시 중에 '처음과 마지막'이라는 말씀이 있다. 구약성서에서는 이사야 41:4, 44:6, 48:12에서 볼 수 있는데, 하나님은 '나는 처음이요 또 마지막이라'라고 말씀하신다. 특히 이사야 44:6에서는 "나는 처음이요 나는 마지막이라 나 외에 다른 신이 없느니라"라고 말씀하신다.

'처음과 마지막'이라는 하나님의 자기 계시는 요한계시록에도 여러 번 나타난다. 요한계시록 1:8에서 하나님은, "나는 알파와 오메가라 이제도 있고 전에도 있었고 장차 올 자요 전능한 자라"라고 말씀하신다.[1] 21:6-7에서는 "이루었도다 나는 알파와 오메가요 처음과 마지막이라

내가 생명수 샘물을 목마른 자에게 값없이 주리니 이기는 자는 이것들을 상속으로 받으리라 나는 그의 하나님이 되고 그는 내 아들이 되리라"라고 말씀하신다. 그리고 22:13에서는 예수님이, "나는 알파와 오메가요 처음과 마지막이요 시작과 마침이라"라고 말씀하신다. 성서의 마지막 책인 요한계시록이, '나는 알파와 오메가'라는 하나님의 자기 계시로 시작하고 또 끝나고 있음을 알 수 있다. 이것은 결코 우연한 일이 아니다.

하나님은 영원하신 분이다. 영원 전부터 존재하고 영원 후까지 존재하는 분이시다. 그러므로 앞에서 인용한 이사야서나 요한계시록의 말씀들은 하나님 자신에 해당되는 내용이라기보다는, 세상의 시작과 마지막을 의미한다. 하나님께는 처음과 마지막이 있을 수 없기 때문이다. 하나님이 세상의 처음을 주관하시고 마지막도 주관하신다는 말씀을, '나는 알파와 오메가요 처음과 마지막이라'고 하신 것이다. 이 말씀은 분명한 진리이고 반드시 이루어질 것이기 때문에, 하나님은 이 말씀을 요한계시록에서 3번이나 강조하셨다. 성서의 마지막 책인 요한계시록을 이 말씀으로 시작하고 이 말씀으로 마무리하신 것이다.

그렇게 볼 때 창세기 1-11장은 '알파'에 해당된다. 하나님이 세상을 창조하신 때부터 아브라함의 등장까지, 세상의 초기 모습을 그리고 있는 창세기 1-11장이 '알파'다. 그리고 요한계시록이 '오메가'에 해당된다. 세상의 마지막 때를 묘사하면서 예수님의 재림을 선포하는 요한계시록이 '오메가'이다.[2] 그런데 그 알파와 오메가는 서로 분리된 것이 아니다. 알파와 오메가가 한 쌍이듯이, 창세기 1-11장은 요한계시록과 깊이 연결되어 있다. 그 둘을 연결시키는 것이 '심판과 구원'이라는 개념이다. 만약 이 세상이 지금 모습으로 영원히 계속된다면, 즉 마지막이 없다면, 창세기 1-11장은 요한계시록과 상관없다. 시작은 있지만 끝은 없기 때문이

1) 알파(*A*)는 그리스 알파벳의 첫 글자이며 오메가(*Ω*)는 마지막 글자다. 영어로 친다면 알파는 A에 해당되고 오메가는 Z에 해당된다.

2) 그렇다고 해서 요한계시록이 '종말의 시간표'는 아니다. 요한계시록을 종말의 시간표로 생각하는 것은 요한계시록을 가장 심각하게 오해하는 일이다.

다. 이 세상이 영원히 계속된다면 종말에 대해 말할 필요가 없고, 창세기 1-11장을 요한계시록과 연결시킬 필요가 없다.

그러나 성서는 분명히 이 세상의 마지막을 강조한다. 이 세상을 창조하신 하나님께서 이 세상의 종말을 가져올 것이라고 선포한다. 시작이 있고 끝도 있다는 것이다. 그 종말의 때는 예수님이 재림하시는 때다. 그러므로 '세상의 시작'을 말하는 창세기 1-11장은, '세상의 마지막'을 말하는 요한계시록과 관계가 있다. 그 이유는 창세기 1-11장에서 시작된 하나님의 구원 계획이 요한계시록에서 끝나기 때문이다. 이 말은 창세기 1-11장을 읽을 때 요한계시록과 연관해서 읽으면 그 의미를 더욱 명확히 알 수 있다는 것이다. 하나님이 '알파와 오메가'이시기 때문이다. 창세기 1-11장을 기록하고 전수한 사람들은 요한계시록에 대해 전혀 몰랐다.(요한계시록의 저자는 창세기를 알았다.) 하지만 성서가 사람의 지혜와 경험과 깨달음이 아니라, 하나님의 뜻이 밝혀진 계시라는 사실을 인정한다면, 창세기 기자가 요한계시록을 몰랐다는 사실은 중요치 않다. 성서는 한 분 하나님이 쓰신 책이기 때문이다.

알파이신 하나님이 창세기를 쓰셨고 오메가이신 하나님이 요한계시록을 쓰셨다. 그러므로 창세기와 요한계시록은 당연히 깊은 관계 속에 있다. 하나님이 창세기 1-11장을 통해 계시하신 내용은, 성서 전체에 면면히 흐르면서 요한계시록에서 마무리된다. 창세기 1-11장을 읽는 사람이 기억해야 할 것이 바로 이것이다. 그래야 창세기 1-11장에 드러난 계시의 내용을 바르게 이해할 수 있으며, 그것이 성서 전체의 방향을 결정하고 있음을 알 수 있다. 그리고 그 계시의 내용이 인류 역사와 개인의 일상에 적용되고 있음을 알 수 있다. 창세기 1-11장이 요한계시록과 관계 있다는 것은, 창세기 1-11장의 상징들이 요한계시록에서 발견된다는 사실로도 알 수 있다. 이것은 창세기 1-11장이 요한계시록에서 마무리된다는 사실을 밝혀주는 '알파와 오메가이신 하나님'의 지혜다.

생명 나무 앞에서 살펴본 것처럼 창세기 2:9와 3:22, 24에 등장하는 생명 나무는 인간이 얻는 영원한 생명을 상징한다. 그런데 이 생명 나무는 선악과 사건 후에 성서에서 모습을 감추었다가, 요한계시록 2:7, 22:2, 14에 처음으로 다시 등장한다. 잠언에도 '생명 나무'라는 단어가 나오기는 하지만(잠 3:18, 11:30, 13:12, 15:4), 잠언의 생명 나무는 '지혜, 의, 소망, 온유' 등에 대한 비유일 뿐 영원한 생명을 의미하지는 않는다. 창세기 2-3장에서 언급되었던 생명 나무가 그 후 요한계시록에만 다시 등장한다는 사실은, 창세기 1-11장과 요한계시록이 알파와 오메가로서 관계가 있음을 강하게 드러낸다.

창세기 3장 이후 생명 나무라는 용어가 사라졌다고 해서 생명 나무 자체가 사라진 것은 아니다. 그것은 한번도 사라진 적이 없다. 생명 나무라는 상징이 주는 개념, 즉 영원한 생명은 성서에서 한순간도 사라진 적이 없다. 하나님께서 아브라함을 부르신 이유가 바로 생명 나무 열매를 주시기 위해서였다. 예수께서 이 세상에 오신 이유도 마찬가지다. 구약성서와 신약성서의 모든 말씀은 창세기 2-3장과 요한계시록 2장, 21-22장에서 보는 생명 나무에 관한 말씀이다. 그런 의미에서 성서는 두 열매에 관한 이야기라고 할 수 있다. 하나는 생명 나무 열매이고, 다른 하나는 선악과이다. 선악과를 먹은 인간에게 하나님이 다시금 영생할 수 있도록 생명 나무 열매를 주시는 이야기가 바로 성서다.

뱀 아담과 하와로 하여금 선악과를 먹게 한 뱀은 인간을 유혹하는 악한 영을 상징한다. 이 뱀 역시 창세기 3장에 잠깐 등장한 후 성서에서 사라진다. 구약성서에 창세기 3장의 뱀과 비슷한 존재로 '라합'(사 51:9, 시 89:10, 욥 26:12), '리워야단'(사 27:1, 시 74:13-14), '베헤못'(욥 40:15-24), '뱀'(욥 26:13, 사 27:1) 등이 등장하지만, 이는 모두 고대 근동 신화의 흔적일 뿐 창세기 3장에서 뱀으로 상징된 악마로 볼 수는 없다.

그렇게 성서에서 사라진 창세기 3장의 뱀이 요한계시록 12장에서 용으로 등장한다. 요한계시록 12:9는 그 용을 가리켜 "큰 용이 내쫓기니 옛 뱀 곧 마귀라고도 하고 사탄이라고 하며 온 천하를 꾀는 자라"라고 한다.

이 말씀은 창세기 3장에 나타나는 뱀의 정체를 밝히는 말씀이기도 하다. 하나님께 대항하고 불순종하는 악한 영의 세력을 상징하는 뱀은, 에덴 동산에서 사라졌다가 요한계시록에서 다시 나타난다. 그리고 인간의 구원을 방해하기 위해 최후의 발악을 하다가 마침내 하나님에 의해 영원히 갇히게 된다.(계 20:10) '용'이라고도 하고 '옛 뱀'이라고도 하는 악한 영을 제압함으로써 인간의 영원한 생명이 이루어진다. 창세기 3장에 등장하는 '뱀'과 요한계시록에 등장하는 '옛 뱀' 역시 창세기 1-11장과 요한계시록이 알파와 오메가로서의 관계가 있음을 밝혀주는 내용이다.

이 뱀 역시 성서에서 그 용어가 사라졌다고 해서 그 존재가 사라진 것은 아니다. 에덴 동산 때부터 있었던 악한 영은 단 한순간도 사라지지 않고 인간들을 유혹해 왔다. 그리고 재림하실 예수께서 최후의 승리를 거두실 때까지 인간들을 유혹할 것이다. 악한 영은 예수님까지도 유혹했으며 처음부터 마지막까지 우는 사자같이 두루 다니며 삼킬 자들을 찾을 것이다.(벧전 5:8) 창세기 3장 이후 사라진 것처럼 보이는 악한 영은 드러나지 않는 모습으로 인간을 유혹하다가, 마지막 심판 때 비로소 악한 자들과 함께 멸망한다. 마지막 날에 옛 뱀인 악마가 결박되면서 인간에게 영원한 생명이 주어진다는 사실은, 뱀 때문에 선악과를 먹은 인간이 드디어 그 일로부터 벗어난다는 뜻이다. 이렇게 창세기 3장에서 시작된 뱀 이야기는 요한계시록에서 끝이 난다.

바벨(바벨론) 창세기 1-11장과 요한계시록이 알파와 오메가로서의 관계가 있음을 밝혀주는 세 번째 예는 바벨론이다. 창세기 1-11장의 바벨탑과 그 성읍은 하나님의 심판을 피하고 하나님께 도전하려는 인간의 교만과 죄를 상징한다. 이것은 요한계시록에서도 마찬가지다. 요한계시록의 바벨론은 겉으로 로마를 상징하지만, 그 의미는 이방신을 믿고 하나님을 모독하면서 자기의 영광에 취하는 것이다. 이방신이라는 것이 결국 인간이 만든 신으로 인간이 스스로를 구원코자 하는 것이며, 자기의 영광에 취하는 것은 사람의 이름을 내는 것과 같다. 그러므로 요한계시록의 바벨론은 창세기 1-11장에서 보는 바벨(바벨탑)과 같거나 유사한 죄를 상징한다. 창세기 1-11장의 중요한 상징이 요한계시록에서 다시 한 번 같은 내용을 상징한다.

바벨론은 생명 나무나 뱀과는 달리 그 이름이 구약성서에 자주 언급된다. 특히 열왕기하, 역대하, 에스라와 같은 역사서와 이사야, 예레미야 같은 예언서에 많이 등장한다. 그 이유는 바빌로니아가 역사적으로 존재한 나라였고, 무엇보다도 바빌로니아 군대가 예루살렘을 함락시키고 예루살렘 성전을 파괴했기 때문이다.(BC 587년) 특히 예루살렘 성전을 무너뜨린 일로 인해, 바빌로니아의 수도 바벨론은 이스라엘 백성에게 원수의 대명사가 되었다. 비록 예루살렘 성전의 파괴가 자신들의 죄로 인한 하나님의 벌이라고 생각했지만, 바벨론에 대한 적대감은 사라질 수 없었다. 바벨론은 처음부터 하나님께 대항하는 세력을 상징하는 이름이었고 계속 그랬다. 그 이름이 요한계시록에 다시 등장하면서 창세기 1-11장과 요한계시록의 깊은 관계를 드러낸다. 그리고 알파와 오메가이신 하나님의 지혜를 보여준다.

■ 하나님의 구원 계획

아브라함과 이스라엘 창세기 1-11장에 대한 본문 해석에서 살펴보았듯이, 창세기 1-11장은 후반부로 갈수록 아브라함의 등장을 준비하는 분위기가 역력하다. 창세기 1-11장은 우주와 만물의 창조에 대한 이야기로 시작해(창조 이야기), 인간에 대해 이야기한 뒤(아담과 하와), 이어서 인간의 죄에 대해 언급한다.(선악과 사건과 가인의 살인) 인간의 죄는 하나님의 심판으로 이어지면서(홍수 이야기), 하나님의 구원 계획으로 연결된다. 그 구원 계획의 시작이 바로 하나님께서 아브라함을 불러 가나안 땅으로 인도하시는 것이다. 하나님께서 아브라함을 부르신 이유는 아브라함으로 하여금 한 민족을 이루기 위해서였으며, 아브라함을 가나안으로 인도하신 이유는 그 땅을 아브라함의 후손에게 주시기 위해서였다.

하나님은 아브라함을 부르시면서 처음부터 큰 민족과 땅을 약속하셨으며, 이 약속을 계속 확인해 주셨다.(창 12:2, 7, 13:14-17, 15:5-7, 18) 하나님의 그 약속을 따라 아브라함은 이삭을 낳고 이삭은 야곱을 낳고 야곱은 열두 아들을 낳았다. 야곱의 열두 아들이 이스라엘 열두 지파의 조상이 되어, 아브라함의 후손은 하나님의 약속대로 민족을 이루었다. 그들은 또 하나님의 뜻을 따라 가나안 땅을 차지함으로써 하나님께서 아브라함에게 하신 약속이 이루어진다. 이스라엘 백성이 가나안 땅을 차지한 것은 하나님의 구원 계획이 잘 진행되고 있음을 보여준다.

모세와 율법 그러나 이스라엘 백성이 가나안 땅을 차지하는 것으로 하나님의 구원 계획이 다 이루어진 것은 아니다. 무엇보다 이스라엘 백성이 약속의 땅에서 하나님의 뜻을 따라 사는 것이 중요했다. 그래야 온 세상을 구원하시려는 하나님의 계획이 진행될 수 있기 때문이다. 이 일을 위해 하나님은 모세를 선택하시고 모세를 통해 이스라엘 백성에게 율법을 주셨으므로, 선민이 된 이스라엘 백성은 하나님의 뜻을 따라 살아야 했다. 율법은 이스라엘 백성을 향한 하나님의 뜻으로 그들이 살아야 할 길을 밝혀주는 것이었다.

그런데 이 율법은 하나님의 뜻이 분명하지만 하나님의 뜻이 완전히 드러난 것은 아니었다. 하나님의 구원 계획에 중요한 역할을 맡은 것은 분명하지만, 그 구원 계획이 완전히 밝혀진 것은 아니었다. 왜냐하면 하나님의 구원 계획은 예수 그리스도와 성령의 오심으로 인해 완전히 드러나게끔 되어 있기 때문이다. 모세의 율법은 예수 그리스도의 복음을 준비하는 것일 뿐 복음 그 자체는 아니었다. 그래서 구약에는 영원한 생명에 대한 확실한 약속과, 영생을 위해 필수적인 부활에 대한 약속이 없다. 부활은 예수 그리스도를 통해서 시작된다. 예수 그리스도 없이 부활과 영생은 설명할 수도, 증명할 수도, 이해할 수도 없다. 이 일을 위해 하나님은 이스라엘 백성으로 하여금 메시아를 기다리게 하셨다.

예수 그리스도와 복음 하나님의 구원 계획은 예수 그리스도와 그의 복음을 통해서 완전히 드러난다. 그 계획은 이스라엘 백성뿐만 아니라 이방인들을 포함해서 온 세상 사람을 구원하시는 것이다. 그들에게 영원한 생명을 주시는 것이다. 그 일을 위해 하나님이 직접 인간의 몸으로 이 세상에 오셨다. 그리고 온 인류의 죄를 대속하는 희생의 죽음을 당하시고 3일 만에 부활하셨다. 십자가 사건은 장차 부활이 실제로 있을 것이며, 부활 후에 영생이 있음을 증명하는 일이었다. 아브라함에게 민족과 땅을 약속하시는 것으로 시작된 하나님의 구원 계획은, 예수 그리스도의 탄생과 죽음과 부활을 통해 비로소 명확히 드러난다.

그런데 하나님의 구원 계획에 있어서 꼭 언급해야 할 것이 예수 그리스도의 재림이다. 그리스도의 재림이란 십자가에서 초라한 죽음을 당한 나사렛 예수가, 만왕의 왕으로 다시 오셔서 온 세상을 심판하실 것을 말한다. 그때 모든 사람은 영원한 생명을 얻든지, 아니면 영원한 형벌을 받을 것이다. 창세기 1-11장에서 시작된 하나님의 구원 계획이 아브라함, 모세를 거쳐 예수 그리스도를 통해 밝혀진 뒤, 만왕의 왕으로 다시 오시는 예수님에 의해 완성된다. 이것이 진정한 구원이고, 알파와 오메가이신 하나님의 뜻이 온전히 이루어지는 것이다.

성령과 교회 예수 그리스도를 통해 완전히 드러난 하나님의 구원 계획을 돕기 위해 성령께서 이 세상에 강림하셨다. 성령의 도우심 없이는 나사렛 예수가 이 세상에 오신 하나님이시라는 것을 믿을 수 없기 때문이다. 인간의 이성으로는 예수 그리스도의 재림 때 부활과 영생이 있다는 신비한 사실을 믿을 수 없다. 성령은 나사렛 예수가 이 세상에 오신 하나님이며, 부활과 영생이 있음을 믿을 수 있도록 하기 위해 이 세상에 오셨다. 육신으로 이 세상에 오신 하나님이 다시 영으로 이 세상에 오신 것이다. 성서는 이렇게 삼위일체 하나님에 대해 증언하는데, 이 삼위일체 하나님이야말로 인간의 구원을 위해 하나님이 세우신 계획의 핵심이다.

한편, 이스라엘 백성을 선택해 '율법'을 지키게 하신 하나님은, 교회를 세우셔서 '복음'을 지키게 하셨다. 교회는 예수 그리스도가 놓은 기초 위에 성령께서 세우신 것으로, 하나님의 백성이며 그리스도의 신부이다. 또 구원의 방주이다. 하나님은 교회를 통해 구원의 역사를 이루어 가신다. 그러므로 교회의 사명과 역할이 중요할 수밖에 없다. 교회가 사명을 제대로 감당해야 하나님의 구원 계획이 열매 맺을 수 있다. 홍수 때 노아의 방주가 구원의 역할을 감당했듯이, 마지막 심판의 때를 기다리고 있는 시대에는 교회가 그 역할을 감당해야 한다. 구원을 위한 교회의 중요성은 아무리 강조해도 지나침이 없다.

하나님의 승리 인류 전체의 숫자에 비한다면, 마지막 심판 때 구원받을 사람의 수는 상대적으로 소수일 것이다. 예수 믿지 않는 사람들이 훨씬 더 많기 때문이다. 더군다나 예수 믿는 자들 중에서도 영생을 얻지 못할 사람들이 있을 것이기 때문이다. 예수 그리스도는 분명히 "나더러 주여 주여 하는 자마다 다 천국에 들어갈 것이 아니요 다만 하늘에 계신 내 아버지의 뜻대로 행하는 자라야 들어가리라"(마 7:21)라고 말씀하셨다. 하지만 그렇다고 해서 하나님의 구원 계획이 실패한 것은 아니다. 창세기 1-11장에서 이미 예비된 하나님의 구원 계획은, 하나님의 뜻대로 잘 이루어져 가고 있다. 그리고 예수님의 재림과 마지막 심판은 하나님이 세우신 구원 계획의 최후 승리를 확증할 것이다.

이것은 노아 홍수 때 구원받은 사람들의 숫자와 예수님의 재림 때 영생을 얻을 사람들의 숫자를 비교해 보면 알 수 있다. 노아시대에 사람들이 악하여 온 땅이 하나님 앞에서 부패했고 그 포악함이 땅에 가득 찼다.(창 6:11) 그래서 겨우 노아의 가족 여덟 명만 구원받을 수 있었다. 그만큼 의인이 적었다는 말이다. 사람의 본성은 그때나 지금이나 변함이 없다. 지금도 사람들은 여전히 하나님 앞에서 부패해 있고, 그 포악함이 온 땅을 가득 채우고 있다. 그러나 아브라함 때부터 지금까지 구원받은 사람들, 그리고 지금부터 주님 오실 때까지 앞으로 구원받을 사람들의 숫자는, 노아 홍수 때와는 비교할 수 없을 만큼 많을 것이다. 예수 그리스도가 재림하실 때 흰 옷을 입을 성도들의 마지막 숫자는, 노아 때와 비교하면 하늘의 별처럼 많고 바닷가의 모래처럼 많을 것이다. 하나님께서 아브라함에게 약속하신 것처럼 말이다.(창 22:17)

이 모든 일이 하나님께서 인간을 구원할 계획을 세우셨기 때문이다. 창세기 1-11장에서 준비하시고, 아브라함을 부르시고, 모세를 통해 율법을 주시고, 예수 그리스도와 성령을 세상에 보내시고, 교회를 세우고 복음을 전하게 하시면서 하나하나 이루셨기 때문이다. 그리고 하나님이 일하시기 때문이다. "예수께서 그들에게 이르시되 내 아버지께서 이제까지 일하시니 나도 일한다 하시매"(요 5:17)라는 말씀처럼 하나님께서 일하신다. "너희 안에서 착한 일을 시작하신 이가 그리스도 예수의 날까지 이루실 줄을 우리는 확신하노라"(빌 1:6)라는 말씀처럼 하나님께서 일하신다. 그래서 하늘의 별처럼 많고 바닷가의 모래처럼 많은 사람이 영원한 생명을 얻는 것이다.

인간에게 부활과 영생을 주시려는 하나님의 구원 계획은 오늘도 이루어져 가고 있다. 이사야 30:18의 "그러나 여호와께서 기다리시나니 이는 너희에게 은혜를 베풀려 하심이요 일어나시리니 이는 너희를 긍휼히 여기려 하심이라 대저 여호와는 정의의 하나님이심이라 그를 기다리는 자마다 복이 있도다"라는 말씀은, 분명히 시대를 초월하여 모든 사람에게 주신 말씀이다. 이 말씀을 믿고 하나님의 은총을 기다리는 자마다 영원한 생명을 얻을 것이다. 그것이 정의와 사랑이신 하나님, 알파와 오메가이신 하나님의 뜻이다.

"믿고 세례를 받는 사람은 구원을 얻을 것이요 믿지 않는 사람은 정죄를 받으리라."(막 16:16)

참고문헌

Adar, Zvi. *The Book of Genesis: An Introduction to the Biblical World.* Jerusalem: Magnes Press, 1990.

Anderson, Bernhard W. *Creation Versus Chaos: the Reinterpretation of Mythical Symbolism in the Bible.* New York: Association Press, 1967.

Anderson, F. I. "On Reading Genesis 1-3," 136-150, *Backgrounds for the Bible.* eds. M. P. O'Connor and D. N. Freedman. Winona Lake: Eisenbrauns, 1987.

Armstrong, J. F. "A Critical Note on Genesis VI 16a*α*," 328-333, *Vetus Testamentum* 10. Leiden: E. J. Brill, 1960.

Arnold, Bill T. *Genesis.* Cambridge: Cambridge University Press, 2009.

Beitzel, Barry J. *The Moody Atlas of Bible Lands.* Chicago: Moody Press, 1985.

Brodie, Thomas L. *Genesis As Dialogue: A Literary, Historical, and Theological Commentary.* New York: Oxford University Press, 2001.

Brueggemann, Walter. *Genesis: A Bible Commentary for Teaching and Preaching.* Atlanta: John Knox Press, 1982.

Buber, M. "The Tree of Knowledge: Genesis 3," 43-48, *On the Bible: Eighteen Studies.* Buber, Martin, and Nahum Norbert Glatzer. New

York: Syracuse University Press, 2000.

Burns, D. E. "Dream Form in Genesis 2.4b–3.24: Asleep in the Garden," 3–14, *Journal for the Study of the Old Testament 37*. Sheffield: JSOT Press, 1987.

Cassuto, U. *A commentary on the book of Genesis, Part 1: from Adam to Noah Genesis I–VI 8*. Jerusalem: Magnes Press, 1989.

Cassuto, Umberto. *A Commentary on the Book of Genesis, Part II: from Noah to Abraham, with an Appendix: a Fragment of Part III*. Jerusalem: Magnes Press, Hebrew University, 1984.

Charlesworth, James H. *The Old Testament Pseudepigrapha*. Vol. 1. Garden City, N.Y.: Doubleday, 1983.

Cohen, H. Hirsch. *The Drunkenness of Noah*. University Ala: The Univ. of Alabama Press, 1974.

Combs, E. Has "YHWH Cursed the Ground? Perplexity of Interpretation in Genesis 1–5," 265–287, *Ascribe to the Lord: Biblical & other essays in memory of Peter C. Craigie*. eds. Craigie, Peter C., Lyle M. Eslinger, and Glen Taylor. Journal for the study of the Old Testament, 67. Sheffield, England: JSOT Press, 1988.

Danielson, Dennis Richard. *The Book of the Cosmos: Imagining the Universe from Heraclitus to Hawking*. Helix Books. Cambridge, Mass: Perseus Publishing, 2000.

DeRoche, M. "The rûaḥ 'ělōhîm in Gen 1:2c: Creation or Chaos?," 303–318, *Ascribe to the Lord: Biblical & other essays in memory of Peter C. Craigie*. eds. Craigie, Peter C., Lyle M. Eslinger, and Glen Taylor. Journal for the study of the Old Testament, 67. Sheffield, England: JSOT Press, 1988.

Engnell, I. "Knowledge and Life in the Creation Story," 103–119, *Wisdom in Israel and in the Ancient Near East*. Supplements to Vetus Testamentum, Vol. 3. Leiden: E. J. Brill, 1969.

Friedman, Richard Elliott. *Who Wrote the Bible?*. New York, N.Y.: Perennial Library, 1989.

Frymer-Kensky, Tikva. "Biblical Cosmology," 231-240, *Backgrounds for the Bible*. eds. M. P. O'Connor and D. N. Freedman. Winona Lake: Eisenbrauns, 1987.

Gabel, John B., Charles B. Wheeler, and Anthony D. York. *The Bible As Literature: An Introduction*. New York: Oxford University Press, 1996.

Graves, Robert, and Raphael Patai. *Hebrew Myths: The Book of Genesis*. Garden City, N.Y.: Doubleday, 1964.

Grossman, Allen. "Holiness," 389-397, *Contemporary Jewish Religious Thought: Original Essays on Critical Concepts, Movements, and Beliefs*. eds. A. A. Cohen and P. Mendes-Flohr. New York: Free Press, 1988.

Harrison, R. K. *Introduction to the Old Testament*. Grand Rapids: Eerdmans, 1969.

Hawking, S. W. *A Brief History of Time: From the Big Bang to Black Holes*. Toronto: Bantam Books, 1988.

Haynes, Stephen R. *Noah's Curse: The Biblical Justification of American Slavery*. Oxford: Oxford University Press, 2002.

Hess, Richard S., and David Toshio Tsumura. *I Studied Inscriptions from Before the Flood: Ancient Near Eastern, Literary, and Linguistic Approaches to Genesis 1-11*. Winona Lake, Ind: Eisenbrauns, 1994.

Horowitz, W. "The Isles of the Nations: Genesis X and Babylonian Geography," 35-43, *Studies in the Pentateuch*. ed. J. A. Emerton. *Supplements to Vetus Testamentum*, Vol. 41. Leiden: E. J. Brill, 1990.

Huffmon, H. B. "Babel und Bible: the Encounter Between Babylon and the Bible," 125–135, *Backgrounds for the Bible*. eds. M. P. O'Connor and D. N. Freedman. Winona Lake : Eisenbrauns, 1987.

Hvidberg, Flemming. "The Canaanitic Background of Gen. I–III," 285–294, *Vetus Testamentum* 10. Leiden : E. J. Brill, 1960.

Kass, Leon. *The Beginning of Wisdom: Reading Genesis*. Chicago : University of Chicago Press, 2006.

Kerrigan, Michael. *The Ancients in Their Own Words*. London : Amber Books, 2009.

Kramer, Samuel Noah. *History Begins at Sumer*. London : Thames and Hudson, 1961.

Kramer, Samuel Noah. *The Sumerians: Their History, Culture, and Character*. Chicago : University of Chicago Press, 1963.

Lambert, W. G. "Old Testament Mythology in its Ancient Near Eastern Context," 124–143, *Supplements to Vetus Testamentum*. Vol. 40. Leiden : E. J. Brill, 1988.

Louth, Andrew. *Genesis 1–11. Ancient Christian Commentary on Scripture*. Downers Grove : InterVarsity Press, 2001.

Otzen, Benedikt, Hans Gottlieb, Knud Jeppesen, and Benedikt Otzen. *Myths in the Old Testament*. London : SCM Press, 1980.

Petersen, D. L. "Genesis 6 : 1–4, Yahweh and the Organization of the Cosmos," 47–64, *Journal for the Study of the Old Testament*. Vol. 13(1979).

Roux, Georges. *Ancient Iraq*. Harmondsworth, Middlesex, Eng : Penguin Books, 1980.

Sarna, Nahum M. *Genesis: The Traditional Hebrew Text with New JPS Translation*. Philadelphia : Jewish Publication Society, 1989.

Soden, Wolfram von. *The ancient Orient: an introduction to the study of the ancient Near East.* Grand Rapids, Mich : W. B. Eerdmans, 1994.

Sparks, Kenton L. *Ancient Texts for the Study of the Hebrew Bible: A Guide to the Background Literature.* Peabody, Mass : Hendrickson Publishers, 2005.

Talmon, Sh. "A Bible Scholar's Evaluation," 225–235, *Genesis: An Authorship Study in Computer-Assisted Statistical Linguistics.* Y. T. Radday and H. Shore. Analecta biblica, 103. Rome : Biblical Institute Press, 1985.

Tigay, Jeffrey H. "The Evolution of the Pentateuchal narratives in the Light of the Evolution of the Gilgamesh Epic," 21–52, *Empirical Models for Biblical Criticism.* ed. J. H. Tigay. Philadelphia : University of Pennsylvania Press, 1985.

Van Seters, John. *Prologue to History: The Yahwist As Historian in Genesis.* Louisville, Ky : Westminster/John Knox Press, 1992.

Waltke, Bruce K. *Genesis: A Commentary.* Grand Rapids, Mich : Zondervan, 2001.

Wenham, Gordon J. *Genesis 1–15.* Word biblical commentary, v. 1. Waco, Tex : Word Books, 1987.

Weinfeld, Moshe. *Bereshit(Genesis).* Encyclopedia Olam ha-Tanakh, Tel-Aviv : Revivim, 1982(Hebrew).

Westermann, Claus. *Genesis 1–11 : A Commentary.* Minneapolis : Augsburg Pub. House, 1984.

Zlotowitz, Meir, and Nosson Scherman. *Bereishis = Genesis: [Sefer Bereshit]: a New Translation with a Commentary Anthologized from Talmudic, Midrashic and Rabbinic Sources.* ArtScroll Tanach Series. Brooklyn, N.Y. : Mesorah Publications, 1986.

낸시 피어시. 『완전한 진리』(*Total Truth*). 황병룡 옮김. 서울: 복 있는 사람, 2006.

안성림 · 조철수 공저. 『사람이 없었다 신도 없었다』. 서울: 서운관, 1995.

이희학. 『인간의 죄악과 하나님의 구원행동』. 서울: 대한기독교서회, 2003.

조철수. 『메소포타미아와 히브리 신화』. 서울: 길, 2000.